旅游三十人论坛文集

林璧属◎主编

旅游教育出版社
·北京·

策　　划：赖春梅
责任编辑：贾东丽

图书在版编目（CIP）数据

旅游三十人论坛文集／林璧属主编．--北京：旅游教育出版社，2021.1
ISBN 978-7-5637-4224-0

Ⅰ．①旅…　Ⅱ．①林…　Ⅲ．①旅游业－文集　Ⅳ．①F59-53

中国版本图书馆CIP数据核字（2021）第026024号

旅游三十人论坛文集
林璧属　主编

出版单位	旅游教育出版社
地　　址	北京市朝阳区定福庄南里1号
邮　　编	100024
发行电话	（010）65778403　65728372　65767462（传真）
本社网址	www.tepcb.com
E-mail	tepfx@163.com
排版单位	北京卡古鸟艺术设计有限责任公司
印刷单位	天津雅泽印刷有限公司
经销单位	新华书店
开　　本	710毫米×1000毫米　1/16
印　　张	18.5
字　　数	292千字
版　　次	2021年1月第1版
印　　次	2021年1月第1次印刷
定　　价	66.00元

（图书如有装订差错请与发行部联系）

出版说明

2018年春，我在拜访厦门市旅游发展委员会陈桂林副主任时，提起希望举办旅游高峰论坛，陈桂林先生提议，应汇聚学界、业界和政府中的旅游研究大咖，为厦门市、福建省乃至全国文旅发展谋大略、出大力。遂由我发起，邀请吴必虎、戴斌、张广瑞、谢彦君、王德刚、刘静艳、赵刚、李忠等共商议题，商议召开“中国·厦门旅游论坛”。2018年11月24日会议如期举行，确定论坛名曰“旅游三十人论坛”，旨在打造旅游界的高端论坛，集聚来自著名高校、政府机关和商业机构等部门的旅游相关行业领域的顶尖人物。论坛由厦门大学主办，在海岛生态花园之城——厦门常年开设年会，每年11月最后一个周末定期召开“旅游三十人论坛”大会，常年开设“群贤论坛”以及不间断的交流活动、刊物出版，为旅游管理领域的理论研究与实践创新贡献力量。论坛的核心使命为“探索旅游业前沿重大理论，推动中国旅游业创新实践”，力争实现引领旅游学术进步，促进旅游产业发展。

2018年11月24日，第一届“旅游三十人论坛”由8位来自国内旅游行业的专家就“旅游的创新与实践”等主题发表精彩演讲，高峰对话。2019年11月23、24日，第二届“旅游三十人论坛”就“文旅融合”进行大会主题发言，与会专家扩展到海峡两岸的16位行业专家，并举行了圆桌会议。两届大会都吸引了近500位旅游业界人士及师生到场聆听，近20家媒体进行了专题报道。为促进日常交流，增进交往，2019年开通“旅游三十人论坛公众号”，进行了各项专题报道。

本文集为两届大会的专家发言稿，期望通过正式的文集出版，扩大交流与交往。为致力于“探索旅游业前沿重大理论，推动中国旅游业创新实践”之愿景，我们将竭尽所能地为各位专家服务，热忱欢迎各位朋友与会，努力达成旅游学研究新认识，促进旅游业大发展。

林璧属

2020年7月15日

‖听君一席话　旅游三十人‖

厦门大学林壁属教授组织的“旅游三十人论坛”已经开了两届，成果丰硕，影响日增。每次会前，林教授都有邀请，无奈日程冲突而失之交臂。这次集文出版发行，给我“二选一”的任务，一是选两篇相关讲稿列入，二是作序。因为两难而踌躇多日，未与会而收文，对历史不好交代；郑重其事为序，又恐在师长和同人面前失了礼数。数次微信后，想着还是交上些读后感的文字吧。

恩师张广瑞教授素来低调，务实为学，能参与“旅游三十人”并两次赴会演讲，实属不易。喜欢读先生的《中国旅游发展四十年的变迁》，文中记录下国家旅游发展政策的几度变迁，从零碎的对策到国家发展战略。文中有感性的叙事，更有理性的反思，建构了改革开放以来中国旅游研究的历史纵深感，也让我们更加清晰地看见来时的路。

跨海南迁到海南大学的谢彦君教授在坚守基础理论纯粹感的同时，也在拓展其应用研究的疆域。就像之前为了更好地履行旅游学院院长职责，也尝试做过五星级酒店总经理那样，不过我还是更愿意听他那些充满理论思辨的演讲。《体验范式主导的旅游开发》中的一个核心（体验）、“三板斧”（异地、暂时、愉悦）和九宫格（族群、仪式、表演、场所、具身、景观、凝视、符号、形象），完善的逻辑自洽体系让读者在获得知识的同时，还可以享受理论的美感。

刘静艳教授并不是公众知名度很高的行业专家，但她无疑是兼具逻辑知性与直觉悟性的旅游学者。《“博弈”与“共创”——从“利益相关者”到“生态服务价值链”再到“生态价值共创”的思考》，是其十多年围绕同一主题的自然科学基金项目进行研究的体系化成果，从自然保护区所面临的挑战入手，提出基于利益相关者视角的生态旅游观，再到更深层次的价值观，研究结论对管理实践无疑是有启示意义的。不过我更关注文末所列的46篇中英文参考文献，在这个学术研究也追求目标和效率的今天，能够静下心来阅读和思考，本身就是件令人敬佩的事情。

教学和酒店管理的实践经历，无疑给了厦门大学的林壁属教授的学术研究以现实主义和问题导向的色彩，历史学的知识背景则让他的行文和演讲中多了些恢宏的冷峻感。集中所收《从瞬间愉悦到永恒美好》，没有图表和数学公式，就是纯粹的文字推理，有一种复活中国人传统学术范式的感觉。一句“体验是被记忆的”，更让我心有戚戚焉。是啊，体验是被记忆的，一代学人的共同努力，亦是。

更多好文佳言，限于篇幅，还是留待第三届期间向大家面报读后感想吧。祝愿“旅游三十人论坛”越办越好，学术研究薪火相传，正大光明。

戴　斌

中国旅游研究院院长

2020 年 7 月 20 日

目　录

旅游理论创新

第一届“旅游三十人论坛”

文旅融合

第二届“旅游三十人论坛”

旅游理论创新

第一届『旅游三十人论坛』

游历的知识溢出

吴必虎[①] 黄珊蕙[②]

非常高兴做客厦门大学的“旅游三十人论坛”，论坛受到市旅游相关领导和学校社科处的高度重视，具有非常大的影响力。厦门作为一个旅游城市，是中国三大文明源中海洋文明中的重要阵地，厦门是闽南文化的门户窗口和“海上丝绸之路”的重要节点。厦门大学作为旅游研究的阵地也具有极其重要的地位。

游历的知识溢出，是重新看待旅游价值的视角。在创造经济价值之外，旅游对科学知识的形成、对其他学科的知识溢出也极其广泛。近来因为商务印书馆的《世界知名游记丛书》撰写导读，促使我开始详细收集整理和阅读古代游记，该系列书的第四缉也已出版。通过对不同时代、不同国家的游记进行分析，不难发现旅游的重要作用不仅仅在于创造经济收益和就业机会，人类在向外拓展地理版图，博物学、地理学科的形成和知识积累，均有赖于旅行的探索和游历记录的知识溢出。从历史的角度上来看，旅游不仅仅是基于愉悦，其价值在更广泛的范畴。

1. 游历是旅游研究的主要对象

1.1 何谓“游历”

游历是旅游研究的主要对象。“游”的原始意义是持旌旗而行，其与氏族迁徙游居、国家宗教祭祀等活动有很强的联系，还表达了中国古代的户外教育旅行、修学旅游的行为；“历”表示穿越、经过，既有时光流逝、经过一段时间、历史的含义，也意为翻山越岭穿行远途，具有时间与空间层面的双重含义。游历一词在我国的使用历史已久，从三国魏·李康《运命论》“其所游历诸侯，莫不结驷而造门；虽造门犹有不得宾者焉”再到清·顾炎武《赠钱行人邦寅》“南徐游历地，傥有和歌

① 吴必虎：北京大学城市与环境学院教授、博士生导师，旅游研究与规划中心主任。
② 黄珊蕙：北京大学 2017 级博士研究生。

辰”。“游历”一词将“游”与“历”结合起来，是对出行与经历的综合，而进一步引申为在旅途中与目的地的探索与体验（Experoutination, exploration and experience en route and at destination）。

1.2 游历作为旅游研究的对象

现有的关于旅游的定义从体验、活动、系统、产业角度进行论述，Tribe（1997）则认为旅游不是一门学科，而是一个知识域（Field），由来自各学科的知识围绕旅游现象所组成，提出了 TF（The Field of Tourism）=TF1（Business Interdisciplinary）+TF2（Non-Business-Related Tourism）。而事实上，旅游研究应当追本溯源，重视其发展演化的路径。游历的现象和研究具有较强的连续性，其研究是现代旅游的前奏。从早期的地理发现，发展到贸易、宗教为重的时期，再到博物学、殖民化为主的时代，再到近现代以愉悦旅游、商务活动为主的现代旅游时期。在各类学科诞生和知识积累的过程中，旅行和旅行的记录是人类知识的重要来源。旅游的知识域理应围绕长期以来、具有重要时代和社会影响的游历现象，而基于此，旅游学研究的框架需要进行重构。

游历作为源于中国的学术概念，有着悠久的历史渊源。从语源学上说，游历即在途与在目的地的探索与体验，与其他概念相比，游历能够较好地解释各个旅游研究知识域，也能更好地解决旅游的本体论问题，同时还具有较强的与其他学科相异的独特性，所以其更适合作为旅游学的研究对象。对旅游本质的探索大都采用纯粹法，试图将旅游现象与旅行现象、产业现象进行完全的分离，而游历作为移动的经历与体验，包含了“移动性”“体验”的概念，能更好解决本体论问题。

2. 游历活动对人类知识溢出的贡献

游历是源于中国的学术概念，它同样是推动世界文化与格局形成的重要动力。从古至今的游历活动产生了大量的知识溢出，涉及历史、文学、生物、地理科学等各个学科。

2.1 对地理科学的知识溢出

地理学家的游历是探索自然环境的重要途径，古人探寻天地之景象，对水文学、地貌学、气候学等地理科学产生了重要的知识溢出。明末地理学家徐霞客按日记述 1613—1639 年间旅行观察所得，对地理、水文、地质、植物等现象，均做了详细记录，在地理学和文学上做出卓有价值的贡献。世界上最早记述岩溶地貌并详细考证其成因的书籍是中国地理学家郦道元（472—527 年）完成的《水经注》，共 40 卷，记述了 1252 条河流的发源地点、流经地区、支渠分布、古河道变迁等情况，同时还记载了大量农田水利建设工程资料，以及城郭、风俗、土产、人物等，这些正是基于他从仕期间的经常性的各地游历经历，其足迹遍及河南、山东、山西、河北、安徽、江苏、内蒙古等地。德国地理学家和博物学家亚历山大·冯·洪堡，其足迹遍布西欧、北亚和南、北美洲，首创等温线、等压线等概念，是近代地理学的奠基人；其《新大陆热带地区旅行记》是近代地理学最为重要的著作，《宇宙》一书更奠定地理学的形成。

游历对地理细分学科的知识溢出也不胜枚举，如沉积学，斯特拉波（公元前 63—公元 23 年）游历意大利、希腊、小亚细亚、埃及和埃塞俄比亚等地，著有《历史学》（43 卷）和《地理学》（17 卷）。从尼罗河泛滥后两岸发生变化的例子说明三角洲的形成，认为陆地随着海面的升降而发生变化；对测绘地图学，元成宗元贞元年（1295 年），浙江温州人周达观奉命随使团前往真腊，他详细叙述了当地居民的生活、经济、文化习俗、语言，并记载了真腊的山川、物产等；1861 年，法国博物学家 Mouhot 以此书为据，重新发现了被热带雨林遮蔽的吴哥王国遗址。

民间旅行家对地理版图不断地探索，也对世界区域地理、人文地理的知识溢出做出了重要贡献。伊本·白图泰（Ibn Battuta）是中世纪最伟大的旅行者，其足迹遍布非洲、亚洲、中东和欧洲。跨大陆旅行时间为 1325 年到 1350 年，游程超过 7.5 万英里（12 万千米）。《伊本·白图泰游记》是研究中世纪地理、历史、民族、宗教、民俗等方面的一部价值极高的著作。马可·波罗从意大利出发经过 4 年于 1275 年抵达中国并在中国住了 17 年。《马可·波罗行纪》被翻译成超过 100 种语言。书中记述的国家、城市的地名达 100 多个，记录内容包括山川地形、物产、气候、商贾贸易、居民、宗教信仰、风俗习惯等，乃至国家的琐闻逸事、朝章国故，也时时夹见其中。

2.2 对其他学科的知识溢出

游历对于其他学科的溢出更是数不胜数。对历史学的知识溢出，可见《史记·太史公自序》："二十而南游江、淮，上会稽，探禹穴，窥九疑，浮于沅、湘；北涉汶、泗，讲业齐、鲁之都，观孔子之遗风，乡射邹、峄；戹困鄱、薛、彭城，过梁、楚以归。"司马迁一生三次游历——二十壮游、三十宦游、陪帝巡游，足迹遍及九省，不仅饱览了名山大川，更拜访了大量历史人文遗迹，为日后《史记》的创作积累了宝贵材料。对文学创作更是提供了丰富的素材，士人阶层的"山水游历"开端于先秦两汉时期，经过魏晋的发展，到唐代达到顶峰。唐代文人的游历活动蔚然成风，李白、杜甫、王维、孟浩然等文人骚客都热衷游历，借对景物的描写，融入对于人生变化的感慨，抒发自己的情怀，并留下不朽的名篇佳作，形成了“山水诗”这一体裁。

人类学、哲学等学科也更是因为游历的滋养而逐渐丰富，布罗尼斯拉夫·马林诺夫斯基（1884—1942 年），英国人类学家，于 1915—1918 年间前往巴布亚新几内亚的特罗布里恩群岛考察，实地参与聚落生活、使用当地语言，甚至和土著建立友谊，著成《西太平洋海岸的航海者》；他通过亲自在当地长期研究，并以客观的民族志材料取代过往充满研究者主观论述的人类学家研究，建构了以客观民族志记载田野调查研究成果的方式，被称为“民族志之父”。赫尔曼·凯泽林（1880—1946 年）为德国社会哲学家，研究哲学，他摒弃西方中心主义，首创了一种超越国家、民族、文化的松散哲学，兼采众家之长，化为已用。他 1911 年开始环球旅行，同年岁末到中国。通过与各民族文化的直接接触和对话，对各国哲学世界的不断探索，他撰写了反映其哲学思想的代表作《一个哲学家的旅行日记》。

游历也给了医学、生物学研究以启迪和灵感。李时珍自 1565 年起，先后到武当山、庐山、茅山、牛首山及湖广、安徽、河南、河北等地收集药物标本和处方，于 1590 年完成《本草纲目》，首创了按药物自然属性逐级分类的纲目体系，是到 16 世纪为止中国最系统、最完整、最科学的一部医药学著作，被誉为“东方医药巨典”。查尔斯·达尔文，英国生物学家，进化论的奠基人，曾经乘坐贝格尔号舰进行了历时 5 年的环球航行，对动植物和地质结构等进行了大量的观察和采集，出版了《物种起源》，提出生物进化论学说，从而摧毁了各种唯心的神造论以及物种不变论。

也只有在工业革命之后，人类才逐渐进入实验室时代。可以说，人类早期的知识主要来源于旅行和旅行的记录，“闭门造车”的知识沉淀远远不能与“百闻不如一见”的游历以及记录产生的知识溢出相提并论。

3. 不同历史阶段游历的知识溢出侧重不同领域

游历及其相关的知识域的形成可划分为多个时期，每个时期具有不同的特点，是逐渐发展演化而来的，不同历史阶段游历的知识溢出侧重于不同领域，大致可以划分成以下四个时期：古典旅行期（1492 年以前），476 年，日耳曼人灭亡西罗马（中国为南北朝时期，420—589 年）是古典旅行期的开端，古代人为拓展生存空间，通过观察星座气候指引航行，探索地理版图以期扩张。公元前 1000 年—公元前 500 年，中东、地中海区的旅行开始盛行。公元前 200 年—公元 500 年，中国、中亚丝绸之路开通。1492 年，意大利人哥伦布在西班牙皇帝支持下航行至加勒比海地区，发现中部美洲。400—900 年，佛教徒进行旅行，700—900 年，伊斯兰旅行者也络绎不绝，1200—1500 年，基督徒也向世界出发，古典旅行期的人们身体力行，铸就了这一时期的伟大游历。

地理发现期（1492—1770 年），1492 年哥伦布的第一次跨越大西洋的航行标志着地理发现期的开端，哥伦布《航海日记》（1492—1502 年）记录了这一时期南北美洲、澳大利亚和亚太地区的地理发现和欧洲殖民现状，极大程度地改变了世界的政治地图、文化地图和经济地图。哥伦布之后，世界出现“旅行大爆炸”，政府（国王）组织，军事与宗教支持的官方行动占据主流。地理发现之后，古典旅行期积累的知识进一步溢出到其他多个国家和领域，形成了知识的进一步传播。

科技革命期（1770—1945 年），1770 年蒸汽机发明，工业革命使得普通人的远洋航行与陆上交通便利性大幅度提高，远洋航行的轮船等交通工具用于旅行。西方帝国主义殖民势力武力扩张，世界贸易（包括奴隶贸易）膨胀，工业化改变传统地缘结构、区域格局与城市分布，新旧大陆之间、欧亚大陆内部社会冲突和文化碰撞成为游记焦点，旅行活动民间个人及商业性机构组织活动占主流。在科技革命期后期，世界最终都选择了工业化的主流，社会交换理论调整了阶级冲突。资本主义国家相当大程度上考虑了社会公平，而社会主义国家较多地吸纳市场经济的效率优势。

战后现代期（1991—），1991 年苏联解体，世界由美苏双极转向单级或多极结构，1986 年中国第一封电子邮件发往欧洲，1994 年中国正式接入国际互联网。世界工业化、城市化发展到了一个全球变暖变化、碳排放控制、生态文明建设的新阶段，关爱自然、回归森林、重访祖先足迹、提高生活质量的旅行思想形成。目的地信息搜索、移动支付平台、分享出行与住宿、自动驾驶、翻译机器人等对出行（游）行为进行了破坏性创新，游记出现了新的形式。

4. 现代游历已转向目的地愉悦体验为主

现代游历已转向目的地愉悦体验为主。由于交通技术发展日新月异，旅途中的时间缩短，由于世界版图的清晰化，游历的目的地范围限制、经济限制逐渐变小。古代游历以军事、商贸、宗教为主要目的，现代游历以愉悦体验、商贸活动为主要目的，21 世纪的旅游者能够进行星际旅游，到北极、南极、高山、深海去做探险旅游。全球移动化背景下，移动支付、自动驾驶、在线旅游集散中心（ODS）、旅游大数据、不可替代的线下社交场景供给不断发展。全球跨境旅游人数已达 13.26 亿人次，旅行低成本、快速的发展，依然强调游历到目的地现场的需求。在旅游研究领域，全球移动性与在地性并存，以度假为主的游历行为模式的转变，催生了多样化的新兴旅游游憩产品的发展，如风景道等，现有的科技发展也使得旅游研究数据来源日趋多样化，现代游历研究焕发新的生机。

所以总结来看，与其他概念相比，游历能够较好地解释各个旅游研究知识域，也能更好地解决旅游的本体论问题，所以其更适合作为旅游学的研究对象。从古至今的游历活动产生了大量的知识溢出，涉及历史、文学、生物、地球科学等各个学科。不同历史阶段游历的主要目的与形式不同，其知识溢出也侧重于不同领域。技术进步与全球移动性背景下，现代游历已转向目的地愉悦体验为主。

参考文献

[1] Baker J N L. A History of Geographical Discovery and Exploration[M].London: George G. Harrap & Co. Ltd, 1948.

[2] Lionel Casson. Travel in the Ancient World[M]. Baltimore: Johns Hopkins University Press, 1994.

[3] Peter Whitfield. Travel: A Literary History[M]. Oxford: Bodleian Library University of Oxford, 2011.

[4] Stephen Gosch, Peter Stearns. Pre-modern Travel in World History[M]. New York: Routledge, 2007.

[5] Tribe J. The indiscipline of tourism[J]. Annals of Tourism Research, 1997, 24(3): 638-657.

[6] 樫井井一 . 光の诞生 : 人はなぜ旅をするのか [M]. 文芸社 , 2017.

[7] 章必功 . 中国旅游通史 [M]. 北京 : 商务印书馆 , 2016.

中国旅游发展四十年的变迁——经历、记忆与反思

张广瑞[①]

1. 开头的话：一场具有历史意义的大变革

对于中国来说，始于1978年的改革开放，无异于一场革命。始于经济，变于体制，进而涉及政治，促使中国进入到一个新的时代。这场改革是具有历史意义的，是艰苦而漫长的，变革还在继续进行之中。更为特殊的是，在中国改革进入深水区之时，世界也在处于激烈的政治、经济变革之中，从而使中国的改革变得更加复杂，同时要应付国际和国内的许多新挑战，任务更加艰巨。

从某种意义上讲，中国的现代旅游始于改革开放，虽然旅行与旅游活动可以追溯到很远、很远以前。在过去的40年中，中国旅游事业的发展，无论是从一种社会现象，还是从一种经济活动来认识，都不应当脱离整个国家发展的这个大环境去认识，去分析，去评价。

2. 经历：一种跨越时代的体验

幸运和不幸的是，我个人经历了这个历史巨变的时代，甚至比这个改革开放更年长。一个经历了中国“文化大革命”全过程的大学生，从一个迷茫进入到一个新的迷茫。

20世纪70年代的十年间，我以一个“外事干部”兼“导游员”的身份进入旅游领域。

作为政府机构“外事干部”，我担负着“宣传员”、“保卫员”和“调查员”的任务；作为一个“导游员”和“译员”，我承担着“服务员”的责任，而在那特殊的时期，有了和外国人在一起交流的机会，开始从内到外两个不同角度认识什么是旅游，什么是旅游服务。在这段生涯中，有两个非常难忘的经历，一是广泛地结

① 张广瑞：中国社会科学院研究员，旅游研究中心名誉主任。

交了一些世界各地的外国人，为他们认识中国和自己认识世界搭建了桥梁；另一个是，在最为悲惨的唐山大地震中，我和海外旅游者同命运，共患难，践行了一个中国导游的职责，对导游这一职业有了深切的体会。

20 个世纪最后的 20 年间，我以一个研究者的身份进入中国社会科学院，见证了国家旅游发展政策——从零碎的对策到国家发展战略——的几度变迁。

在这 20 年的时间里，我见证了对旅游的认识和中国旅游发展政策的两大变化。其一是关于旅游功能的辩论。大约 5 年的时间，我参与了多次全国性的大辩论和数不尽的研讨活动，国家认可了旅游（当时也只是入境旅游）的经济功能，从“政治第一、经济第二”到“政治经济兼顾”，再到经济事业；其二，参与了国家第一个旅游发展战略研究的课题。1987 年，面对我国旅游业发展的新局面和新问题，“旅游经济发展战略”被列入国家哲学社会科学“七五”重点研究课题。这一研究的重要贡献在于理论的创新与突破，明确了旅游业是一个“永远的朝阳产业”，奠定了发展这一新兴产业的信心与决心；对于长期纠缠的旅游功能与性质问题给出了明确的限定：“从经济社会发展的总体看，旅游业是一种文化—经济事业……对我国现阶段旅游业性质的表述，就应当把‘文化’和‘经济’的次序加以调整，必须说它是一种经济—文化事业”；认定旅游业的综合性，明确“旅游业本身是一个产业群体”，得出的结论是“它可以作为适度超前发展的产业加以培育”，其中“超前”包括发展速度超前、发展水平超前、人才培养超前，但“超前”要“适度”，不能盲目超前。这一研究成为中国 20 世纪 90 年代初国家旅游发展战略与政策的基础。①

进入 21 世纪后，作为研究人员，中国社会科学院为我们建造了两个平台，从而使我有了全面研究中国旅游政策和实践的机会，对旅游的功能及其影响有了两个更加深刻的体会。

其一，创建了中国社会科学院旅游研究中心，组织出版发行年度《中国旅游绿皮书》。我的体会是，任何社会科学的研究都离不开社会实践的调查研究，不能只靠闭门造车；任何社会科学的研究都不应该是个人行为，靠大智慧或苦思冥想。旅游研究中心的创建，不仅使我们创建了一个由政府官员、研究和教育工作者、业界领袖组成的特约研究员的研究团队，还定期组织国内外旅游界人士参与编辑出版了《中国旅游发展与预测的年度报告》（《中国旅游绿皮书》），自 2000 年起持续至今，年度报告平均 50 万字，数十人参与，并在此基础上组织了多次国际和全国性的主题旅游论坛和研讨会。

---

① 参见孙尚清主编的《面对 21 世纪的选择：中国旅游发展战略》，人民出版社 1992 年 10 月出版。关于这项研究的信息，请见本人 2018 年 9 月 17 日在《中国社会科学报》上发表的《关于首个国际级旅游研究课题的记忆》一文。

其二，设置了国内第一个旅游硕士和博士研究生机构，培养了一批旅游研究的专业人员。这个平台的作用并不完全体现在培养的硕士或博士的数量上，而在于促进了旅游研究学科设立以及对中国旅游发展中特定领域进行了深入的研究，引起了社会的关注。当时我的观念不是要这些研究生寻求在所谓的旅游理论上的突破，不拘泥于从理论到理论的演绎，或苦心营造什么模型，或解决中国旅游发展的全面战略，而是选择中国旅游发展中一个突出的现实问题进行调查和研究，立足中国的国情寻找解决问题的途径和思路。

回过头来看，在这个特定的历史时期，这两个平台在旅游研究与人才培养上发挥的作用是显著的，尤其是以开放的思维打造好研究中心的平台，在参与研究的过程中，直接让年轻人参与各种旅游规划与开发的咨询工作，让研究人员和硕士生、博士生能够直接接触实践，在解决实际问题的过程中促进其能力的发展，这也是在特定历史时期培养和锻炼人才的有效途径。

以国际的视角探讨中国旅游发展的轨迹，以纵向和横向比较的方式深入研究。

中国社会科学院作为国家重点的研究机构，与一般院校和研究机构所不同的是，其主要任务是宏观政策研究，微观管理方面的研究很少。作为一个全新的领域，无论是从理论还是从实践的角度来看，旅游研究都非常薄弱和缺乏。因此，国际交流是我选择的突破口。随着政府对旅游发展的高度重视和旅游产业与市场的不断扩大，中国在旅游教育与学术研究领域的国际交往日益增加，形式多种多样，对中国旅游的发展态势与中国旅游学界声音的关注越来越强烈，在这方面我也算是幸运者，在很大程度上，又得益于我的外语专业基础。

20 世纪 80 年代中期，作为访问学者，我被派送到欧洲著名的萨里大学（Surrey University）饭店与旅游管理系进修，在这个专业领域的国际交流我算是第一代人之一，学习了长达两年的时间。在世纪相交的 1999—2000 年，作为高级研究员，我受聘于香港理工大学旅游系工作，参与教学、课题研究和该专业与内地的交往。而后，借助中国社会科学院的平台，我参与了大量的境外专项考察、国际会议、合作研究、国际旅游专业期刊的评审，以及与联合国教科文组织、联合国世界旅游组织、世界旅游理事会、PATA 等国际机构、境外旅游教育机构、政府旅游部门和行业组织等的交流与合作，参与了国际旅游相关报告和学术出版物的撰写与编辑工作，阅读了大量国际旅游出版物和期刊。这些特殊的经历对我学术研究最大的影响是让我从纵向思维转向横向思维，即立足中国实践的同时还要跳出中国，总结中国的发展经验与教训，并吸取国际经验与教训，正视中国旅游发展面临的问题与挑战。我认为，中国学术界需要这样的研究理念，需要有人从这样的角度来探讨。学术界最为重要的职责不是宣传或破解某种既定的政策与观念，不要抢媒体人、宣传部门或演员们的饭碗，要把功夫和能力放到发现问题和寻求解决问题的方案上，能够有足够的耐心坐冷板凳，甚至发表不同的见解与意见。理论的深化和突破需要有人做，但不是人人都做，至少在这个历史时期是需要少数人去做。这与中国旅游发展的阶段与实践有关。

退出江湖，跳出旅游看旅游：作为旁观者反思中国旅游的发展历史与未来。

我 65 岁从当时的中国社科院财贸所正式退休，到 70 岁脱离中国社科院旅游研究中心主任的岗位，变成了一个自由人，我曾对媒体表示，我自此退出江湖，从专业变成了业余，将责任变成了兴趣。虽然痴心难改，但下决心改变立场，要跳出旅游看旅游。多无目的地走一走，看一看；读点书、听一听，想一想。不争不辩，沉下心来，回忆过去，冷静地反思。有可能，对旅游的特定领域做一些深入研究或梳理，或许能够留下一点实在的东西。

3. 记忆：中国旅游发展的界标

改革开放给旅游发展一个机会：是改革的排头兵，也是重要的受益者（改革开放的试验田）。

改革是制度的变革，开放是促进改革的一项措施。实际上，改革是开放的条件，开放为改革提供了动力。对外开放为旅游者的进入（当时的旅游只是入境旅游）提供了可能，人的流动，尤其是普通人的流动，是最基础也是最有效的开放。处于长期封闭的中国，人员流动的阻隔，再加上带有突出政治倾向的媒体报道，使外部世界对中国存有太多的扭曲和误解。境外旅游者的进入，不仅带来了外汇收入，还带来了信息、知识、理念，更为重要的是，外来旅游者通过自己亲身的观察和体验，对中国和中国人有了新的认识和理解，看到了中国发展的潜力，他们作为载体又把这些信息向国际社会扩散，影响着许多对中国不大了解的人。不少政治家、企业家、学术界的代表捷足先登，以旅游者的身份进入中国。于是，旅游成为中国对外开放的排头兵。很显然，为了接待和满足这些激增的入境旅游大军，饭店业成为中国服务业开放的试验田，成为改革开放初期资金、管理和人才进入中国的重要渠道，北京的建国饭店，不仅成为中国改革开放后饭店业发展的标杆，也为我国服务业和工业企业改革提供了重要的借鉴。由于多方面历史的原因，在后来的改革开放过程中，旅游行业自身整体显得有些保守，但是，旅游业把更多的外国人引进了中国；构成旅游这个新产业的相关行业，尤其是饭店业始终站在改革开放的前沿，一个突出的表现就是大批国际著名的饭店集团以多种形式进入中国，参与投资、管理和人才培训，促进了中国服务业的发展。

从政治向经济功能的变迁：理性的选择，渐进的认识。

产业功能的确定是政策制定的基础。将允许海外旅游者到中国旅游的目的，从原来纯政治的功能开始向获得国家发展所急需的外汇等经济目的转变，是中国旅游发展迈出的一大步，也是颇为艰难的一步。这一改变，直接引导了对旅游资源作为特定资源价值的重视，直接影响了对作为"服务出口"新市场的认识，增强了服务意识，改变了传统的经营方式与理念。如果说赚取国家"四化建设"[①]急需外汇的理念成为国家发展入境旅游的目的是我国旅游向经济功能转变的启蒙阶段，那么直到认识到发展国内旅游促进国家整体经济发展的作用时，才是旅游经济功能被全面认识的开始。这个功能的认可，使发展旅游的动力不仅仅来自中央政府和直接参与入境旅游活动组织与经营的旅游企业，更来自地方政府、所有与旅游相关的企业以及作为公民主要出游目的地的国内市场。"旅游业"和"旅游产业"的出现，使旅游的经济功能得以真正地发挥，进而赢得了这个行业在国民经济发展中的一席之地，后来的"支柱产业"和"战略性的支柱产业"的功能定位也是一个特定历史时期的产物。

旅游市场从残缺向完善迈进，世界对中国旅游的关注从"中国旅游"转向"中国旅游者"的现象值得研究。中国旅游发展 40 年，一个重要的逻辑是从非常规向常规发展的回归。这个过程还有很长的路要走。

在很长一段历史时期，中国旅游发展政策一直用旅游市场的优先顺序和格局来表述。其间，第一个变化是从残缺的"国际旅游"向国际旅游和国内旅游转变，这个变化出现在 20 世纪的 80 年代中期，之所以称为"残缺的"，是最初只有入境旅游，没有国内旅游，更没有出境旅游；第二个变化是从国际旅游和国内旅游向国民旅游和入境旅游转变，出现了入境旅游、国内旅游和出境旅游的三大市场齐头并进。有意思的是，在阐述旅游发展政策时，经常用不同的语汇或者叫隐喻对三个不同市场的优先顺序来描述微妙的国家的旅游政策倾向。

在很长一段时间里，对待"入境旅游"一直使用"大力发展""优先发展"；对"国内旅游"曾使用过"不宣传、不提倡、不反对"的说法，后来逐渐改为"积极发展""全面发展"，再后来将国内旅游和入境旅游的"大力"和"积极"调整了一下顺序；对"出境旅游"曾使用"有计划的发展"、"规范发展"和"适度发展"的说法。这些表述都是具有历史性的，具有中国特色的。从一定意义上说，是政府的政策控制着游客的流向，而不是，或不完全是，游客依据自身的需求和兴趣来决定

---

①"四化建设"指的是国家未来要实现的"四个现代化"，即工业现代化、农业现代化、国防现代化、科学技术现代化。四个现代化的概念是在 1954 年召开的第一届全国人民代表大会上首次提出的。

自己旅游方式与目的地的选择。不是吗？国内旅游的“三不政策”看起来是放任自由，其实是不能这样做；入境旅游是从城市和地区的开放次序让外国旅游者在既定的范围内做出选择；出境旅游则是以一种世界上唯一的方式——ADS 制度[①]——让国民按照政府的意志去挑选旅游目的地和旅游方式。市场发展的动力在政府政策，而不是，或者不完全是在市场，这也是中国旅游发展长期以来不重视市场因素的原因所在。以上政策和方式的调整和变革，慢慢地调整着旅游市场的发展格局和消费者的旅游模式。

一个有意思的现象是，中国国际旅游者流向的逆转彻底改变了改革开放以来长期保持的格局，而这一点则不是中国政府和业界事先设计的，也是没有充分预料到的。其一是中国出境旅游结构出现了逆转，从 2000 年开始，因私自费出境旅游的人次数首次超过公务旅行者的数量，从此这个差距越来越大，以至于目前因公旅游的出境旅游的人次数占出境总人次的比重下降到 5% 以下；其二是中国入境旅游规模与出境旅游规模的逆转。从 2010 年开始，中国出境旅游的人次数与境外消费总额首次超过了当年接待的入境旅游人次数和外汇收入，自此这个差距一直呈不断扩大的趋势，尽管国家相关部门对统计方法进行了一些调整，使这一敏感的差距有所回落，但是众所周知，实际上一些被回避了的统计，例如教育相关旅游和探亲旅游等的人次数与消费额，掩盖了这一差距扩大的真相。实际上，从 21 世纪初开始，国际社会对中国旅游的关注点开始出现明显的改变，从开放之初的“中国旅游”转向了“中国旅游者”，也就是说，从关注中国作为世界上一个具有突出魅力的旅游目的地，到开始关注中国作为一个实力殷实而潜力巨大的旅游市场。至于个中的原因官方找到了许多，而学术界与社会也有很多自己的说法。在今年国家首次举办的中国国际进口博览会期间，有的学者也曾提及旅游服务的“进口”问题，但是官方媒体并没有认真地讨论这一问题。

2009 年的国务院第 41 号文件，首次提出“把旅游业培育成国民经济的战略性支柱产业和人民群众更加满意的现代服务业”的新定位，不再对三个市场的优先顺序和原则进行区分。旅游发展的功能从政治转为经济、进而关注民生的定位使中国旅游发展的模式开始迈向从非常规发展向常规发展回归的新征程，但这仅仅是个开始。

---

①“ADS 制度”是英文 Approved Destination Status 的缩写，意为“被批准的旅游目的地国家”，只有被中国政府确定了“被批准的旅游目的地国家”的国家和地区，才能够允许相关旅行社组团旅游，对此地位的认可，要通过中外双方签订“ADS 协议”确认，因此常被称为“ADS 协议”或者“ADS 制度”。

新技术革命促进旅游发展的升级。

信息技术、数字技术、移动技术、支付方式和智能科学等最近半个世纪以来的进步，成为推动人类社会发展的重要推动力。这些新技术不仅正在改变着人类的工作方式，也在改变着人们的思维方式和生活方式，对传统的经济理论和经济工具都提出了新的挑战。现在似乎人们都认可这样的结论，无论如何评价这些新技术与新媒体的作用都不为过。早在 20 年前世界旅游组织的专家提出的警告——“对待新技术，准备上的失败就是准备失败”——得到了验证。

21 世纪以来新技术对人类社会生活方式和思维方式的冲击程度和速度是前所未有的，对人类的旅游方式和旅游经营方式及管理方式，在很多领域也是具有颠覆性的。这使我们尚存的几代人都感触颇深，而且这种影响还在扩展，还在深化，甚至还真有点儿深邃莫测。如果说历史上的很多技术进步会促进某些特定行业或领域的发展变化，而那些变化大多有着渐进的缓慢过程，而这次以信息技术和数字技术领先的科技创新浪潮的影响则是全方位的，是跳跃性的，甚至是颠覆性的。可喜的是，作为一个发展中的大国，中国这次在这个浪潮中，在很多领域，不是跟随者，而是弄潮儿，因而中国旅游的发展则可以得到更大的受益。

然而有一点儿值得深思的是，如何判断这一变幻莫测的技术革命对人类旅游的影响，似乎也没有必要如此敏感而恐惧。比如说，阿里巴巴“无人酒店”开业，似乎告诉人们，有人服务的酒店将要寿终正寝了。无人驾驶汽车的出现，似乎意味着将来作为司机的职业要消亡了。假如再进步一点，发明一种营养药片，人们是不是也没有必要一日三餐了，于是餐饮业都关门大吉了；现在有的国家已经研制出智能“性工作者”和“造人”的技术，那么是否意味着婚姻和家庭的解体……的确，在曾经不远的历史中，出现过一个新技术的出现迫使原有产业消亡的现象，例如彩色胶卷的出现代替了黑白胶卷，数码相机的出现逼着胶卷相机和胶卷业消亡；电和打火机的出现让火柴的属性变成了纪念品；电子机票的出现让纸质机票成了藏品；但是作为以人的体验为根本的旅游活动来说，未必如此脆弱，饭店业、餐饮业以及景区景点，还不至于很快消亡。如果人的活动只能是什么也不做，那么人的存在也就成了一种多余了。好在，我这一代人还来不及面对那些令人恐惧或沮丧的未来时代。

中国旅游发展的新时代：如何处理好文化与旅游的关系。

40 多年的改革开放促进中国社会经济发展与进步是有目共睹的，得到了国际社会的广泛认可和赞扬，广大公民也都有了切身的体验，尽管人们还有更多的诉求和更高的期望而不断抱怨。中国步入了一个前所未有的新时代。同样，中国的旅游发展也会在这个新的时代里，发生更多的变化，发挥着更加重要和积极的作用，诚然，如何更好地实现这一目标，也正是我们现在需要认真反思和探讨的。旅游和其他社会领域一样，其国家的旅游政策要更加科学，使之发展更加符合基本的规律，同时，这些发展，也要更加符合中国的基本国情，当然，对规律的认识会更加深入，国情也会在不断地变化。目前，大家都在探讨文化与旅游的融合问题，刹那间，“文旅业”成了一个脍炙人口的新词语，变成了当今旅游领域的大旗，更多的人，无论是官员和学者，都在念“诗与远方”的经。但是，这应当是个值得全社会认真探讨的课题，旅游、文化、旅游业和之外的很多事情都值得探讨，非此即彼可以是一种说法，但恐怕也未必都是科学的。无论文化还是旅游的概念，也无论文化事业、文化产业和旅游事业与旅游产业的属性，其中有一些共性，也有着很大的差异，或者相互交叉；无论文化和旅游的融合如何重要，但也只是相关产业跨界融合的一种方式，而不是唯一的选择。换句话说，“文旅”的新概念，既不应当完全涵盖文化，也不能完全包揽旅游。

4. 反思：中国旅游发展模式的探索

中国是个大国，原来主要体现在面积大、人口多这两个方面，到今天，中国又实现了 GDP 总量扩大和在世界总体影响的提升，这倒是个很大的跨越。但是，我们也必须清醒地看到，我们还不能算真正的世界强国，还面临着诸多困难和挑战，从总量上去比较，的确会有着很多的“世界第一”，而从 14 亿人口平均而言，很多的“大”则变成“小”了，很多的“强”也变成“弱”了。旅游也是如此。

中国旅游发展的模式要遵循基本发展规律。

其一，作为发展中大国，提高国家旅游国际竞争力，要始终重视入境旅游的发展。一般来讲，作为一个大国，中国经济发展的国际贸易依赖程度相对较低，自给自足的能力比较强。但是，在全球化不断扩大的大环境下，不断扩大开放能促进国家间经贸合作，而利用自身资源优势发展服务贸易也显得更加重要，其中入境旅游应当是中国服务贸易的重要组成部分，因为入境旅游的突出功能是赢得财富增加的重要途径，也是国家综合旅游竞争力的体现，而且，入境旅游的发展，可以增强国家形象，进一步促进国际关系的改善与经济合作的发展，增强国家的软实力。这一点已经成为世界各国旅游发展的共识。值得关注的是，出境旅游是国民的重要需求，采取积极措施让公民出境旅游更加方便，在境外的旅游活动更加安全，旅游者权益和尊严得到保证，这是政府的责任。中国公民的出境旅游与消费对目的地国家和地区经济发展的贡献是客观事实，和入境旅游一样，对促进不同国家人民之间的了解和友谊有特殊膨化作用，然而鼓励国民出境旅游并非是国家要坚持的国策。从总体上说，中国尚未到鼓励公民出境旅游去平衡国际贸易的程度，也不应过度强调公民出境旅游作为外交工具的作用。当前国际上一些国家政府出于政治诉求而采取旅游政治化的做法妨碍了国际旅游的正常发展，这一点是值得认真关注与研究的。

其二，旅游发展必须跳出单一经济诉求和刺激消费的传统思维定式。纵观全球旅游发展的历史过程，大多数发展中国家更加关注旅游的经济作用，发展入境旅游以赢得外汇收入，刺激国民消费，促进和带动整个国民经济的发展，把旅游作为一个重要的产业或部门予以关注与支持。中国进入这个过程已经有一段时间。然而，当一个国家社会经济发展到一定程度时，旅游的功能则应做相应的调整，要更加关注国民社会福祉的改善和提高，旅游服务更加泛化和社会化，满足国民追求健康幸福的需要，而不仅仅是刺激消费，提高消费，更不应当过分地强调所有领域的旅游化。也就是说，无论是增加旅游人次数还是提高人均消费都不应当作为评价旅游发展的唯一目标，旅游事业的功能更值得关注（目前政府号召和鼓励降低景区价格以及增加和完善旅游公共服务设施的做法就是个很好的开端）。

其三，新时代的旅游必须认真坚持可持续发展的新理念。从全球来看，可持续发展的概念已经提出了40多年的时间，这一概念已经越来越被政府和社会所认识。然而，也应当看到，不同的国家、行业和群体，对这个理念的认识和实践程度还有着很大的差距。而中国在从贫穷落后的发展中大国逐渐走向富裕的强国过程中，我们在认识和践行这一理念自觉性上则更显得缓慢，甚至会经过一个苦恼、纠结的过程。这一现象在旅游发展过程中体现得很明显。最初入境旅游的示范效应、经济发达地区和城市的示范效应以及先富裕起来社会群体的示范效应，在追求高消费、奢华享受、浪费性的消费方面产生了强烈的社会影响，这一影响会持续相当长的历史时期，而这些消费方式和欲望有些是与可持续发展的理念相左的，而这种改变又需要开展教育和引导。这些消费往往和汽车、住宿、餐饮、购物、休闲、保健等广义旅游的消费相关。与此同时，自行车、徒步、步道、户外活动等大众需求往往没有作为政府鼓励和支持的重点，与房地产相关的豪华度假地、高尔夫等设施建设难以有效控制，炫耀性的购物、餐饮等成为一种时尚，网上购物风行而引发快递行业膨胀对实体商业造成巨大冲击，长假期的大运动旅行方式还在被推崇，仍然以人次与消费的激增作为成绩宣传。一些突出的“过度旅游”和不合理的旅游开发等问题上没有从可持续发展的标准去衡量。这些现象是非常值得认真面对的。

其四，“以发展旅游的名义”需要甄别真伪。改革开放40年来，旅游是最为活跃的一个领域。旅游的发展受到越来越多的关注与重视，从而受到越来越多领域或者行业的妒忌，于是在这些年里，很多行业在发展过程中遇到障碍或风险的时候，则经常“以发展旅游的名义”，找到一个突破口，绕开法律法规的底线，其中最为突出的就是房地产业，在中国出现了一个独特的“旅游房地产”概念，囊括了旅游小镇、公寓、会所、度假村乃至主题公园、高尔夫球场等旅游的新业态。

改革开放初期，在中国风行过“商业一条街”，后来又扩展到“宫”、“城”和“民俗村”，再后来又盛行打造“风情小镇”，又有很多以发展旅游名义而进入的。“商业一条街”经常以历史为噱头，从汉朝开始，唐宋元明清，比比皆是。造“城”依然，而“宫”则多以历代名著为样板，“村”以少数民族风情为蓝本；现在时髦的小镇则又以外国名城为样板，从欧洲到美洲，从亚洲到非洲，“欧陆小镇”“东方威尼斯”“中国的夏威夷”“意大利风情”等小镇在全国各地兴起，以至于最终搞不清楚是主题公园还是真正的社区，打着文化的大旗，借口文化和旅游融合创意，但总忘不了设立诸多诱人的理由和广告词去敛钱，结果最后搞的是一些没有根基的文化套路；中国人非常为自己的祖先骄傲，似乎也对某些宗教虔诚，由于“文化大革命”风暴的冲击，致使改革开放后仿古复古也曾非常流行，建庙、塑像、造节等，也是打着发展旅游的名义，为了争抢一名古代名人，从皇亲国戚、文人墨客，以至于名著中的“人物”，竟打口水战，甚至对簿公堂……有意思的是，这些雷同的做法会一波又一波地出现，一批又一批地消亡，又会有新的一波一波地翻新。

在“以旅游的名义”的大旗下，不少是模仿与附会，迷恋与依赖历史上的伟大，缺乏对优秀民族文化的尊崇，尤其是缺乏对现代文明进程的体现，更缺乏真正的民族与国家的自信。这样的教训是深刻的，付出的代价也是高昂的。

中国的旅游发展模式必须要适合中国的国情。

政府主导的基本方针要继续坚持，但要突出市场与地方政府作用。中国是个大国，旅游又是个综合性比较强的事业，尤其是国际旅游的发展，很多政策会涉及国家外交、关税、安全、交通布局以及公共假期等重大问题，都主要是由中央政府做出决策，所以旅游发展的模式会在较长的历史时期内仍以中央政府政策来主导。但是，随着国家进一步的开放、政策法规的完善以及新技术的发展，简政放权是个大趋势。一方面，中央政府的旅游管理机构主要负责国家重大旅游战略政策的制定，减少对市场的干预和对企业的管制，旅游的基本管理职能逐渐向地方政府倾斜，尤其是国际旅游的市场营销和大型节庆活动逐渐转化为以企业和地方政府为主，发挥地方资源与市场的优势。真正发挥好行业组织独立的自律和协调功能，应当允许行业组织多元化，并不断提高非政府组织和社会的参与性与积极性。

政府旅游管理部门的更换会促成一些管理内容与方式的变化，但不应当改变旅游发展的基本功能。根据社会经济发展形势和管理方式的变革，国家政府旅游管理机构的设置会不断进行调整，但是，管理部门的变化并不意味着旅游发展功能的改变，只是管理的方式和重点有所不同。当前，中央政府设立了文化和旅游部，会在引导文化和旅游的融合方面加大力度，促进旅游产品的丰富与创新，但是，这并不意味着自然旅游、生态旅游以及探险旅游、科技旅游等旅游方式不重要，公众所喜欢的大众休闲方式更应当得到鼓励和支持，也未必所有的旅游活动都强行注入某种特定文化的内容，贴上文化的标签。旅游活动的内容越来越泛化，越来越体现旅游者作为消费者的意愿，越来越体现普通公众的生活方式，越来越关注旅游者的身心健康与幸福感。

国家的假期制度应当适时调整，逐渐改变刺激旅游消费、促进经济发展的政策导向。自 20 世纪 90 年代以来，国家对假期制度进行了多次重大调整，很显然，无论是第一次重大决策还是后来的多次调整，尤其是“长假期”制度的决策与增减，基本上是为了刺激公民的旅游消费进而促进旅游业的发展，这对国民旅游休闲认识的提高和旅游的发展发挥了至关重要的作用。长期以来，政府也一直把所谓长假期期间旅游人次数的增加和旅游消费的增长作为衡量长假期“含金量”的标准。众所周知，长假期这种全国总动员集中消费的做法，其弊端越来越明显，社会成本越来越高，旅游者的满意度越来越低。这种政策导向的“短期过度旅游”现象愈演愈烈，但囿于“带薪假期制度”实施的困难，投鼠忌器。中国这样一个有 14 亿人的大国，即使再增加几个“长假期”，也绝不能改变长假期本身造成的拥挤压力。这个制度的历史使命已经完成，应当尽快改变，要使公民有更多自由选择自己的度假方式和时间安排。逐渐使百姓的假期功能得以回归，成为休闲、放松、团聚的机会，改变政府“刺激消费运动”的初衷。

5. 结束语：未来旅游的发展应是中华民族文化复兴与国家强盛的风向标

从长远发展的观点看，旅游业自身发展不是旅游发展的终极目标，更重要的是国家总体的繁荣富强，居民收入整体的提高，生活环境大大改善，民族自信更加坚定，旅游成为全民生活方式的组成部分，其休闲、旅游消费得到更高层次的满足和保证。

任何国家或城市的发展，都不应当是以吸引外国人或外地人来参观和游览为主要目的，更不是为了某种面子或虚荣，而是为了国泰民安、安居乐业而为之。“桃李不言，下自成蹊”，这才是旅游吸引力的自然态势，使之形成旅游目的地发展的动力。同样，在正常情况下，国民的爱国、爱家不仅仅是一种号召，而是国民的心声和眷恋，出境、出国旅游是一种自我发展的需要，没有必要用出国旅游去为世界发展做出贡献，尽管这种效果是客观存在的，更不应当是一个逃离祖国、寻求个人幸福的借口，尽管这些决策个人都有自己选择的自由。出境旅游的体验不应当成为崇洋媚外的阶梯，而应是奠定坚定自信、奋发图强的决心。一个国家，旅游的发展应当是使其成为一种生活方式，作为居民自身休闲消遣的一部分，而不应意味着恣意花钱的消费或用以渲染的虚荣或面子。很显然，后者所带来的并非是健康的生活方式。

希望在未来的中国，旅游的发展应当是这个样子：无论是城市还是乡村，人们不再大喊大叫发展旅游，更不要过多地要“以旅游的名义”做事，也不必再争当什么优秀旅游城市或旅游小镇，也不会有什么“黄金周”，人们可以随心所欲，想到哪里去就到哪里去，心中不必再有什么毕生一定要到什么景区景点的“愿望清单”，就是想换一个地方，换一个环境，换一种心情，度过自己可以自由支配的时间。旅游不再是一个无所不包的大产业，不会再有什么旅游商店、旅游饭店、旅游景区甚至旅游厕所。也许无景区旅游是旅游的最高境界。

其实这不是梦，这样的地方已经存在。我们现在要努力的是要让旅游回归本真，更加轻松而自然，不再给别人或自己增加更多不必要的责任与负担。在想着“诗与远方”之前，还是要少一点浮躁，更加实在一点；不妨要多一点淡定，更加实在一点。对普通大众来说，苟且一点并不是错。

体验范式主导的旅游开发

谢彦君[①] 于 佳[②]

旅游开发是旅游产业界和政府部门共同关心的实践问题。在中国40年的旅游开发历程中，这个实践问题的解决，在早期往往是借助于实践经验来完成的。今天，我们需要面对的问题是，旅游开发的理论何在？是否存在一般的理论可供今天的旅游产业用作开发实践的指导？

我们的看法是，有的。中国旅游发展历程有个十分有趣的现象：旅游产业发展实践与旅游高等教育、旅游科学研究，都历史性地同时在20世纪70年代末开始。在旅游产业发展实践的40年历程中，旅游高等教育和旅游科学研究，也一同走过了40年。尽管今天仍不能说科学研究的理论贡献以及相应的知识体系构建达到了成熟，但是，经过多年的努力，已经有一些较为显著的理论即将以范式的姿态立身于旅游学术之林，至少学术界和产业界是有这样的期待的。

我们今天要跟大家分享的，是有关旅游体验的一些理论探索对旅游开发实践的价值，讲一讲旅游体验作为一种理论范式的可能性，以及以旅游体验范式为理论主导的旅游开发应该采取的策略。其中涉及两个问题，一个是旅游体验作为旅游科学研究的一种范式的可能性，另一个是如何依据体验理论打造独特的旅游景观。这些观点主要基于笔者的几部理论著作，其中主要是《基础旅游学》《旅游体验研究：一种现象学的视角》《旅游体验研究：走向实证科学》《灵水识谭》《旅游学纵横：学界五人对话录》《旅游研究方法》，也包括《旅游世界探源》这部个人学术论文集。

一、理论以及理论的存在形态

尽管“理论”一词我们天天挂在嘴上，但是，很可能，不知道“理论”为何物的人，不仅仅局限在学术圈之外。在很多情况下，连学术圈里的人都会感到“理论

---

① 谢彦君：海南大学旅游学院教授、博士生导师，海南大学旅游体验研究与设计中心主任。
② 于佳：东北财经大学2017级博士研究生。

是灰色的，生命之树长青”这句话的魅力，甚至觉得这句话才真正具有“真理性”；我们也常见于学术界把理论讥笑为象牙塔里的物件，与实践是对立的东西。这些观念之盛行，越是学科不成熟、实践越火热的领域就越显著，旅游即属这样的领域。

其实，说一句人人都信但时常会忘掉的话：理论来自实践，理论用于指导实践。这就是理论与实践的关系。相对于实践这种生生不息的“生命之树”而言，理论是一种“知识形态”，一旦形成，便有僵化、局限和不合时宜的可能，这是理论的宿命，因此它才是“灰色的”。但是，无论它如何灰色，人类都摆脱不了理论，因为人们的日常实践，都建立在知识的基础上，摆脱了本能的狭隘控制。这是人类社会进入文明时代以后的共同的命运。

所以，今天如果在知识界还可以堂而皇之地主张罢黜理论，唯实践之马首是瞻，不仅仅是狂妄，而且可能还有那么一些愚昧的味道，仿佛在主张人类回到知识主宰的文明社会之前的状态。

那么，理论的存在形态到底是什么呢？

舍去纷繁复杂的具体形式，概括而言，理论主要存在于四种格局不同的形态上：范畴、命题、理论和范式。

范畴即概念，是对某种现象的基本界定。命题是利用范畴所建立起的观点性的联系，是对事物关系事实的一种表达。理论是由相互自洽的诸多范畴以及命题构成的知识体系。范式指接近于达到成熟状态并有相对特色的理论。所有这四种知识形态，它们之间存在着内在的关联和逐渐递进的关系，呈现的是知识板块、知识架构和知识体系上的层级状态。一般地，凡是一个成熟的学科，都是由各种理论甚或范式构成的。尽管从本体论的意义上来看，某一学科可能存在彼此不同甚至相互对立的理论范式，但这恰好是知识属性决定的。经济学作为社会科学皇冠上的明珠，存在着众多不同甚至相互对立的理论范式，其道理即在于此。因此，是否拥有理论形态甚至范式形态的知识架构，标志着相关领域是否存在成熟的知识体系。相较于经济学，旅游学在这个尺度上差距就很大了。自然而然地，在一个缺乏理论指导的领域从事产业开发实践，其挑战就是理论缺位所带来的实践效率、风险、效果问题。正是在这个意义上，旅游学术界对理论的期待也就不言而喻了。

旅游的理论也表现在范畴的积累、命题的成熟度和丰富度以及理论体系的自洽性上。旅游的范畴多吗？已有的旅游范畴能指导实践吗？对于旅游学术领域的命题，你也可以问类似的问题。如果在这两个尺度上所获得的答案并不能令人十分满意，旅游的理论乃至范式，就可以暂时搁置不议了，因为离开了基本范畴和命题的丰富性、正确性、自洽性的理论和范式，是不存在的。

让我们来看看主流的旅游知识体中最重要、最突出的范畴“旅游”，是如何被定义的吧。

先来说一件实际遭遇的事情。

2018 年，某省某市要编制旅游卫星账户。做这项工作的起点，逻辑起点，是对旅游的界定，进而界定游客（旅游者）、旅游产品、旅游收入和旅游支出。所以，“什么是旅游”变成一个根本性的问题。

按说，如果旅游教育界、旅游科学界在伴随旅游产业界一同走过 40 年之后还依然搞不清楚“旅游究竟是什么”的时候，那实在是一件尴尬的事儿，因此，没有理由可以假定，旅游教育界和旅游科学界对这个问题是迷茫的。

但实际发生的情况是什么呢？负责该项目的课题报告书中，赫然写着如下的文字：

“——旅游卫星账户作为一个账户体系，其本身是由一系列复杂的、逻辑关系严密的概念所组成的。以下根据我国最新的 2017 旅游统计调查制度，从游客、旅游消费和旅游供给三个方面对某某市旅游卫星账户所涉及的概念进行说明和论述。

——游客的概念及分类：根据我国《旅游统计调查制度（2017）》规定，某某市的游客是指任何为休闲娱乐、观光、度假、探亲访友、就医疗养、购物、参加会议或从事经济、文化、体育、宗教活动，离开其常住国（或常住地）到某某市，其连续停留时间不超过 12 个月，并且在某某市的主要目的不是通过其所从事的活动获取报酬的人。

在本研究方案中以下群体不纳入对某某市游客的统计和分析中：

第一，因工作或学习有规律地往返于常住国 / 常住地和某某市之间的外地人；

第二，在某某市学习或工作超过一年的外地人；

第三，在某某市医院或类似机构住院超过一年的外地人；

第四，在某某市监狱长期服刑的外地犯人。”

作为评审组专家，我当时看了这样的界定，极为困惑，当即提出建议：“编制旅游卫星账户的起点应该是对旅游以及相关概念的正确界定。像这样界定游客，是很不科学的。”课题组的负责人回应说：“我们这是根据国家旅游局刚刚公布的旅游统计调查制度加以界定的啊。”我的回答则是：“那又怎么样呢？”我的潜台词是：“因为国家旅游局是权威政治机构吗？”后来，看在座的多数专家和领导都有不理解之意，我就说：“那我来问一下，看你们怎么回答我。在某市监狱短期服刑的外地犯人是不是游客？在某市监狱长期服刑的本地犯人是不是游客？在某市医院或类似机构住院超过一年的本地人是不是游客？在某市医院或类似机构住院不超过一年的外地人就都是游客？我今年刚好因为跟腱断了，在某市某医院住了十几天，据我观察，好像医院里住院时间超过一年的患者没有几个呀！他们都是游客？游客要什么？患者要什么？囚犯要什么？我们做旅游卫星账户，到底是要干什么？”

这些问题，没人能回答，或者说，其实是没有人愿意回答。所以，现实当中事情的发展，还是会向着原来的某个既定方向前进。

显然，一个很让人纳闷的问题是，如此编制出来的旅游卫星账户，将为谁服务呢？

这样的“实践”所依据的“理论”，是建立在某个符合功利性目的的“理论”的基础上的。说白了，是建立在“旅游”的官方定义的基础上：旅游是人们出于移民和就业之外的目的，暂时离开自己生活的惯常环境，前往他乡开展的旅行和逗留、访问活动所引起的关系与现象的综合，一般时间不超过12个月。

有关旅游的大多数实践都基于“旅游”的这个定义，一个很受部分人喜爱的意涵宽泛的定义。

这个范畴的理论价值，就如此这般地体现出来了。

在笔者看来，这个旅游定义存在着严重的理论认识偏误。它不仅没能正确概括旅游的本质，也因为这种失能而一直在严重地误导着旅游产业实践，使实践部门一直不能抓住旅游产业发展的主要矛盾、关键问题、核心对策。

为了有效地指导实践，旅游基础理论研究在给出“旅游”这一核心范畴的概念性定义时，必须能对实践具有充分解释能力并能进而指导实践。

为此，笔者对旅游的界定是：旅游是个人利用其自由时间并以寻求愉悦为目的而在异地获得的一种短暂的休闲体验。

这个定义的要点包括：

（1）旅游的目的完全是出自“愉悦”的诉求。可以说，非愉悦，不旅游（黑色旅游例外）。这样，出自医学治疗目的异地就医的患者、被强制带至异地的囚犯、为大笔赚钱的商务旅行人员、为奔丧而返回家乡的侨民，等等，都不在旅游者之列。他们所需要的核心事物，与旅游者有着本质的区别。以往因为这些人很可能需要住店和在外就餐而将其列为旅游者的学术操作，其实是舍本逐末的错误认识论的表现。

（2）旅游的特征集中体现在空间的异地和时间的暂时（尤其是余暇的利用）。这是所有旅游现象无一例外都具备的特征，而且由于这两个特征的根本性、独特性，也规定了旅游现象很多共同的特质。理解、抓住这些特质，才能生产出最符合游客需要的产品。

（3）旅游行为是个体的人能够自觉加以独立决定的，而不是“被决定”的行为。这一点十分重要。

（4）旅游的这一定义，可以如此拆解开来加以理解并运用：旅游是体验；旅游是休闲体验；旅游是异地的休闲体验；旅游是出自愉悦目的的异地休闲体验。这一定义的实践运用，具有相当高的效率和良好的效果。说旅游是体验，就意味着旅游不是“关系和总和”。试想，所有的旅游企业的最高管理者，是用“旅游是体验”来指导其实践更有效，还是用“旅游是关系和总和”来指导更有效呢？是用旅游是“休闲”来强调体验好呢？还是用旅游是“所引起的”来强调关系和总和好呢？进而，是强调旅游的异地性好呢，还是强调“旅行和逗留”好呢？尤其重要的，是强调旅游一定是一种出自“愉悦”目的的出行行为好呢，还是强调移民之外什么目的都行好呢？学术上、学理上的答案似乎是不言自明的。这就是一个知识领域所依赖的核心范畴能否被科学界定所能带来的理论指导价值的高低问题的体现。

正是基于这样的一个根本性的认识，笔者可以将“旅游”和一系列不同性质的“旅行”置放到一个综合比较框架下，进而概括出它们不同的特征。下图反映了相关的思路。这个图从根本点上解决了“旅游是什么”和“旅游不是什么”、“什么是旅游”和“什么不是旅游”的问题。

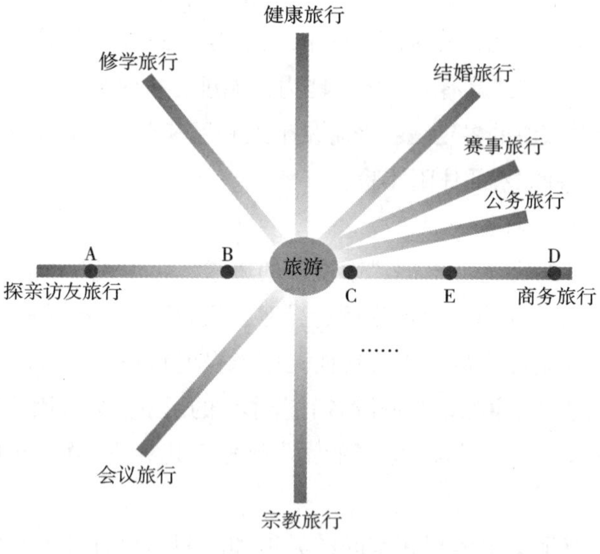

有了关于“旅游”这一最重要核心范畴的界定，相应地，就可以发展出一系列与之相联系、彼此自洽的概念体系。在《基础旅游学》一书中，是努力向着这个方向去做的，从而形成了相关诸范畴间的内在逻辑自洽关系（见下图）。

也正是在这个基础之上，旅游体验理论逐渐形成了它对现实的系统解释能力，并初现理论范式的品质。

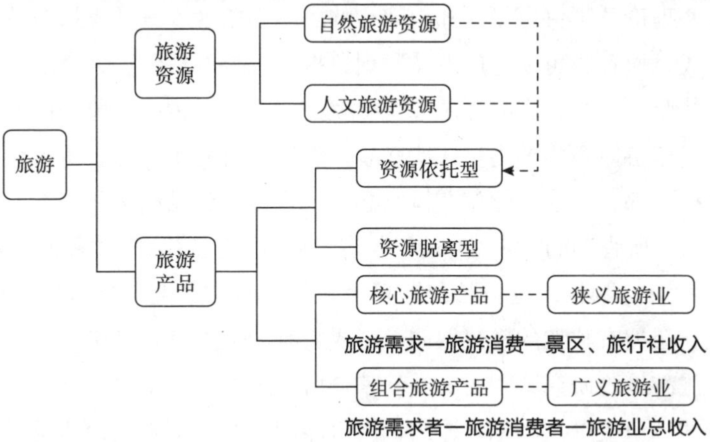

旅游概念体系

二、旅游研究中的体验范式及其对相关理论的整合

在旅游研究领域，旅游体验理论逐渐得到了学界、业界越来越多的认可，在指导产业发展实践方面也日益发挥作用。

不过，从科学研究的角度来说，体验理论的发育还远没有成熟，相关领域的范畴、命题并没有达到足够丰富、自洽和体系化，这些都需要在相关领域不断推进科学研究走向细节、深入来实现。同时，就整个旅游学术研究所积累起来的多种理论及成果来看，体验理论有机会对相关理论进行整合，从而极大地丰富体验理论的知识体系，提升该理论对现实问题的解释能力以及对产业实践的指导能力。

概括地说，可供进行这种整合的相关理论包括以下几种：本真性理论、地方性理论、凝视理论、仪式理论、符号互动理论、表演理论、具身理论、场域理论等。将这些理论以九宫格的形式加以表达，构成了未来期望能够加以整合的理论架构的主要内容（见右图）。

本真性理论 Authenticity	凝视理论 Gaze	符号互动理论 Symbolic interaction
地方性理论 Place	体验理论 Experience	表演理论 Performance
场域理论 Field	仪式理论 Ritual	具身理论 Embodyment

正如笔者在《旅游学刊》的一期笔谈中所阐述的那样："就目前笔者所把握的大体架构来看，具身体验理论、仪式理论、表演理论、凝视理论、符号互动理论、地方性理论以及反结构理论等隶属于传统微观社会学或社会心理学领域的诸多理论范式，都具备对旅游体验进行解释的理论能

力。所有这些理论，不仅可以从知识架构的类型学角度丰富并支撑旅游体验知识体系的内容构成，而且还可以对旅游体验现象提供直接的解释。换言之，只要旅游体验走向具身体验，其所达到的程度或位格就必然不同于传统体验理论所讨论的单一感官体验；当旅游体验能够为仪式所武装，被表演所充实，并获得了充分的符号化及其解读过程，那么，这样的旅游体验必然很容易达到马斯洛所描述的高峰体验或杰克森特米哈伊所强调的畅爽（flow）状态；此外，旅游体验的深度、强度和广度，还与旅游者的身份赋权、地方性经验以及旅游过程中人与人之间的结构性关系有关，他因此就会拥有独特的凝视取向，形成特有的地方感，经历不同寻常的体验过程。未来的旅游体验研究，需要吸纳、整合所有这些但又不限于这些理论，并完全立足于旅游的视角予以体系化，这样，就可能使旅游的基础理论建设不再是理论荒漠，也不仅仅是几片理论绿洲，而是一片广阔而又生机勃勃的知识沃野。”

三、体验范式主导的旅游开发对策

将异地的休闲体验看作是旅游的本质规定性，这一理论立足点带给旅游产品开发实践的启迪是深刻的、可以举一反三的。以下仅列举一些其中主要的对策供业界参考。我把这些对策归结为旅游开发的基本技术路线。大体上，可从四个方面展开：

技术路线Ⅰ：力避（大）商业化 + 力求（小）商品化

旅游开发中的商业化问题是一个长期的而且越来越严重的问题。这里特别提出（大）商业化和（小）商品化两个不同概念，旨在引导产业的旅游开发在寻求商业利益的同时保有这种商业利益赖以存在的基础。

旅游开发总体上说还主要是一种商业开发，这种本质上的规定性，使旅游尤其是文化旅游项目的开发注定要走向商业化，然而，颇为相悖的是，文化旅游的宗旨却与商业化的诉求相互矛盾。在这里，文化本真性问题成为旅游开发面临的关键问题。

从体验的角度来看，原真（本真）文化的商业化是旅游开发的大忌。将传统仪式、节日当作商品来卖，甚至当作可批量生产（Mass Production）的商品来卖，从而使该种文化丧失其固有的本真性甚至“神性”，即属此类问题。试想，原本一年一度的西双版纳傣族泼水节，如果变成了一个月一次，一天一次，甚至游客来一拨就泼一次，就是严重的商业化行径。这种开发策略，其实是釜底抽薪地拔除了文化旅游体验所赖以存在的基础，是需要避免的。

不过，从旅游产业界个体开发实践的初衷来看，商业利益必然是每个企业的基本诉求，也是维持企业可持续发展的基本条件。在这种情况下，应鼓励企业在保护核心文化资源或产品（比如傣族泼水节）的本真性的前提下，极大限度地对核心旅游资源或产品的上下游关联产品进行创意性的开发，拓展核心产品的产业链。换言之，努力围绕核心旅游产品去开发小商品，是深化、广延化、精致化、产业链（群）化旅游开发的有效路径。例如：蒙古文化旅游的（小）商品化，假如是围绕“蒙古族马文化”做文章，那么，相关的马博物、马节日、马艺术、马活动、马工艺、马日用品（瓷器、玻璃、锁钥、筷子等）的广延性深度开发，就是“蒙古族马文化”的小商品开发之路，即一切相关旅游产品尤其是旅游购物品的“马化”开发。这当中的真谛在于：文化要真、纯，旅游才旺，旅游业（商业）才火。

技术路线Ⅱ：力避无题化 + 力求符号化

常见一些旅游开发缺乏鲜明的主题，或主题立意极为低下、平庸。这样的开发，不足以满足游客的体验诉求，开发者的商业利益也得不到回报。

在一般消费品领域，从产品、分销渠道、价格以及促销策略等方面谋求创新已经成为企业经营管理者不得不努力去做的事情，而在旅游产业界，打造有独特品质的旅游产品，几乎是旅游的本质所决定的。在这种情况下，任何一个旅游产品，都要通过其鲜明、独特、有品位的主题获得其可感知的产品灵魂。没有主题、没有概念，就没有形象和感召力，这是旅游产品开发必须警觉的问题。

对于旅游产品而言，其使用价值并非以消耗物理性的实体来获得，相反，旅游消费的主要价值依赖于附着在旅游产品之上的各种符号形式所传达的无形价值。符号是主题的形式表达。因此，提炼、抽象各种文化旅游产品所依托的族群文化符号，是打造文化旅游景观“自相”（独特形象）的有效途径。这样，对于一个旅游目的地、一种旅游产品而言，其 VI（Visual Identity）的符号化系统设计就至关重要。当然，旅游产品的符号化，就其内涵而言，也包括“深度解说系统的构建”。例如，传统的蒙古文化旅游符号，就有苏鲁定、蒙古包、敖包、勒勒车、成吉思汗、草原、马头琴、蒙古长调、呼麦等不胜枚举的符号形式。

值得思考的是，这些符号在“旅游世界”里是否得到了“系统的展现”和“深刻的表现”？在当代的社会大背景下，这些符号是“简单地重复使用”，还是借助于全社会（尤其建筑界、艺术界和设计界）的共同努力，进一步发掘、提炼、创新基于“本土特色”的新的符号体系？这一点在当代聚落（城乡聚落）发展、建设上，也许是非常重要的战略。

技术路线Ⅲ：力避浅游化 + 力求体验化

从旅游的本质来说，体验是题中自有之意，在旅游开发当中必须予以集中体现。现实当中大量的旅游开发，由于简单模仿其他示范区（点）、延续传统的观光旅游开发套路、缺乏深度创意、不尊重文化本真性的旅游价值等，导致旅游产品的可游性尤其是可体验性很差。这种局面，客观上造成了大众观光时代旅游的肤浅性，不能满足体验时代到来之后游客的旅游需求。因此，需要明确坚持以下几点理论认识：

第一，旅游是体验，是“异地的休闲体验”。这是旅游的本质规定性。这一规定性将成为主宰旅游开发的根本规律。

第二，旅游产品在功能上的体验化努力，是活化一切乏味的旅游资源甚至使一些无聊的旅游产品化腐朽为神奇的有效途径。

第三，从管理的角度来说，体验是一种情境化的运作和管理，因此，相关旅游企业的日常管理实践也将面临较大的挑战性。

技术路线Ⅳ：力避粗鄙化 + 力求精致化

由于思想、创意、设计和资源条件限制而导致的旅游产品开发，往往流于粗鄙，其社会经济效益不尽如人意也就毫不意外了。在这方面，欧洲的一些国家，以及日本、美国等发达国家，在打造独特的文化旅游景观方面，其精致化追求值得我们认真学习。近些年，随着人们在需求层次方面的大幅度提升，以及旅游产业在创新能力、资本运营以及工艺设计水平方面的快速发展，旅游产品的精致化程度明显有所改善。但是，这种改善并不普及。大量粗制滥造的景区景点依然数不胜数。

在这里，有两点需要注意的问题：

首先，在文化旅游资源的“小商品化”方面，精致化将是未来的方向，也是竞争力的源泉。以延长产业链为抓手的精致化旅游购物品开发，具有巨大的发展空间。

其次，旅游产品开发过程中反对粗鄙，不意味着反对提供具有原初风貌、素朴品格的旅游产品。由于旅游体验的本质在于对差异性景观的向往，而这种差异性往往指向空间的异地以及时间的过往（当然也包含着未来的维度），在这种情况下，简朴甚至某种有意义的粗糙，都可能成为打动人的品质。因此，这里所主张的精致化，并非指向豪华与奢侈，而是深含意义层面的精致。

“博弈”与“共创”——从“利益相关者”到“生态服务价值链”再到“生态价值共创”的思考

刘静艳[①]

鉴于本届论坛主题，我就近年主持的几项国家自然科学基金项目（“生态旅游利益相关者参与机制的系统动力学研究”[2006—2008]、“自然保护区生态服务价值链研究”[2010—2012] 和“基于共生理论的自然保护区生态价值共创机制研究”[2015—2018]）再次进行了回顾，提出了上述有关思考的命题。

1. 问题的背景——自然保护区发展现状及挑战

尽管资源是稀缺的，对于任何一种与资源配置有关的选择，都存在机会成本，但选择建立自然保护区仍然是保护生态环境和生物多样性的最佳方法。根据自然保护区数据库（WDPA）资料，截至 2016 年，全球自然保护区已经超过 21 万个（见图 1），而超过 2000 万平方公里的地球陆域以及 2700 万平方公里的海域已经被指定为保护区。根据不完全统计，世界发达国家的自然保护区面积一般在国土面积的 10% 以上。我国自 1956 年建立第一个自然保护区以来，截至 2019 年，在 2750 个自然保护地中，国家级自然保护区有 463 个，总面积约 97.45 万平方公里，陆地自然保护区面积占国土面积的 14.88%（生态环境部，2019）。

然而，在自然保护区发展的过程当中，各种问题也日益浮现。其中，资源缺乏，尤其是资金缺乏是世界范围内的自然保护区面对的首要挑战（Bruner, 2001; Matthew, Watson, 2003）。对于发展中国家来说，解决自然保护区内及周边大量人口的扶贫问题和重视经济收益也是一项艰巨的任务（Cheng et al., 2009; Cochrane, 2006; Xu et al., 2012; Zheng & Cao,2014; Zinda, 2014）。于是，为解决经营资金不足问题，旅游投资活动开始扩展到各种自然保护区（Erdogan&Tosun, 2009; Gullinane, 2015）。但是在旅游发展的同时，相关旅游活动导致了自然保护区环境退化、资源过度消

---

① 刘静艳：中山大学管理学院教授、副院长、博士生导师。

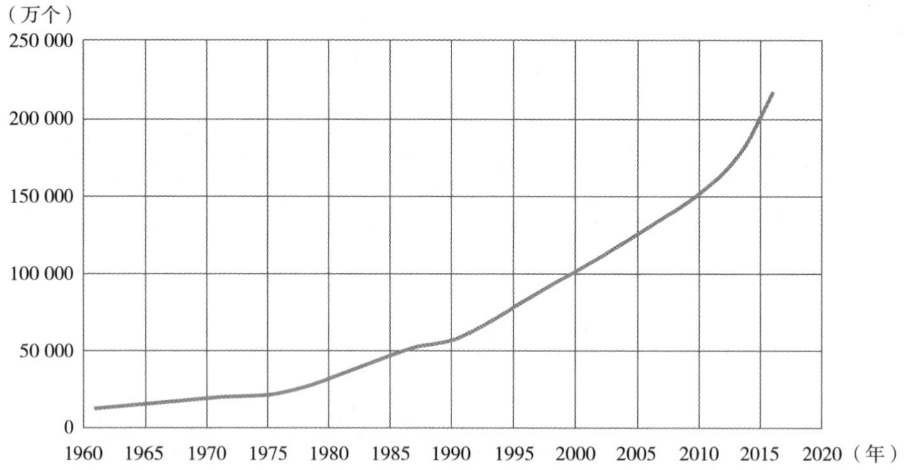

图 1　全球自然保护区增长曲线图

耗，进而降低旅游开发潜力，预支代际消费（Obua, 1997; Gimmi, 2011; Nielsen, 2007）。

对于我国而言，尽管自然保护地属于国有公共资源，但资金短缺问题依然突出。据调查，全国自然保护地在 2013 年各项总收入为 4.5 亿元，但是各项总支出达到 7.2 亿元，超支比例超过 60%（王京歌，2015）。我国仅有 11.14% 的保护区财政拨款能满足保护区编制内人员的工资和福利需要，5.98% 的保护区的保护费用能得到保障，2.06% 的保护区财政拨款能满足保护区全部的管理需要（权佳等，2009）。

在这种情况下，民间资本介入自然保护区已成趋势。2012 年 6 月，国家旅游局公布了《关于鼓励和引导民间资本投资旅游业的实施意见》，标志着旅游产业向民间资本的全面开放。这更进一步加快了民间资本投资自然保护区旅游开发的步伐。据不完全统计，截至 2011 年，全国共计 500 多个自然保护区以 30~70 年不等的年限以买断经营权、租赁经营、承包经营、协议开发、投资开发以及挂牌等方式出让了经营权（李爱平和张绪海，2011）。

但在我国生态补偿机制和生态保护立法尚未健全的情况下，企业的正外部性权益和外部不经济性的责任缺乏有效匹配，民间资本的逐利性导致“圈地”以及资源过度消耗等严重问题，在很大程度上改变了自然资源的公共性、公益性和非营利性特点，导致资源贬值，环境问题不断加剧。尽管民间资本在创造就业、创新以及促进经济发展方面发挥着重要作用，但也因社会责任缺失，监管缺乏，恶性竞争而导致对资源的低效无效利用（武真真和章锦河，2012）。这就意味着需要更多资源输入和更多污染输出，同时也意味着相关环保措施，无论技术的、经济的，其实施难度都会加大，企业更倾向于滥用环境逃避成本。开发与保护、全局与局部、长期与短期利益之间的矛盾日益尖锐，已成为自然保护区可持续发展的制约因素（Leverington et al., 2008）。为此，我们的主要研究对象聚焦于民间资本介入的已进行旅游开发并在不同程度上转让经营权的各种自然保护区、森林公园、自然风景区、天然林保护地、自然遗产地、地质公园和湿地公园等。

2. 命题的提出和思考

2.1 基于利益相关者视角的生态旅游

生态旅游可持续发展的关键是建立各利益相关者之间的利益均衡机制，从而形成一体化的共生系统。但由于各利益主体在有限资源分配中的利益驱动性，导致生态旅游实践面临日益激化的矛盾和冲突，这已成为困扰生态旅游发展的问题之一。尽管研究了政府、社区、保护区、旅游企业和生态旅游者五个主要利益相关者，将它们作为系统中的内生变量，进行生态旅游利益相关者结构关系的系统学分析，特别是基于对南岭国家森林公园的实证研究，提出了"旅游企业主导的生态旅游社区参与模式"。但研究发现，在理论方面，利益相关者问题远较预期更为复杂和多元化，实践方面的问题也更为暴露。其中在对有关南岭国家森林公园（自然保护区）社区参与模式、企业行为和旅游承载力等相关研究中发现，作为一个重要的利益相关者，企业已在自然保护区生态旅游规划和管理中扮演日趋重要的角色。企业介入可谓是一把"双刃剑"，如果没有科学的激励和约束机制，经过30年、50年甚至70年的经营权转让（或买断）后，自然保护区的生态服务价值能否保值是迫切值得关注的重大问题。这正是自

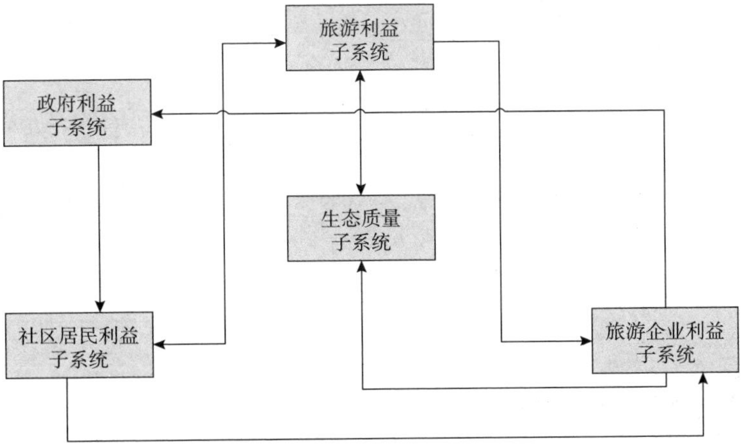

图2 自然保护区利益相关者子系统逻辑结构

然保护区生态服务价值链研究命题提出的出发点及研究问题的切入点。

2.2 基于可持续发展视角的生态服务价值链概念的提出

从可持续发展的视角首次提出“生态服务价值链”的概念，构建生态服务价值链的结构模型，对自然保护区生态服务价值链上各利益相关者之间合作关系的关键要素及治理机制等问题进行了研究，通过建立自然保护区生态服务价值的动态评估体系，构建生态服务价值链模型，追踪研究生态服务价值的动态传递过程，为自然保护区最优化实现生态服务价值提供系统和动态的量化管理工具。通过比较研究民间资本介入自然保护区对生态服务价值链的驱动和风险机制，识别自然保护区生态服务价值实现和保值的关键要素，为实现我国自然保护区经济和生态的可持续发展提供政策机制和决策依据。

在上述研究基础上，悟到“链”固然很重要，但也发现了“链”针对生态价值的局限性，为此，将管理学理论与生态学理论相结合，从生态价值链延伸到生态价值网络，形成了本项目提出问题的切入点。

2.3 从博弈到共创——基于共生理论的生态价值共创的提出

《基于共生理论的自然保护区生态价值共创机制研究》中提出了生态价值共创的概念，对自然保护区利益相关者共生的内在机理及价值共创模式进行理论研究，提出了生态价值共创机制及模式（见图 3）。作为国有公共资源的自然保护区对民间

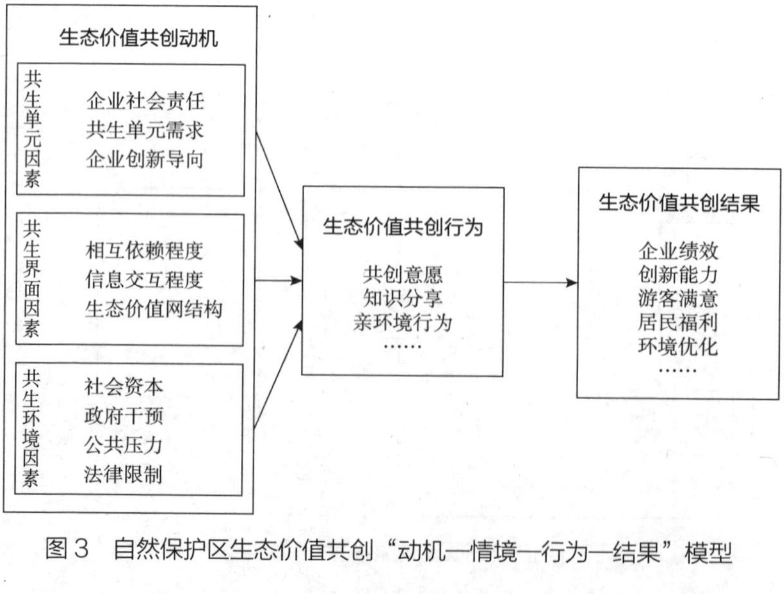

图 3　自然保护区生态价值共创“动机—情境—行为—结果”模型

资本开放后，二者不应是“博弈”的关系，而应该是“价值共创”的关系，通过生态价值共创实现自然保护区生态价值的保值与增值。价值共创是解决自然保护区利益相关者经济收益与生态保护矛盾的最优解。

从生态学角度看，以保护自然生态系统为目的建立的自然保护区具有两方面的价值：一方面，因其能够提供气候调节、涵养水源、保护生物多样性以及旅游休闲等方面的服务，而具备满足人类需要的属性。这类属性和效应即为生态服务价值；另一方面是自然保护区生态系统自身的存在价值，即维护人类生存所具有的价值(戴星翼等，2005)。

生态伦理发端于全球生态问题的凸显，以及人类对生态问题进行伦理反思的哲学重构。从哲学视角看，生态价值理念源自中国传统哲学中的“天人合一”思想。而儒家的“天人合一”思想正是基于道德的视角审视人与人、人与自然的关系。因此，由“天人合一”演化而来的生态价值同时具备了伦理的价值，帮助人们树立尊重自然、敬畏自然的价值观，以及遵循环境公平与正义的自觉性，并且借此协调人与自然的关系，促进现代公民的生态人格，从而实现生态价值（何怀宏，2000)。

综上，生态价值是生态系统的一种总体性价值，包括三个维度：经济价值、环境价值和伦理价值。但由于长期以来人们对价值认识的局限性，自然保护区被严重开发甚至破坏，生态系统快速退化，环境资源的稀缺性更为突出（崔永和，2008)。一般而言，在缓解资源稀缺性的各种途径中，最有效的莫过于利用市场机制。虽然市场能够有效地应对自然物品的稀缺，但在应对生态服务稀缺性方面存在所谓的“市场失灵”问题。最常见的是，将环境资源用于一种目的会导致其服务于其他方面的能力下降，即资源使用的矛盾。这主要涉及两种情况，一是相关生态服务载体具有竞争、非排他、拥挤的特点；二是一种资源的使用不具有竞争性，也被称为环境公共物品，如空气等，尽管其使用不具有竞争性，但其供给能力会受到竞争性资源的影响，如空气质量会受到自然保护区绿地面积的影响。对此，我们不难得出这样一种解释，如果一种资源既是稀缺（竞争性使用）的，又是开放进入的（非排他）的，则对这种资源的滥用就会是一种必然。因为在这种情况下，不会有人愿意对这种资源保护进行投入，原因是开放进入使得他难以保证自己的回报。同时每个利益主体又会尽可能地最大化利用这种资源，从而必然加速其退化。这种情况对于既具有物品提供功能又具有生态服务功能的自然保护区生态资源尤为突出。正是在这种情况下，其部分功能可能被充分市场化了，从而体现出生态服务的市场价值，但被排斥在市场之外的价值却容易被忽视。市场价值是明确的，容易通过交易量化，权属是清晰的，可通过市场交易实现，可称为市场机制；而非市场价值往往是含糊的、权属不清的；其具有经济价值，但无法通过市场实现，或独立于经济系统之外，此时的生态服务价值的确定与实现，市场是无能为力的。显然，当生态服务功能被排斥在市场之外，这一资源就会被市场用途所控制，如果这些功能是矛盾的，其结果就是生态服务功能的急剧衰退，从而引发上述问题不断加剧（黎洁，2006；李法云等，2005）。

然而，以民间资本为主体的市场经济并非天然与生态环境为敌，如果其运行机制是良性的，那么在供求和竞争关系的作用下，生产和消费活动将会与生态环境相协调。但这种协调的构建，不是靠政府的倡导、学者的呼吁或宣传教育而自动实现的，限于道德和伦理层面的谴责也远不足以解决问题。社会人同时更是经济人，逐利驱动并非仅靠道德感化所能轻易左右。为此，一条有效的途径是为自然保护区生态价值的实现创建有效的市场，而创建市场的本质是制度和机制的创新。厘清各利益主体与生态服务相关的权益和责任边界，并使这些权益和责任的让渡形成市场机制。

自然保护区是一个复合系统，涉及多个共生单元：其中保护区是生态资源的供给者，而相关的共生单元，包括当地社区、政府机构、旅游企业、旅游者、压力集团、专家、媒体等在内的利益相关者，是生态价值的依赖者和消费者。供给者与消费者之间存在的彼此依赖关系是价值创造和实现的原动力（Payne et al.,2008）。各方利益主体对彼此资源的需要、依赖程度越高，交互时间越长，进而价值共创的意愿越高。

价值共创的有效实现，需要资源整合和互动的机制，而机制确定的关键则在于选取共创过程中的核心主体，由核心共创主体制定让其他共创主体参与并进行互动的规则（Storbacka et al., 2012）。基于共生理论的“对称互惠共生”模式的关键在于共生单元的利益均衡多赢的格局，但其前提是要有利且互惠。即只有拥有合理的市场结构和充满活力的企业，才可能反哺生态环境。

上述对于利益分配机制、价值链以及价值共创的思考和研究，虽然在形式和机制上一定程度地解决了问题，但是笔者意识到要从根本上解决一系列的矛盾需要从更深的层次入手。而人类的价值主张始终是支持人类具体行动的深层力量。生态价值观作为价值观的一个类别，对人们的态度、规范、观点和行为具有引导和决定作用。因此，笔者在第二届论坛上提出了基于价值观管理视角的命题。

参考文献

[1] Bruner A G . Effectiveness of Parks in Protecting Tropical Biodiversity[J]. Science, 2001, 291(5501):125-128.

[2] Cao Juan, Liang Yiren, Zhang Junhua. Scenic Investigation and Assessment of Nature Reserves in Beijing[J].Chinese Forestry Science & Technology, 2005(4):60–67.

[3] Cochrane J . Indonesian national parks: Understanding Leisure Users[J]. Annals of tourism research, 2006, 33(4):979–997.

[4] Erdogan N , Tosun C . Environmental performance of tourism accommodations in the protected areas: Case of Goreme Historical National Park[J]. International Journal of Hospitality Management, 2009, 28(3):0–414.

[5] Gullinane M J. CAPDET° Cost Estimating for Wastewater Treatment[C]// Computing in Civil Engineering. ASCE, 2014.

[6] Joseph, Obua. Ecotourism in Kibale National Park, Western Uganda[J]. East African Geographical Review, 1997.

[7] Cheng Kun, Ma Jianzhang, Zheng Xin. Evaluation Method for Ecotourism in Nature Reserves Based on Principles of Ecotourism and Its Application[J]. Journal of Northeast Forestry University, 2009.

[8] Matthew, Watson. Performing place in nature reserves[J]. Sociological Review, 2003.

[9] Nielsen J B L B. Nature-based forest management—Where are we going?: Elaborating forest development types in and with practice[J]. Forest Ecology and Management, 2007.

[10] Payne A F, Storbacka K, Frow P. Managing the co-creation of value [J].Journal of the academy of marketing science, 2008,36(1):83–96.

[11] Rees W E. Ecological footprints and appropriated carrying capacity: What urban economics leaves out [J]. Environment and Urbanization, 1992,(4)2:121–130.

[12] Storbacka K, Frow P, Nenonen S, Payne A. Designing business models for value co-creation [J].Review of Marketing Research, 2012(9): 51–78.

[13] Urs Gimmi, Thibault Lachat, Matthias Bürgi. Reconstructing the collapse of wetland networks in the Swiss lowlands 1850–2000[J]. Landscape Ecology, 2011.

[14] Vargo S L, Maglio P , Akaka M A. On value and value co-creation: A service systems and service logic perspective[J]. European management journal, 2008, 26(3):145–152.

[15] Zheng-Chun X U , Si-Qi L , Jia-Shu Q U. Ecotourism Related Issues in Nature Reserves of Guangdong Province[J]. Journal of Southwest Forestry University, 2012, 32(2):73–79.

[16] Zinda J . Making National Parks in Yunnan: Shifts and Struggles within the Ecological State[M]// Emily. Mapping Shangrila: Contested Landscapes in the Sino-Tibetan Borderlands. Seattle: University of Washington Press, 2014.

[17] 薄茜 . 博弈视角下的乡村旅游利益相关者研究 [D]. 沈阳：沈阳师范大学，2012.

[18] 崔永和 . 生态价值：深化价值论研究的前沿视域 [J]. 河南师范大学学报 (哲学社会科学版), 2008(04).

[19] 戴星翼，俞厚未，董梅 . 生态服务的价值实现 [M]. 北京：科学出版社，2005.

[20] 范丽 . 相关利益主体视角下的森林生态旅游管理研究 [D]. 北京：北京林业大学，2010.

[21] 冯晓东，徐超 . 扎龙国家级自然保护区核心利益相关者及治理机制分析 [J]. 北京林业大学学报 (社会科学版), 2012(03).

[22] 何怀宏 . 儒家生态伦理思想述略 [J]. 中国人民大学学报，2000(02).

[23] 胡晓鹏 . 产业共生：理论界定及其内在机理 [J]. 中国工业经济，2008(09).

[24] 黄晓杏，胡振鹏，傅春，等 . 生态旅游主要利益相关者演化博弈分析 [J]. 生态经济，2015(01).

[25] 金卓，王晶，孔卫英 . 生态价值研究综述 [J]. 理论月刊，2011(09).

[26] 黎洁 . 环境管理研究 [M]. 天津：南开大学出版社，2006.

[27] 李爱平，张绪海 . 旅游资源经营权转让模式研究 [J]. 中国管理信息化，2011(16).

[28] 李法云等 . 环境市场与环境经营 [M]. 北京：化学工业出版社，2005.

[29] 李海涛，许学工，肖笃宁 . 基于能值理论的生态资本价值：以阜康市天山北坡中段森林区生态系统为例 [J]. 生态学报，2005(06).

[30] 刘静艳，陈阁芝 . 民间资本介入的自然保护区生态服务价值链研究 [J]. 中大管理研究，2012(01).

[31] 刘静艳 . 从系统学角度透视生态旅游利益相关者结构关系 [J]. 旅游学刊，2006(05).

[32] 卢彪 . 生态学视域中的生态价值及其实践思考 [J]. 社会科学家，2013(09).

[33] 钱俊生，彭定友 . 生态价值观的哲学意蕴 [J]. 自然辩证法研究，2002(10).

[34] 权佳，欧阳志云，徐卫华，等 . 中国自然保护区管理有效性的现状评价与对策 [J]. 应用生态学报，2009(07).

[35] 宋瑞 . 生态旅游：多目标多主体的共生 [D]. 北京：中国社会科学院研究生院，2003.

[36] 宋瑞 . 我国生态旅游利益相关者分析 [J]. 中国人口、资源与环境 , 2005(01).

[37] 苏东水 . 产业经济学 [M]. 北京 : 高等教育出版社 , 2000.

[38] 王京歌 . 自然保护区的现状与问题 [J]. 生态经济 , 2015(03).

[39] 吴健 , 刘昊 . 中国自然保护区空间分布的经济分析 [J]. 自然资源学报 , 2012(12).

[40] 武真真 , 章锦河 . 近 15 年来国外旅游小企业研究进展 [J]. 旅游学刊 , 2012(08).

[41] 习近平 . 在十八届中央政治局第三十八次集体学习时的讲话 (2017 年 1 月 22 日)[N]. 人民日报 , 2017-1-23.

[42] 杨玲丽 . 共生理论在社会科学领域的应用 [J]. 社会科学论坛 , 2010(16).

[43] 袁纯清 . 共生理论及其对小型经济的应用研究 (上)[J]. 改革 , 1998(02).

[44] 中华人民共和国环境保护部 . 中国环境状况公报 , 2013.

[45] 朱敏 , 李丽 , 吴巩胜 , 等 . 森林生态价值估算方法研究进展 [J]. 生态学杂志 , 2012(01).

[46] 曾慧宇 , 曾爱民 . 企业应将履行社会责任提升到战略高度 [N]. 人民日报 , 2017-07-24.

由产业导向到学术自觉——旅游管理学科知识体系研究

王德刚[①]

1. 前言：旅游管理学科的特殊性

在我国现有的高等教育和学术研究学科体系中，旅游管理具有一定的特殊性，或者说在专业性质上具有唯一性——是目前唯一的一个对应着一个特定产业（或行业）的应用型学科，因此，它的学科发展和学科建设，会表现出与其他学科、专业很大的不同——更多地受产业、行业的影响，这也是至今旅游学科到底能不能成为独立的一级学科的关键性问题（人们会质疑：你只是对应着产业经济体系中的一个部门经济，工商管理体系中的一个行业，在学科体系中能成为一个独立的一级学科吗？）。

而表现在教学实践层面，则是课程体系的不断调整——随着产业业态和市场的变化，市场会有课程内容甚至课程设置的增减变化。

实际上，旅游管理学科产生本身，就是人类旅游活动和旅游产业发展到一定阶段催生的结果，而不是人类学术研究发展的衍生范畴。

因此，它的学科归属、学科发展定位和学科与专业建设目标等，并不完全受制于学科体系发展的影响，而是在更大程度上受旅游产业发展需求、市场变化、国家政策导向等的影响。

2. 旅游学科的早期发展

2.1 国外早期旅游学科研究的经济学导向

旅游学科的产生本身即源于人们对旅游经济现象的关注，旅游经济研究也成为旅游学科早期研究和学科内容建设的主流。

---

① 王德刚：山东大学管理学院教授，山东大学旅游产业研究院院长，兼任中国旅游协会副会长。

1899 年，意大利政府官员波狄奥（L. Bodio）发表了《关于意大利外国旅游者的流动及其花费》；1927 年，罗马大学经济学教授马里奥蒂（A. Mariotti）出版了《旅游经济讲义》等。

旅游研究首先发端于旅游经济研究，也就是说人们最早是从经济意义上来关注旅游这种社会现象的，并使用统计学的方法，从经济学的角度去研究旅游现象和旅游问题。

从经济学的视角、用统计学的方法，成为早期旅游学科研究的基本范式。

从 19 世纪末旅游学术研究发端之后，至今旅游学术研究的发展共经历了三个阶段：

一是经济研究阶段：19 世纪末—20 世纪 30 年代，其标志是，世界第一篇旅游学术论文发表，并确立了经济学研究的基本范式；

二是向非经济领域延伸阶段：20 世纪 40 年代初期至 70 年代末期，其标志是，关注旅游者体验、社区利益、文化变迁，研究视角向非经济领域延伸，社会学、人类学研究方法引入旅游学术研究领域；

三是全面发展阶段：20 世纪 80 年代至今，其标志是，1980 年，世界旅游组织马尼拉大会一致通过《马尼拉世界旅游宣言》，标志着人类对旅游的本质有了更为全面的认识。

旅游学术界传统的阶段划分并不是将第三阶段的具体时间定位于 20 世纪 80 年代，但并没有具体的标志性事件作为阶段划分的依据。这里之所以将第三阶段的起始时间确定为 20 世纪 80 年代初期，是因为标志性事件，即 1980 年世界旅游组织纲领性文件——《马尼拉世界旅游宣言》出台，确定了人类旅游和旅游业发展的重要理念。

《马尼拉世界旅游宣言》非常明确地否定了发展旅游的“单一经济导向”，同时也否定了许多地方政府发展旅游业的功利化目的：

——“不论旅游业的经济效益多么现实、重要，都不会也不可能是各国做出鼓励发展旅游业之决策的唯一标准。”

《马尼拉世界旅游宣言》中还特别强调：

——“旅游是人人享有的权利。”

《马尼拉世界旅游宣言》中确定的旅游和旅游业的发展理念，把人们的关注点从发展旅游经济引向注重人类个体的权利与发展。

2.2 中国旅游学科建设的初期发展

虽然在中华人民共和国成立之前，我国已经开始有学者关注旅游和旅游业，并发表了一些学术研究成果。但从学科建设的角度看，从 20 世纪 80 年代初开始，中国开始有了旅游管理专业高等教育，旅游学科体系的建立才真正开始——我国的旅游学科建设是从旅游高等教育切入的。

我国最早的几所高校的旅游管理专业，是由国家旅游局设立的。一开始就是以促进旅游产业发展、提高旅游行业管理和旅游企业管理绩效开始的。因此也就决定了我国早期的旅游学科体系建设，是以旅游高等教育的专业课程体系作为旅游学科知识体系的载体，其基本内容是以旅游企业管理（又以酒店管理为主）为主体构建的。

当时的学术研究则是从引进国外教材、直接拿来西方学者的学术观点开始的。

主要的学术观点基本都是直接从西方学者那里舶来的。其中有两个代表性的观点：

——旅游产业的“三大支柱说”。

旅游饭店、旅行社、旅游交通被西方学者称为旅游业的三大支柱，这是吻合西方旅游业发展模式的。但中国旅游是从旅游景区开始的，至今旅游景区行业的产出在旅游业中占比很高。因此，“三大支柱说”根本不符合中国旅游和旅游业发展实际。

——旅游的“商旅起源说”。

“商旅起源说”同样源于西方学术领域，并直接影响了我们对旅游本质的认识。

商旅起源说：在那个年代，是商人开辟了旅行的通路。国内几乎所有的旅游教科书都是这样描述旅游的起源，把旅游的“本原”直接追溯、认定为商品贸易——经济现象。

实际上，这是一个未加严谨考证的“论断”。

1985 年由联合国世界旅游组织（UNWTO）出版的期刊 *World Travel-Tourisme Mondial* 第 182 期上发表了一篇研究报告 *Movements of persons or the facts about tourist flows*，该报告中发表了一个重要观点：“在最初的年代，主要是商人开辟了旅行的通路（In the early days it was principally the traders who blazed the trail）。”并进而得出结论：“贸易最早激发了旅行的产生（It was trade that first motivated travel）。”（UNWTO，1985）该报告由期刊编辑部直接编辑，没有作者署名，报告中也没有论证过程，而是直接发表结论性观点。

但“在最初的年代，主要是商人开辟了旅行的通路”这段定论性语言在国际旅游学界和产业界产生了广泛影响。

1991 年，李天元教授和王连义教授主编的国内第一本《旅游学概论》中引述了这段话。

之后这句著名的论断几乎被国内所有的旅游教科书转引，在有些媒体中则被直接描述为“联合国世界旅游组织认为……”

后来出现的其他一些研究文献，对这一观点进行了支持性论证。

——在公元前4000年左右，美索不达米亚南部的苏美尔人（巴比伦人）发明了货币，并开始了人类最早的商品贸易活动，苏美尔人开创的商品贸易活动标志着人类社会最早的旅游活动的萌芽（查尔斯·R. 格德纳，2008）。

——公元前3000年左右，在“地中海和爱琴海上进行通商贸易的腓尼基人是世界上最早的旅行者。他们到处周游，西越直布罗陀海峡，东到波斯湾、印度，北至北欧波罗的海各地，其旅行目的在于贸易”（王洪滨，2004）。

正是由于这些“一致性”的论证和判断，加上世界旅游组织在业界的影响力，旅游学术领域几乎毫不怀疑地接受了“商旅起源说”。

“商旅起源说”把人类旅游的源头归到了经济活动上，实际是用今天旅游学理论中所界定的“旅游”的基本特征——异地性、暂时性、非就业目的来“按图索骥”形成的，这种研究的技术路线本身没有错误。

但从本体论的角度看，任何现象的本原与本质是相互联系的，旅游起源问题实际上涉及对旅游基本属性与本质的判定，是一个基础性的理论问题。

而对本原和本质的判断则必然影响到学术研究的导向。

2.3 考古学新证——休闲、社交起源说

根据世界考古学领域的相关考证，距今3万年前的人类祖先，已经有了原始的审美、娱乐、社交等需求（王德刚，2015）：

——人们有了原始的审美、休闲娱乐诉求（用铁矿粉化妆、用穿孔贝壳和动物牙齿串珠做装饰品）；

——在部落驻地接待、宴请过往的客人（信使、游客等）；

——部落之间的通婚联姻，往往通过联谊舞会的社交活动进行（相亲会）；

——丰收、献身仪式等都要邀请相邻部落客人一起聚餐、联欢；

——休闲与社交：人类旅游的真正起源。

其中，剑桥大学考古系的人类学家马丁·琼斯（Martin Jones）为我们提供系列的考古学新证，可以充分证明人类旅游起源于原始部落时期的休闲、社交活动（王德刚，2015）。

——距今3万年之前的，位于捷克斯洛伐克东部的摩拉维亚（Moravia）的采沙场的古遗址中，人们发现了“用于人体装饰的穿孔贝壳和牙齿串珠”和经过“精心钻孔的兽骨”所做的“笛子”，说明远在母系氏族社会时期，人们已经有了最原

始的审美观和休闲娱乐诉求，能够利用自然材料为自己化妆打扮，让自己变得漂亮起来，并利用闲暇时间开展娱乐活动——伴着原始乐器（骨笛）演奏的原始的“音乐”，一起唱歌、跳舞。

——人类在 3 万年前已掌握用火技术，并开始用火来烧烤和烹煮食物。在距今 3 万年前捷克斯洛伐克摩拉维亚的采沙场古遗址中，在古人生活的洞穴中发现了火塘。火塘的发现，证明当时的人们已经“不只是偶然用火”了，他们已经能够“想办法在他们的岩洞中把火种保存下来”，人类从此开始了区别于其他动物的活动——烧烤和炊煮。

——当时的人类以这种火塘为中心，形成了两种分享食物的行为：一是由女性掌控的“内烹饪（Kndocuisine）”，是“一家人”享用的场所，“内烹饪”的节奏较慢，会用凹槽类的炊煮陶器，会在“文火上慢慢炖煮一锅食物”；二是由男人忙碌的“外烹饪（Exocuisine）”，“即把食物直接放在火上烧烤”，“他们会将烤肉一块块割下分给陌生人（客人）”。内、外烹饪的区别，直接证明了这种聚会活动是在不同部落之间进行的，是有“外人”参加的，这是迄今为止发现的最早的关于早期人类接待“游客”的证据。

——“外人”包括母系游团之间的联谊通婚等活动。

2.4 重新认识旅游的起源

由上述论证可以判定：远在距今 3 万年前的原始部落时期，人类已经产生了原始的审美和休闲娱乐诉求，并存在着多种形式的交往活动，包括部落间相互邀请的宴饮聚会、公共祭祀、丰收庆典、献身仪式以及部落间其他诉求的外交和友好往来等。这些交往活动，有的是完全娱乐性的，有的属于公共仪式性，有的属于社交性的。

这些活动不仅在时间上要早于原始社会末期才出现的商品交换，更重要的是，这些具有交往性质的聚会、联欢、走访等休闲娱乐活动和具有仪式性质的祭祀、庆典等公共活动，较之商品交换的功利性，其本身所具有的愉悦性、消遣性和社交性，更符合现代意义上旅游的本质属性。

因此，人类早期旅游活动的萌芽，应该源于人类原始审美、交往休闲娱乐诉求下的部落聚会和交往活动。

休闲、社交起源说的意义：

——更加接近于人类旅游活动本真的源头；

——有利于我们科学把握对旅游现象进行研究的导向，即把旅游研究的导向从产业或经济导向回归到对“旅游”的研究，而不是仅仅是对“旅游业”的研究，让我们旅游学科的知识体系更加完整。

3. 理性回归与学术自觉：专业和课程体系是知识体系的载体

3.1 早期的核心课程——两大模块与“旅游X学”

如前所述，20 世纪 80 年代初我国刚刚开始旅游管理专业高等教育，是典型的产业导向的学术研究和学科建设。当时的旅游学基础理论及相关理论课程，基本是从产业发展的角度、用相邻学科的知识体系来建构一个叠加了“旅游”概念的新领域，形成了一种“旅游 × 学”的独特现象。

整个知识体系基本可划分为两大模块：

一是基础理论模块，除《旅游学概论》外，其他主要领域（实际是以课程为载体的专门领域）包括：

——旅游管理学，旅游心理学，旅游经济学，旅游资源学，旅游地理学，旅游市场营销学，旅游美学，等。

还有旅游会计、旅游交通、旅游统计等。

二是旅游企业管理模块。

该模块主要包括酒店管理、旅行社管理两个具体的领域，酒店管理一般都是一系列课程；而旅行社管理也多数是由二、三门课程（即旅行社经营管理、导游业务）来完成。

在旅游企业管理模块中，酒店管理被全面细化、深化，几乎成为“旅游企业管理”的代名词。其课程设置包括酒店管理概论、前厅管理、客房管理、餐饮管理、人力资源管理、酒店工程管理、酒店营销、酒店会计等。

总体上看，工商管理、经济学及其他的许多相关课程被改头换面变成“旅游 × 学”；而酒店领域被西化后，课程内容就向操作层面深化。

这种完全服务于产业发展而又没有学术基础的课程体系，还基本谈不上构建学科“知识体系”问题。

3.2 理性回归与学术完善

进入 21 世纪以来，中国旅游学术研究的主导方向开始转向。

有学者开始对 40 年来中国旅游学术研究进行反思性的总结，对旅游产业发展与旅游学科体系建设的关系进行重新认识，对旅游学科知识体系的构建进行理性思考，甚至对旅游的本质进行重新定义（对旅游权利、旅游利益、旅游道德等本体论命题的再认识)。

——“以旅游者为核心对象”的旅游学理论体系正在得到更多人的认同。

——旅游的“社会性”正在替代“经济性”成为旅游学科知识体系建构的核心要素。

——人们也开始认识到，完整的学科知识体系的构建，主要是靠研究型大学的课程体系为载体形成的，而应用型教育机构则主要是为适用产业发展需求而构建课程体系的，其课程体系与学科知识体系的完整性关联度不高。这样便形成了旅游学科体系建构和服务于产业发展的层次分工。

3.3 以课程体系为载体的知识体系构建

2019 年教育部公布的专业课程体系标准，是以各个学科的教学指导委员会为主体来编制的，试图构建旅游学科知识体系的核心内容。

这个新构的课程体系，确定了一个“4+3+x”的课程体系设计理念，其主旨是要在旅游学科知识体系的核心内容基本确定的前提下进行多元化、特色化发展。

4= 旅游管理类的 4 门核心课程：旅游学概论、旅游目的地管理、旅游消费者行为学、服务运营管理。

3=4 个专业（“旅游管理类”之下的“旅游管理”“酒店管理”“会展经济与管理”“旅游教育”）各自的专业核心课程。

x= 自主拟定课程。

但这个标准，仍然有两个非常明显的痕迹：

——仍然受旅游产业导向的影响。

——仍然未摆脱工商管理学科的窠臼。

3.4 对旅游现象进行全面分析

从“以旅游者为核心对象”的旅游学理论体系建构的角度来看，我们首先要对“旅游”现象进行全面分析，了解“旅游”在各个维度上的特征与规律。包括：

——旅游作为一种个人经历：行为，心理，体验，成长；

——旅游作为一种社会行为：文化，闲暇，休闲、娱乐；

——旅游作为一种地理现象：空间移动，异地，环境；

——旅游作为一种商业活动：支出，消费，财政收入；

——旅游作为一个产业：广泛性、综合性、融合性的集合体，企业。

从这个角度出发来审视，在已制定的核心课程中，“旅游者”的成分仍然没有得到强化。

4. 思考：旅游管理学科知识体系如何构建

4.1 旅游学是研究旅游和旅游业发展规律的科学

20 世纪 90 年代，我曾经在旅游学基础理论研究过程中，提出了“三体论”观点，及旅游主体——旅游者、旅游客体——旅游产业、旅游媒体——旅游企业和旅游通道。以此来建构一个“旅游系统”，而旅游管理学科实际就是应该基于这个“旅游系统”来建构知识体系的（见下图）：

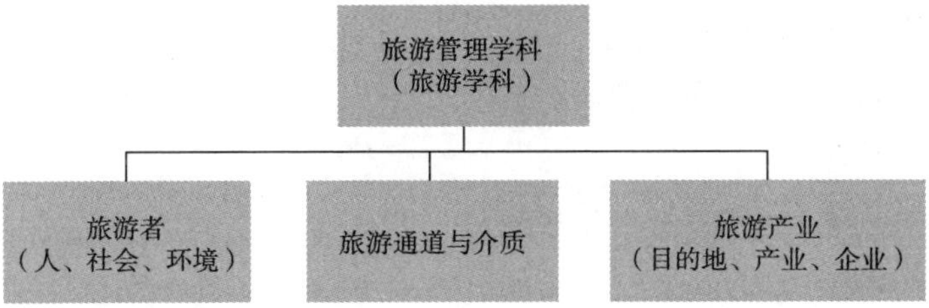

4.2 学科的成熟度与社会和学科地位

一个学科的成熟，或作为独立的学科，应具备基本的条件。

独立学科：有独立的研究对象和研究方法。

学科成熟度：有完整的并有别于其他学科的知识体系。

学科的成熟取决于两个能力：

——解决社会问题的能力；

——影响相邻学科的能力。

4.3 当前旅游学科的理论尴尬

从当前旅游学科的发展现状来看，在产业发展实践中，旅游业已经能够对其他相关产业产生影响，“旅游 +”、全域旅游等，都能够产生对区域经济发展的带动效应。

但从理论上看，产业领域旅游业对其他产业产生的影响，其理论基础仍然是产业融合理论和共享经济理论的衍生理念，本身并没有在经济和社会发展理论的前端有所创新。

在学术研究中，旅游学科如果过于聚焦产业和旅游企业管理，学科的影响力就永远不会提高，无论是研究旅游经济还是研究旅游企业管理，都永远在产业经济学和工商管理学科的下游，都是被它们覆盖，无法逆向影响，横向的影响力也很弱。

这实际上就是我们目前的状况。因此，我们迫切需要完善学科体系。

二级学科的支撑，历来是学科升级、完善的必备要素。将旅游学科升级为一级学科，其所属二级学科要有相近的理论基础，并且对上位学科有基础性的理论支持作用。

一个初步构想，“旅游管理类”升级为一级学科，其二级学科（专业）的设置应包含 5 个学科，即：

——旅游科学；

——旅游目的地管理；

——酒店管理 / 接待业管理；

——会展与活动（节事）管理；

——旅游教育。

（1）旅游科学：旅游学科的学理基础

哲理层次：

——旅游哲学；

——旅游伦理；

——旅游人类学；

——旅游社会学；

——旅游文化学；

——旅游美学，等。

基础理论层次：

——旅游基础理论（旅游学概论，旅游学原理）；

——人类旅行与旅游学术史；

——旅游资源学；

——可持续旅游与管理实践；

——旅游、休闲与经济、社会发展；

——旅游研究方法论；

——旅游心理与行为，等。

（2）旅游目的地管理

——旅游目的地管理；

——旅游产业组织；

——旅游规划与开发；

——景区管理；

——旅游经济、统计；

——旅游公共管理；

——旅游法规与政策；

——旅游地理学；

——旅游企业运营管理；

——旅游公共服务系统；

——社区旅游与文化保护；

——智慧旅游 / 旅游信息化；

——休闲与户外游憩管理；

——旅游与环境管理；

——旅游危机管理，等。

（3）酒店管理 / 接待业管理

酒店业管理二级学科与国外的接待业管理（Hospitality Management）相对应，主要对接待业行业管理、住宿设施管理、餐饮企业管理、综合性接待企业管理以及具备住宿或餐饮经营属性的其他物业设施管理（如邮轮、疗养院等）企业的投资、运营、管理、影响进行管理和研究。

主要方向包括：

——接待业投资；

——接待业运营管理（酒店部门业务管理与服务，可进一步细化为多门具体的课程）；

——接待业行业治理；

接待业的社会、经济与文化影响，等。

（4）会展与活动（节事）管理

——会展企业管理；

——会展项目管理；

——会展营销；

——节事策划；

——奖励旅游、商务旅行、差旅管理；

——商业类事件、活动管理；

——体育赛事、活动策划与管理，等。

5. 结束语

最后，还有两个问题。

一是管理学科名称，到底是应该称为“旅游学科”还是“旅游管理学科”？还需要学界做进一步探讨。

二是升级为一级学科的道路还任重道远。

总之，学科知识体系的构建需要学术基础，课程体系只是知识体系的载体或传承方式；每一门课程，都是一个相对独立的研究领域，需要有全面、完整、深入的研究成果来支撑，因此，课程体系的构建与知识体系的构建是相辅相成的。

我们刚刚进入旅游学科建设的理性回归阶段，还有很多问题需要探讨和深入研究，遗迹学科建设任重道远。

国家创新战略与企业家精神

赵　刚[①]

“在我国发展新的历史起点上，把科技创新摆在更加重要位置，吹响建设世界科技强国的号角。”2016 年 5 月 30 日，习近平总书记在全国科技创新大会、两院院士大会和中国科协第九次全国代表大会上发表的重要讲话中指出，科技是国之利器，国家赖之以强，企业赖之以赢，人民生活赖之以好。中国要强，中国人民生活要好，必须有强大科技。

1. 引言：三大创新引领

1.1　全面创新

习近平总书记在十八届五中全会上指出：坚持创新发展，必须把创新摆在国家发展全局的核心位置，不断推进理论创新、制度创新、科技创新、文化创新等各方面创新，让创新贯穿党和国家一切工作，让创新在全社会蔚然成风。

习近平总书记在中央财经领导小组第七次会议上发表重要讲话，指出：实施创新驱动发展战略，就是要推动以科技创新为核心的全面创新，坚持需求导向和产业化方向，坚持企业在创新中的主体地位，发挥市场在资源配置中的决定性作用和社会主义制度优势，增强科技进步对经济增长的贡献度，形成新的增长动力源泉，推动经济持续健康发展。

1.2　全链创新

习近平总书记在 2014 年两院院士大会上发表重要讲话，指出：要着力围绕产业链部署创新链、围绕创新链完善资金链，聚焦国家战略目标，集中资源、形成合力，突破关系国计民生和经济命脉的重大关键科技问题。

① 赵刚：中国科学技术发展战略研究院研究员。

1.3 全球创新

全球创新包含七大要素：(1) 基本理论：地缘科技学、技术创新理论。(2) 基本方法：科技外交。(3) 动因：全球性问题。(4) 主要构成：全球创新中心、全球创新网络、全球创新体系。(5) 核心要素：土地、资本、技术、人才、标准、专利、科研机构、国际组织等创新资源。(6) 内涵：全球眼光、全球视野、全球思维、全球胸怀。(7) 举措：全球布局、全球组织、全球战略。

2. 抢占新一轮科技革命制高点的较量——中美贸易战

美国著名的智库哈德逊研究所 2019 年发布了一份报告《美国如何在高科技领域打赢与中国的战争》。报告谈及，中国国家主席习近平 4 月在科学院和工程院联合年会上的讲话以及“中国制造 2025”计划都表明中国要在高科技领域与美国展开全面竞争。在美国领导人看来，此举很多方面都与冷战期间美苏争夺全球霸权一样严重。它不是体现在洲际弹道导弹、隐身飞机之类的军事硬件上面，而是体现在民用领域如微处理芯片、超级计算机、量子计算等领域。而这些技术却为世界上最先进的武器系统提供基础。

报告认为，对于美国来说，无论是否意识到这一点，这都是一场客观存在的斗争。美国政府只有少数人认识到这一点，美国并没有像中国那样认真对待这场高科技之战，既没有投入相当的资源，也没有制定整体战略。

还认为，从现在开始，美国不能失去这场高科技战争，就像不能失去第二次世界大战或冷战。美国可以赢得这场高科技战争，但是美国必须从现在开始反击。

笔者认为，中美贸易战的实质是遏制与反遏制，核心是抢占新一轮科技革命和产业变革的制高点，特点是长期性、持久性、全面性。

针对中美贸易战，笔者认为，中国应对策略可分为以下五个方面：

(1) 保持中美关系的大局稳定，不出现剧烈的冲突或者战争。

(2) 积极促进国内改革、发展和稳定。

(3) 加大对外开放的力度。

(4) 全方位发展和美国各界、各层面、各地区的关系。

(5) 依托“一带一路”平台，积极开拓与美国之外的其他各地区和国家包括欧洲、日韩、非洲等的合作关系。

3. 新一轮科技革命和产业变革正在到来

3.1 第一次科技革命与英国崛起

1765 年蒸汽机的发明与广泛采用，促进了棉纺业、毛纺业、采煤业的发展，大大加速了英国工业革命的进程。科技与工业的巨大变革使英国的经济地位发生了根本变化，不仅在欧洲，而且在全世界获得了领先地位，成为"世界工厂"。到 1876 年，英国殖民地横跨东西半球，面积达 2250 万平方公里，拥有 2.5 亿人口，成为"日不落帝国"。

3.2 第二次科技革命与德美的崛起

19 世纪很多重大的科技发明，开花在英法，结果却在德国。科技中心转移到德国。在 19 世纪最后 30 年，德国建立了现代化的工业体系，工业用了不到 30 年就超过了英国。20 世纪初，德国的工业生产总值增长 4.7 倍，占世界工业总产值的 16%，仅次于美国，居于世界第二位。

1870—1900 年，德国工业每年平均增长速度为 7.1%，1900—1913 年为 6.6%。1894 年，德国工业生产跃居世界第一位，生产量等于欧洲各国生产总量的一半。到 1913 年，德国工业产品占世界工业产品总量的 1/3 以上，比英、德、法、日四国工业产品的总和还要多。

3.3 第三次科技革命与两极格局的形成——美国

第三次科技革命开端于美国。战后资本主义世界的重大科技发明有 65% 是美国首先研究成功的，75% 是美国首先付诸应用的。

1947 年美国的工业生产占资本主义世界的 53.9%，出口贸易占资本主义世界出口总额的三分之一，黄金储备在 1949 年占整个资本主义世界黄金储量的 74%，成为世界头号的"金元帝国"。1960 年，美国科技人员达 30 万。

科技的发展与进步对美国经济、军事实力的增长起到了决定性的作用，使美国成为世界上最强大的超级大国。

3.4 第三次科技革命与两极格局的形成——苏联

1953 年，苏联成功爆炸了第一颗氢弹，打破了美国的核垄断地位。1954 年，苏联建成世界上第一座原子能发电站。

1957 年，苏联先于美国三个月，成功地发射了第一颗人造地球卫星——"人造卫星1号”。1961年，苏联首先成功实现了人类第一次载人飞船的飞行。

1975年，苏联的国民收入达到美国的66%，工业总产值为美国的80%，工业劳动生产率为美国的55%，20多种工业产品的产量超过美国而居世界第一位。苏联成为能与美国一争高下的世界第二经济军事大国。

3.5 新科技革命与多极化趋势

日本从“贸易立国”战略向“科技立国”战略转变，科研经费以超过经济增长幅度1倍的速度增长；1976—1985年，日本向亚洲（不包括西亚）的技术出口额增至2.7倍，向北美的技术出口额增至4.6倍，向欧洲的技术出口额增至2.7倍，整体经济实力与美国的差距逐年缩小，部分重要指标的人均水平甚至赶上或超过美国。

1985年初，法国总统密特朗提出尤里卡计划并得到欧洲共同体国家的积极响应。尤里卡计划的成功实施增强了西欧在经济上的国际竞争能力，有3/4的参与者提高了其在欧洲或者世界范围内的市场份额。

3.6 当前的科技格局

3.6.1 研发投入

联合国教科文组织在巴黎总部发布《2015年科学报告：面向2030》，报告指出，美国用于研发的投资占全球28%，依旧处于领先位置，中国紧随其后（20%），超越欧盟（19%）和日本（10%）。占世界人口67%的其他地区仅占全球研发投资的23%，但巴西、印度和土耳其等新兴国家用于研发的投资正在迅速增加。

当前全球研发投资的增长在很大程度上要归功于私营部门。在高收入国家（澳大利亚、加拿大、美国等），公共部门对科技研发投入在减少，在低收入国家，科研投资则在不断增长。

3.6.2 诺贝尔奖

英国教育研究机构T.H.E.发表了过去15年（2000—2014年）全球范围的科学与经济领域诺贝尔奖得主的统计结果，以获奖者的出生地或祖籍（而非国籍）为划分规则，不包含文学奖与和平奖，美国（71人、29.8分）排名第一，英国（12人、6.0分）、日本（13人、4.3分）位列二、三，然后依次是德国、以色列、法国、俄罗斯、澳大利亚、挪威；另外，比利时、中国、意大利并列第十（2人、0.8分）。

3.6.3 大学

泰晤士（TIMES）发布了2018年世界大学排名，前20所大学中，15所来自美国，4所来自英国，1所来自瑞士。

2018 年世界大学排名（泰晤士）

排名	学校名称	学校英文名	学生人数	师生比（%）	国际生比例（%）	国家/地区
1	牛津大学	University of Oxford	20 409	11.2	33	英国
2	剑桥大学	University of Cambridge	18 389	10.9	35	英国
3	加州理工学院	California Institute of Technology	2 209	6.5	27	美国
4	斯坦福大学	Stanford University	15 845	7.5	22	美国
5	麻省理工学院	Massachusetts Institute of Technology	11 177	8.7	34	美国
6	哈佛大学	Harvard University	20 326	8.9	26	美国
7	普林斯顿大学	Princeton University	7 955	8.3	24	美国
8	帝国理工学院	Imperial College London	15 857	11.4	55	英国
9	芝加哥大学	University of Chicago	13 525	6.2	25	美国
10	苏黎世联邦理工学院	ETH Zurich–Swiss Federal Institute of Technology Zurich	19 233	14.6	38	瑞士
10	宾夕法尼亚大学	University of Pennsylvania	20 361	6.5	20	美国
12	耶鲁大学	Yale University	12 155	4.3	21	美国
13	约翰霍普金斯大学	Johns Hopkins University	15 498	4.3	24	美国
14	哥伦比亚大学	Columbia University	26 587	6.1	32	美国
15	加州大学洛杉矶分校	University of California, Los Angeles	39 279	9.6	17	美国
16	伦敦大学学院	University College London	30 304	10.5	49	英国
17	杜克大学	Duke University	15 256	4.5	22	美国
18	加州大学伯克利分校	University of California, Berkeley	36 182	13.1	17	美国

续表

排名	学校名称	学校英文名	学生人数	师生比（%）	国际生比例（%）	国家 / 地区
19	康奈尔大学	Cornell University	21 850	9.8	24	美国
20	西北大学	Northwestern University	17 466	12.8	18	美国

USnews 与汤森路透发布了 2017 年全球大学排行榜，前 20 所大学中，17 所来自美国，3 所来自英国。

上海交大发布 2017 年“世界大学学术排名”，前 20 所大学中，16 所来自美国，3 所来自英国，1 所来自瑞士。

2017 年全球大学排行榜（USnews，汤森路透）

排名	国家	学校英文名	学校中文名
1	美国	Harvard University	哈佛大学
2	美国	Massachusetts Institute of Technology	麻省理工学院
3	美国	Stanford University	斯坦福大学
4	美国	University of California, Berkeley	加州大学伯克利分校
5	美国	California Institute of Technology	加州理工学院
6	英国	University of Oxford	牛津大学
7	英国	University of Cambridge	剑桥大学
8	美国	Princeton University	普林斯顿大学
9	美国	Columbia University	哥伦比亚大学
10	美国	University of California, Los Angeles	加州大学洛杉矶分校
11	美国	Johns Hopkins University	约翰斯 · 霍普金斯大学
11	美国	University of Washington	华盛顿大学
13	美国	University of Chicago	芝加哥大学
14	美国	Yale University	耶鲁大学
15	美国	University of California, San Diego	加州大学圣迭戈分校
16	美国	University of California, San Francisco	加州大学旧金山分校

续表

排名	国家	学校英文名	学校中文名
17	美国	University of Michigan, Ann Arbor	密欧根大学安娜堡分校
17	美国	University of Pennsylvania	宾夕法尼亚大学
19	美国	Duke University	杜克大学
19	英国	Imperial College London	伦敦帝国学院

2017 年世界大学排名（上海交大）

排名	学校名称	学校英文名	国家 / 地区
1	哈佛大学	Harvard University	美国
2	斯坦福大学	Stanford University	美国
3	剑桥大学	University of Cambridge	英国
4	麻省理工学院	Massachusetts Institute of Technology	美国
5	加州大学伯克利分校	University of California, Berkeley	美国
6	普林斯顿大学	Princeton University	美国
7	牛津大学	University of Oxford	英国
8	哥伦比亚大学	Columbia University	美国
9	加州理工学院	California Institute of Technology	美国
10	芝加哥大学	University of Chicago	美国
11	耶鲁大学	Yale University	美国
12	加州大学洛杉矶分校	University of California, Los Angeles	美国
13	华盛顿大学	University of Washington	美国
14	康奈尔大学	Cornell University	美国
15	加州大学圣地亚哥分校	University of California, San Diego	美国
16	伦敦大学学院	University College London	英国
17	宾夕法尼亚大学	University of Pennsylvania	美国
18	约翰霍普金斯大学	Johns Hopkins University	美国
19	苏黎世联邦理工学院	ETH Zurich–Swiss Federal Institute of Technology Zurich	瑞士
20	圣路易斯华盛顿大学	Washington University in St. Louis	美国

3.6.4 知识产权

世界知识产权组织（WIPO）发布《2017 年度世界知识产权指标》，2016 年，世界各地提交的专利申请量首次超过 300 万件，比 2015 年增长 8.3%。

中国受理的专利申请量超过了欧洲专利局、日本、韩国和美国的总和，列世界第一。

2016 年中国商标局商标申请量占全球商标申请活动年增量的 75%；其后为日本商标局，占总增量的 9%。

2016 年中国国家知识产权局受理的工业产品设计申请量占到全球工业产品设计申请量的一半以上。中国工业产品设计增量占全球总增量的 90%。

3.6.5 科技论文

根据中国科学技术信息研究所发布的 2017 年度中国科技论文统计结果，2007 年至 2017 年（截至 2017 年 10 月）我国科技人员发表的国际论文共被引用 1935.00 万次，与 2016 年统计时比较，数量增加了 29.9%，超越英国和德国，前进到世界第 2 位。

截至 2017 年 10 月，中国的高被引论文为 20 131 篇，占世界份额为 14.7%，数量比 2016 年增加了 18.7%，世界排名保持在第 3 位。美国的高被引论文数为 69 976 篇，仍居第 1 位。英国的高被引论文数为 25 880 篇，居第 2 位。

中国的国际热点论文数为 703 篇，占世界总量的 25.1%，世界排名保持在第 3 位。美国的热点论文数为 1553 篇，仍居第 1 位，其次为英国，820 篇。

从世界各学科领域影响因子最高的期刊收录中国论文总量变化来看，2016 年中国在这些期刊上发表的论文数为 8662 篇，比 2015 年增加 376 篇，占世界总量的 13.6%。

3.6.6 研究前沿

2017 年，中国科学院科技战略咨询研究院、中国科学院文献情报中心和科睿唯安联合发布了《2017 研究前沿》，分析报告甄选出了 2017 年自然科学和社会科学的 10 个大学科领域排名最前的 100 个热点前沿和 43 个新兴前沿。

在 10 个领域 100 个热点前沿和 43 个新兴前沿中，美国研究前沿热度指数排名第 1 的前沿有 86 个，占全部 143 个前沿的 60.14%（约 3/5）。中国排名第 1 的前沿数为 25 个，占 17.48%（约 1/5）。英国和德国仅有 5 个前沿排名第 1。

2017 年十大学科领域研究前沿热度指数排名首位的国家及前沿数

领域	研究前沿数	排名第 1 前沿数					比例（%）				
		美国	中国	英国	德国	法国	美国	中国	英国	德国	法国
10 个领域综合	143	86	25	5	5	3	60.14	17.48	3.50	3.50	2.10
农业、植物学和动物学	11	6	1	0	0	0	54.55	9.09	0	0	0
生态与环境科学	10	5	2	1	0	0	50.00	20.00	10.00	0	0
地球科学	11	9	1	0	0	0	81.82	9.09	0	0	0
临床医学	19	14	0	0	2	2	73.68	0	0	10.53	10.53
生物科学	19	17	1	0	0	1	89.47	5.26	0	0	5.26
化学与材料科学	26	6	12	1	0	0	23.08	46.15	3.85	0	0
物理学	15	9	2	1	3	0	60.00	13.33	6.67	20.00	0
天文学与天体物理学	12	12	0	0	0	0	100	0	0	0	0
数学、计算机科学与工程	10	1	6	0	0	0	10.00	60.00	0	0	0
经济学、心理学及其他社会科学	10	7	0	2	0	0	70.00	0	20.00	0	0

3.7 世界科技发展的七大新趋势、新特点

（1）科学技术在诸多领域出现重大突破。（2）“低碳经济”成为国际问题新热点。（3）现代民生科技成为各国科技关注的重点。（4）智力资产成为发达国家社会财富积累的主要内容。（5）“军民融合”“民技军用”趋势越来越明显。（6）科研组织呈现国际化、网络化、一体化的特征。（7）科技在应对非传统安全挑战中的作用凸显。

3.8 全球竞争对科技发展的四大影响

（1）经济全球化引发了研发全球化。（2）发达国家在产业国际分工中继续逐鹿高端。（3）技术标准国际化成为争夺全球市场的重要手段。（4）技术遏制型并购成为发达国家保持竞争优势的新途径。

3.9 科技发展对国际格局的四大影响

（1）科技上升为国家外交的重要议题。（2）科技在国家软实力中的影响日益加大。（3）以抢占军事制高点为核心的“三深”（深地探测、深海探测、深空对地观

测）战略加速实施。（4）“三低”新模式引领当前经济社会发展。

3.10 中国的科技实力和地位进一步提升

2014年8月18日，习近平总书记在中央财经领导小组第七次会议上的讲话中指出：我国是一个发展中大国，目前正在大力推进经济发展方式转变和经济结构调整，正在为实现“两个一百年”奋斗目标而努力，必须把创新驱动发展战略实施好。这是一个重大战略，必须在贯彻落实党的十八大和十八届三中全会精神的过程中作为一项重大工作抓紧抓好。

3.10.1 中国在全球创新版图中的位势进一步提升

全球创新指数（GII）报告由WIPO、康奈尔大学和英士国际商学院（INSEAD）共同发布，2017年着重于全球创新网络，基于82项指标对世界128个国家、地区和经济体的创新表现进行排名。

2017年全球创新指数排名

1. 瑞士（2017年第一名）	11. 以色列（17）
2. 荷兰（3）	12. 韩国（11）
3. 瑞典（2）	13. 日本（14）
4. 英国（5）	14. 中国香港（16）
5. 新加坡（7）	15. 卢森堡（12）
6. 美利坚合众国（4）	16. 法国（15）
7. 芬兰（8）	17. 中国（22）
8. 丹麦（6）	18. 加拿大（18）
9. 德国（9）	19. 挪威（19）
10. 爱尔兰（10）	20. 澳大利亚（23）

WIPO总干事高锐指出，“中国排名的快速攀升反映出最高领导层的战略导向，那就是开发世界一流的创新能力，推动经济基础结构向知识密集型产业发展，而这些产业需要通过创新来保持竞争优势，这预示着多极创新格局的到来”。

中国创新指数排名

理工科人才培养排名：世界第一	全球科学与工程领域的大学第一学位授予总量约为640万，其中23.4%是在中国，印度占23.0%，欧盟占12%，美国只占9%

续表

研发支出排名： 世界第二	美国仍然是世界第一研发大国，中国居第二位，中国的研发开支接近欧盟的总和。在按购买力平价计算的全球研发总支出当中，中国约占20%，仅次于美国（27%）
科技论文产量排名： 世界第二	2003年至2013年，中国科技论文产出占全球的比例增长了两倍，从占6%提高到占18.2%。2013年中国科技论文占全球的比例（18.2%）已接近美国（18.8%）。中国科技论文的影响力提高速度惊人，2001年至2012年间从0.4%提高到0.8%。美国科技论文的影响力指标最高，为1.8%至1.9%。欧盟科技论文影响力指标从2001年至2012年间从1.0%增长到1.3%
高技术制造增加值排名： 世界第二	2014年全球高技术制造增加值为1.8万亿美元，中国占27%，居世界第二位，略低于美国的29%
清洁能源投资排名： 世界第一	2014年全球清洁和可再生能源投资总额为2810亿美元，其中中国吸引的投资占31%，接下来是欧盟（17%）和美国（15%）

注：资料来源于美国国家科学基金会（NSF）2016年发布的《科学和工程指示》报告。

3.10.2 中国科学家影响力不断提升

近年来，中国科学家在国际上获得越来越多的成就，影响力也在不断提升，其中屠呦呦获得2015年诺贝尔生理学或医学奖，王贻芳获2016年基础物理学突破奖，潘建伟带领的多自由度量子隐形传态研究位列2015年国际物理学十大突破之首。

4. 通过科技体制改革建立良好的创新创业生态环境

4.1 各国通过战略、规划、政策等工具和手段，促进科技的发展

历史上的三次转移迎来全球创新：

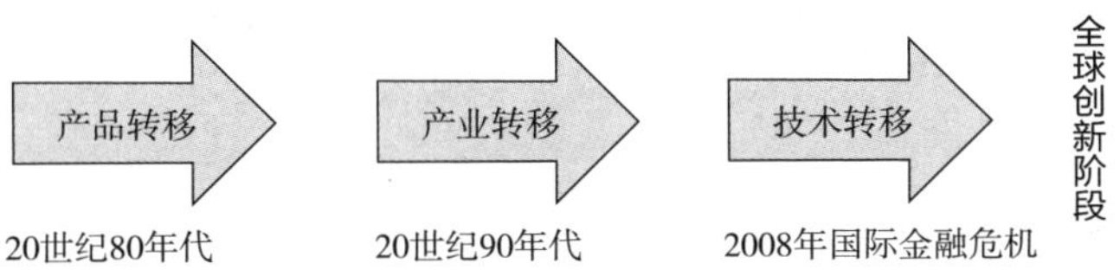

历史上的四次跨界迎来全球创新：

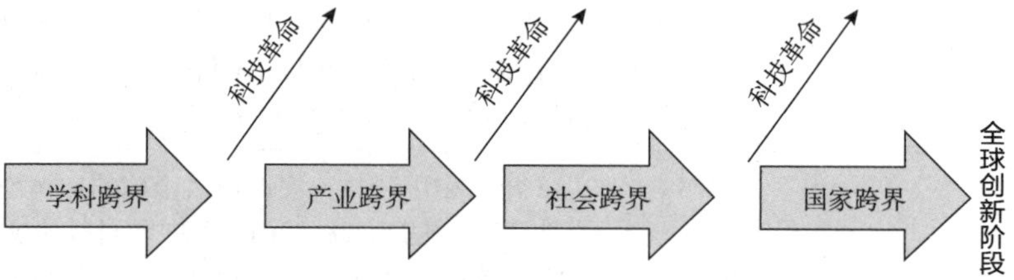

4.1.1　新格局下的国家创新战略——美国

从 2007 年的《美国竞争法》，到 2009 年的《美国复兴与再投资计划》和《美国创新战略》，再到 2011 年的《美国创新战略：确保经济增长与繁荣》等，美国始终将创新作为刺激经济增长的核心。

2015 年 10 月，美国国家经济委员会与白宫科技政策办公室发布最新版《美国国家创新战略》，提出了支持美国创新生态系统的新政策。

三大创新要素

√ 投资创新基础要素。
√ 激发私营部门创新。
√ 营造一个创新者的国家。

三大战略举措

√ 创造高质量就业岗位和持续经济增长。
√ 推动国家优先领域突破。
√ 建设创新型政府服务大众。

九大战略领域

√ 先进制造
√ 精密医疗
√ 大脑计划
√ 先进汽车
√ 智慧城市
√ 清洁能源和节能技术
√ 教育技术
√ 太空探索
√ 计算机领域

美国国家创新战略

4.1.2　新格局下的国家创新战略——英国

2015 年 2 月，英国议会批准了“一父两母”婴儿法案。英上议院和下议院分别通过了“人类受精与胚胎学法案 2008”修正案，允许利用女性捐卵者的健康 DNA 替代一个卵子有缺陷的线粒体 DNA，使英国成为世界上第一个将该技术合法化的国家。

2015 年 2 月，英国交通部宣布允许进行无人驾驶汽车实际道路测试，使英国成为欧洲第一个批准无人驾驶汽车道路测试的国家。

2015 年 3 月公布的核心科学年度预算首次涵盖了创新经费。其中无人驾驶汽车、新能源研究加速装置、物联网共获 2 亿英镑支持。此外，还设立 4 亿英镑竞争性经费。

2015 年 8 月，英国医学研究理事会宣布将投资 1800 万英镑，重点研发 12 项新型治疗、诊断和医疗技术。

2015 年 12 月，英国空间局颁布了首份国家空间政策，承诺到 2030 年英国空间产业占全球空间市场份额的10%，提供10万个新增就业机会，每年对经济贡献额达400亿英镑。

4.1.3 新格局下的国家创新战略——法国

2015年5月推出了“未来工业”战略，包含新型物流、新型能源、可持续发展城市、生态出行和未来交通、未来医疗、数据经济、智慧物体、数字安全和智慧饮食九个信息化项目，旨在通过信息化改造产业模式，实现再工业化的目标。为此进一步推出了促进新兴技术发展、加快企业信息化转型升级、加强人才培训、做好宣传推广和开展国际合作五大发展举措。

2015年7月出台绿色转换能源法案。法案规定，可再生能源占能源总消耗的比例到2020年提高至23%，2030年提高至32%。2030年可再生能源占发电量比例提高至40%，占供热耗能比例提高至38%，占燃油比例提高至15%。到2050年能源消耗量降到目前的一半，2030年温室气体排放比1990年减少40%，2050年减少到目前的1/4。法案还设置新的“能源气候贡献税”，根据“谁排放谁缴费”原则，每排放一吨二氧化碳缴纳14.5欧元，2016年升至22欧元，2020年增至56欧元，2030年达到100欧元。

4.1.4 新格局下的国家创新战略——德国

2015年德国的研发经费预算为149亿欧元，重点投入在生命科学、智能汽车、新能源、网络安全及数字化经济和社会研究领域。

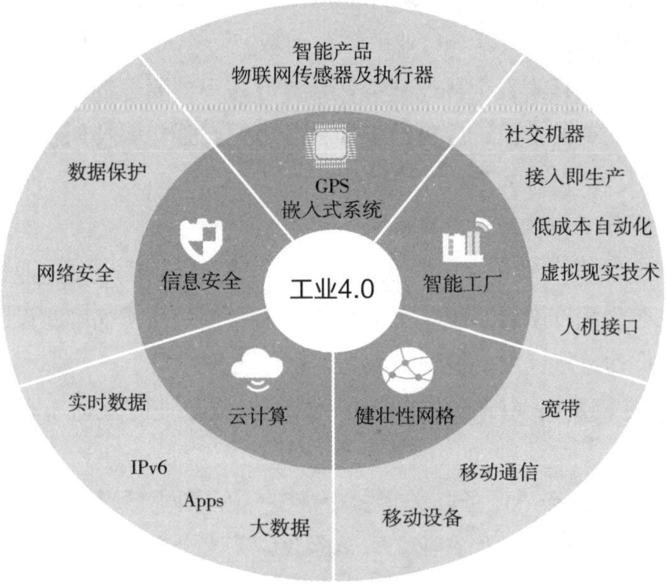

德国国家创新战略

注：资料来源于德国信息产业、电信和新媒体协会（BITKOM）。

德国政府牵头成立了由经济界、科技界和社会团体代表组成的高科技论坛，即创新政策咨询委员会，进一步推动中小企业和社会大众创新。

德国出台了“能源转型的哥白尼克斯计划”、IT 安全研究计划、“基因组编辑新方法对社会影响”研究计划、建立新的工业 4.0 合作平台等一系列支持研究和创新的计划。

德国还推出与中国加强科技合作的《中国战略 2015—2020》，包含了今后两国间具体合作的 35 个侧重点，9 个行动领域，涵盖创建持续性科研合作机制，以及电动汽车、光电子技术、数字化经济等关键技术、生命科学以及可持续性应对全球生态和环境挑战等内容。

4.1.5 新格局下的国家创新战略——日本

2015 年 1 月，日本政府推出了《机器人新战略》，主要有三大核心目标：成为世界机器人创新基地，成为世界第一的机器人应用国家，引领世界机器人产业发展新时代。

2015 年 6 月，日本经济产业省发布《2015 年版制造白皮书》，强调大数据、物联网、软件的重要性。强调重点发展制造业的尖端领域，加快机器人、下一代清洁能源汽车、再生医疗以及 3D 打印等行业的发展。白皮书还强调，为了保障制造业的结构调整，进一步发展高附加值的尖端技术产业，必须加强专业科学技术人才的培养，发展高等职业教育，确保所需的高素质专业技术人才供应。

2015 年 6 月，日本内阁发布《科技创新综合战略 2015》，尤其强调推进绿色能源、医疗、基础设施、大数据等行业的科技创新。

当前，日本正制订第五个科技基本计划，有四个主要方针：创造新的面向未来产业创新和社会变革的价值；应对经济和社会难题；强化科技创新基础力量；构筑面向创新的人才、知识和资金的良性循环系统。

4.1.6 新格局下的国家创新战略——中国

2015 年 5 月，我国发布《中国制造 2025》，确定提高国家制造业创新能力、推进信息化与工业化深度融合、强化工业基础能力、加强质量品牌建设、全面推行绿色制造、大力推动重点领域突破发展等九大重点任务。

2015 年 6 月，发布《国务院关于大力推进大众创业万众创新若干政策措施的意见》。

2015 年 7 月，发布《国务院关于积极推进“互联网 +”行动的指导意见》，确定创业创新、协同制造、现代农业、智慧能源、普惠金融、益民服务、高效物流等 11 项“互联网 +”重点行动。

2015 年 10 月，发布《中共中央关于制定国民经济和社会发展第十三个五年规

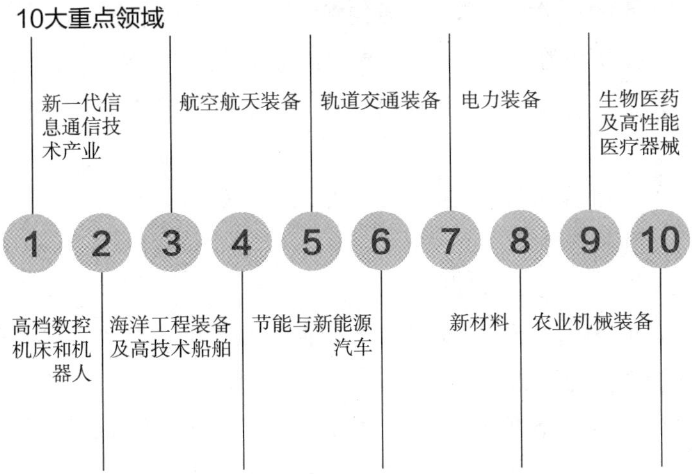

"中国制造 2025" 10 大重点领域

划的建议》，就坚持创新发展、协调发展、绿色发展、开放发展、共享发展进行部署。其中创新发展重点从培育发展新动力、拓展发展新空间、深入实施创新驱动发展战略、大力推进农业现代化、构建产业新体系、构建发展新体制、创新和完善宏观调控方式 7 个方面展开。

4.2 汲取历史的经验和教训，始终坚持创新发展不动摇

4.2.1 历史教训警示：中国丧失三大历史机遇

20 世纪 60 年代，我国科学家完成了牛结晶胰岛素的合成，发现了青蒿素，70 年代初期培育了杂交水稻，但十年"文化大革命"期间，科技进步一度停滞。

改革开放后，产业转移过度依赖国外，缺乏核心技术。

2008 年国际金融危机后，4 万亿刺激经济：北京大学光华管理学院教授张维迎在 2014 年博鳌亚洲论坛上批评 2008 年政府出台的四万亿经济刺激政策，称政府需求管理误导企业家做出错误决策，政府干预货币导致结构失调。耶鲁大学金融学教授、博茂集团首席顾问陈志武也指出，中国当前要通过货币、财政政策扭转四万亿计划带来的结构性破坏。

4.2.2 他山之石——德国经验

"二战"后德国经济迅速恢复并长时期快速增长，最初得益于美国"马歇尔计划"的扶持，但更为重要、更具根本性的因素是德国特色的"社会市场经济"系统连贯的创新制度环境，以及服务于科技和经济发展的现代国民教育体系，尤其是高水平、高质量的高等教育体系和先进高效的职业教育体系。

（1）长期积累的技术能力和高素质技能型劳动力仍然存在。

（2）拥有一批历史悠久、技术积淀深厚的大企业。

（3）历届政府都充分认识到科学技术对国民经济发展的关键作用，科技政策具有较强连贯性。

（4）先进的大学教育和面向企业的职业教育“双元发展”模式，培养出大量的高素质的工程师和高级技工。

4.2.3 他山之石——日本教训

20世纪80年代，由于日元升值，在过渡产品差别化导致成本上升的情况下，中小企业生存能力大为降低。

日本在基础科学研究和新兴产业上的落后，使大量资源要么滞留于增长缓慢的传统制造业寻求产品差别化，要么进入金融领域寻求非生产性利润，这使日本经济陷入了长期的经济危机之中。

日本大学在新的科学知识的生产上是非常薄弱的。日本把有关设计与开发的知识发展放在了公司部门而非大学。

日本企业的研发人员都把“技术性研究”放在了“创造性构思”的前面，基础性研究并未得到应有的重视。

4.2.4 他山之石——苏联教训

苏联对新科技革命的性质、范围、特征、作用等缺乏应有的清醒认识，在众多关键领域被西方发达国家远远地甩在了后面。由于没能及时迅速地占领当代科技发展的制高点，苏联社会经济失去了强力发展的巨大动力，在各种因素的综合作用下土崩瓦解。

4.3 以企业技术创新为主体，培育具有全球竞争力的企业群体

4.3.1 全球创新与企业

后生型全球创新企业，包括华为、联想、伊利、小米、格力、协鑫等。

华为任正非把能力中心建设在战略资源集聚的地方，开放创新，站在巨人肩膀上发展，实现了全球领先。

天生型全球创新企业，包括百度、阿里巴巴、腾讯等。

百度在海外市场建立了包括DU Battery Saver、DU Speed Booster、ES File、MoboMarket在内的移动产品矩阵，在美国、日本、巴西、埃及、印度、印度尼西亚、泰国7个国家设立了分公司。

新生型全球创新企业，如芯原微电子等。

戴伟民，芯原控股有限公司的创始人、董事长兼总裁。他曾出任美国Celestry

公司（2002 年被 Cadence 并购）公司董事长兼首席技术长，还曾是美国 Celestry 公司前身之一、美国 Ultima 的创始人、董事长兼总裁。

戴伟民博士是世界电子工程师协会多芯片模块国际会议和世界电子工程师协会芯片封装综合设计研讨会的创办主席。

目前，戴博士担任全球创新中心副主席，中国半导体行业协会集成电路设计分会副理事长，伯克利大学上海校友会会长。

芯原控股有限公司（芯原）是一家芯片设计平台及服务（Silicon Platform as a Service，SiPaaS®）提供商，为包含移动互联设备、数据中心、物联网（IoT）、汽车、工业和医疗设备在内的广泛终端市场提供全面的系统级芯片（SoC）和系统级封装（SiP）解决方案。

4.3.2 三大举措保护和激发企业家精神

（1）加强反腐。

（2）保护知识产权。

（3）以企业为主体进行创新。

4.4 改革科技体制，激发创新活力

4.4.1 国家科技体制改革实施方向

一要确立企业技术创新的主体地位。切实增强企业技术创新的动力和活力，引导企业成为技术创新投入和研究开发活动的主体。支持企业建立和完善研究开发机构，鼓励企业以各种形式参与实施国家科技计划。建立为中小企业开展技术创新服务的平台。

二要深化技术开发类院所企业化转制改革。技术开发类科研机构要坚持企业化改革方向，加快发展和壮大高技术产业。国家继续支持转制院所开展行业基础性、公益性技术研发工作，加大对行业技术研发共性平台和工程化平台的投入。

三要在深化改革中形成一批公益研究、基础研究和战略高技术国家科研基地。坚持社会公益类科研机构分类改革，在农业、人口与健康、资源环境、公共安全等重要领域，形成一批具有较强创新能力和服务能力的公益性国家科研基地。推动基础研究机构和高校科研力量的联合重组，形成一批以服务国家目标为主、具有国际水平的重点基础研究基地。重点支持一批精干的基础性、战略性国防科研机构，形成一批军民两用战略高技术国家科研基地。

四要建立和完善现代科研院所制度。探索实行理事会制度，完善院所长负责制，扩大科研院所管理自主权，全面实行聘用制，促进人员的合理流动。建立相对稳定的经费投入机制和科技资源的共享机制，制定相应的标准规范和政策法规，建

立不同类型的公共科技资源共享平台。建立科学合理的绩效评价制度。

五要加强科技宏观管理和协调机制。强化对重大科技政策制定、重大科技计划、科技预算和科技基础设施建设的宏观管理和统筹协调。切实提高科技计划实施的效率和效益。

六要促进军民科研的紧密结合。在宏观管理、科技计划、基地建设和成果转化等方面，实现军民科技的紧密结合。加强军民科技计划之间的统筹协调，扩大国防研究和军品采购向民口科研机构和企业的开放。

七要完善科技成果转化机制。深化地方科技体制改革，促进科研力量和产业力量的有机结合，加速科技成果产业化。大力支持科技中介机构的发展。

4.4.2 国家科技体制改革五类科技计划

（1）国家自然科学基金。资助基础研究和科学前沿探索。

（2）国家科技重大专项。聚焦国家重大战略产品和产业化目标，解决“卡脖子”问题。

（3）国家重点研发计划。针对事关国计民生的重大社会公益性研究以及事关产业核心竞争力、整体自主创新能力和国家安全的重大科学技术问题。

（4）技术创新引导专项（基金）。

（5）基地和人才专项。

5. 产业是经济发展的基石

实体经济和制造业是一个国家生存和发展的基础，离开了实体经济和制造业，经济发展就会出现大问题，2008 年金融危机就是一个深刻的教训。

5.1 从“去工业化”到“再工业化”

信息技术革命和互联网革命让发达国家产生了幻觉，纷纷走上了后工业社会的道路。虚拟经济、金融、服务业等领域成为投资热点，产业转移到发展中国家，金融危机以后，认识到去工业化道路行不通，以美国为代表的发达国家纷纷实施再工业化战略。

5.2 产业链思维、价值链布局、供应链保障

根据产业链布局创新链，根据创新链安排资金链，具有深远的战略意义。中兴通信芯片事件再次警示我们产业链不完整不配套带来的深刻教训，特别是产业链最有价值的关键核心技术受制于人的情况是多么危险，出现卡脖子技术问题就是不注

重产业链思维的典型体现。

示例 1：电动汽车

电动汽车，经历了从十城千辆到 60 个示范城市再到全国范围内普遍推广应用的过程，但从电池、电机、电控到整车再到充电桩、充电站的运营，政策冲突、红头文件打架、产业不配套、骗补等各种问题频出，对产业链布局提出了更高的要求。

示例 2：无抗生素养鸡

养鸡行业一直存在滥用抗生素的问题，随着生活水平的提高，人们对鸡肉的品质要求越来越高，无抗生素养鸡成为适应社会发展需求的一个新产业，但目前该产业从上游饲养人员到饲养管理，到专业饲料配套，再到无抗生素鸡肉销售，并没有形成一个健康的产业链，只有从产业链层面整体布局，无抗生素养鸡产业才能尽快做大做强。

6. 企业家和企业家精神

6.1 何谓企业家

如果把企业比喻成一艘在大海上航行的轮船，那么企业家就是指挥船只行进方向的船长。有人曾经打过一个比喻说：一只狮子率领的一群绵羊，可以打败一只绵羊率领的一群狮子。

在市场经济条件下，一个优秀的企业家率领一群普通员工，完全可以打败一个平庸的企业领导者率领的一群优秀员工。

6.2 企业家精神

企业家精神是建立在企业家阶层对市场经济本质的把握与对企业特征、价值的理解和认识基础上的，反映着企业家在整个经营活动中的价值观念、工作准则和对事业的追求。是企业家经营管理企业的理想模式、价值取向和基本信念，是企业家进行企业管理的指导思想，是市场经济社会商业文化的主基调，是珍贵的文化资源，在构建社会主义核心价值体系中具有特别重要的作用。

6.3 企业家精神内涵

（1）进取精神：扩张的冲动。

（2）创新精神：不创新，毋宁死。

(3) 契约精神：通过制度创新追求公平。

(4) 诚信精神：君子一言，驷马难追。

(5) 敬业精神：朝圣者心情 + 顶礼膜拜的态度。

(6) 奉献精神：从心灵深处归航的诺亚方舟。

(7) 民族精神：经济全球化，企业家有国籍。

6.4 营造依法保护企业家合法权益的法治环境

(1) 依法保护企业家财产权。

(2) 依法保护企业家创新权益。

(3) 依法保护企业家自主经营权。

6.5 营造促进企业家公平竞争、诚信经营的市场环境

(1) 强化企业家公平竞争权益保障。

(2) 健全企业家诚信经营激励约束机制。

(3) 持续提高监管的公平性、规范性、简约性。

6.6 营造尊重和激励企业家干事创业的社会氛围

(1) 构建"亲""清"新型政商关系。

(2) 建立对企业家的正向激励导向。

(3) 营造积极向上的舆论氛围。

6.7 加强对企业家的优质高效务实服务

(1) 以市场主体需求为导向深化"放管服"改革。

(2) 健全企业家参与涉企政策制定机制。

(3) 完善涉企政策和信息公开机制。

(4) 加大对企业家的帮扶力度。

7. 未来有重大突破的产业领域

7.1 人工智能与科技创新政策

7.1.1 "十三五"后重点加强支持人工智能

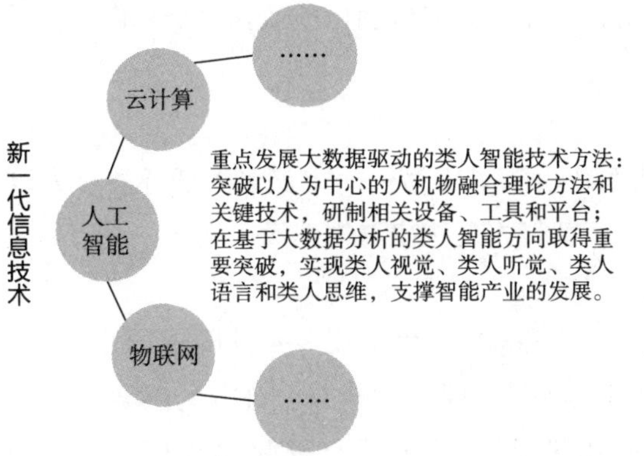

“十三五”国家科技创新规划

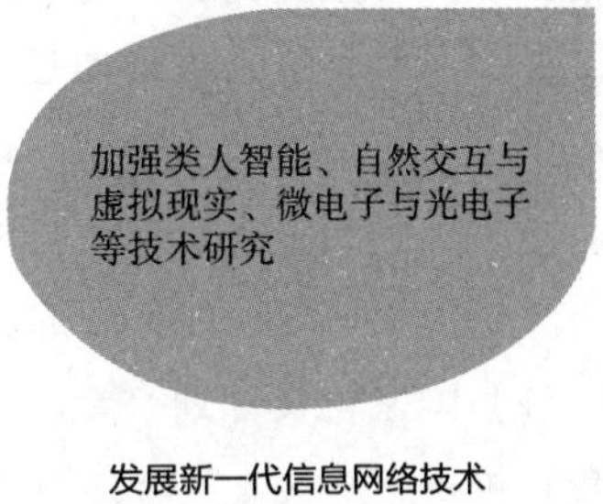

国家创新驱动发展战略纲要

7.1.2 新一代人工智能发展规划

新一代人工智能规划布局如下图所示。

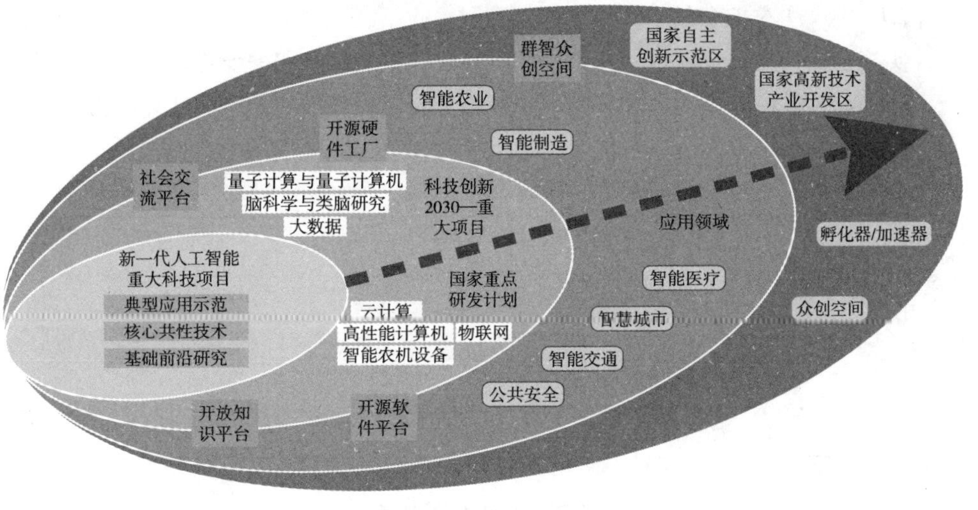

新一代人工智能规划布局图：1+N

第一步，到 2020 年人工智能总体技术和应用与世界先进水平同步，人工智能产业成为新的重要经济增长点，人工智能技术应用成为改善民生的新途径，有力支撑进入创新型国家行列和实现全面建成小康社会的奋斗目标。

第二步，到 2025 年人工智能基础理论实现重大突破，部分技术与应用达到世界领先水平，人工智能成为带动我国产业升级和经济转型的主要动力，智能社会建设取得积极进展。

第三步，到 2030 年人工智能理论、技术与应用总体达到世界领先水平，成为世界主要人工智能创新中心，智能经济、智能社会取得明显成效，为跻身创新型国家前列和经济强国奠定重要基础。

7.1.3 人工智能组织部署

（1）国家科技体制改革和创新体系建设领导小组——审议重大任务、重大政策、重大问题和重点工作安排，推动人工智能相关法律法规建设，指导、协调和督促有关部门做好规划任务的部署实施。

（2）国家科技计划（专项、基金等）管理部际联席会议——科技部会同有关部门负责推进新一代人工智能重大科技项目实施，加强与其他计划任务的衔接协调。

（3）人工智能规划推进办公室——由科技部、发改委、财政部等 15 个部门构成，办公室设在科技部，具体负责推进规划实施。

（4）人工智能战略咨询委员会——研究人工智能前瞻性、战略性重大问题，对人工智能重大决策提供咨询评估。组长由中国工程院原常务副院长、工程院院士潘云鹤担任。

7.1.4 设立人工智能学院及专业

实施全民智能教育项目，在中小学阶段设置人工智能相关课程。

我国高等院校开设的人工智能学院及相关人工智能专业如下面两表所示。

人工智能学院

人工智能学院	成立日期
中国科学院大学人工智能技术学院	2017.5
西安电子科技大学人工智能学院	2017.11
重庆邮电大学人工智能学院	2018.2
南京大学人工智能学院	2018.3

人工智能专业一览表

学校名称	所属机构	AI 相关专业
中国科学院	自动化研究所模式识别国家重点实验室	模式识别与智能系统
		计算机应用技术
北京大学	信息科学技术学院	智能科学与技术（一级学科名称：计算机科学与技术）
清华大学	——	信息与通信工程
		计算机科学与技术
		控制科学与工程

续表

学校名称	所属机构	AI相关专业
哈尔滨工业大学	计算机科学与技术学院	人工智能与信息处理（一级学科名称：计算机科学与技术）
中国科学技术大学	计算机科学及技术学院	计算机应用技术（一级学科名称：计算机科学与技术）
复旦大学	类脑智能科学与技术研究院	智能科学与技术
华中科技大学	自动化学院	模式识别与智能系统
		生物信息处理方向
西安交通大学	人工智能与机器人研究所	模式识别与智能系统（一级学科名称：控制科学与工程）
南开大学	计算机与控制工程学院	智能科学与技术
		模式识别与智能控制
中山大学	数据科学与计算机学院	计算机科学与技术超级计算方向
北京理工大学	模式识别与智能系统研究所	模式识别与智能系统
湖南大学	信息科学与工程学院	智能科学与技术
		计算机科学与技术
厦门大学	信息科学与技术学院	智能科学与技术
华南理工大学	自动化科学与工程学院	模式识别与智能系统
中南大学	信息科学与工程学院	智能科学与技术
北京邮电大学	计算机学院	智能科学与技术
北京科技大学	计算机与通信工程学院	智能科学与技术

7.1.5 成立人工智能研究院

（1）360人工智能研究院。

（2）哈工大人工智能研究院。

（3）苏州大学人工智能研究院。

（4）科大讯飞与广汽研究院共创人工智能汽车技术创新中心。

（5）上海交通大学人工智能研究院。

（6）北京前沿国际人工智能研究院。

（7）清华大学图灵人工智能研究院。

7.1.6 国家新一代人工智能开放创新平台

目前我国比较有影响的由企业主导的人工智能开放创新平台主要有：百度的自动驾驶、阿里云的城市大脑、腾讯的医疗影像等。

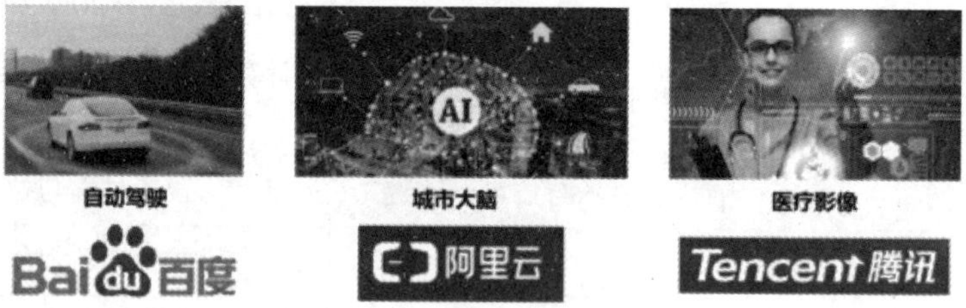

7.2 全球新材料产业发展特征与趋势

7.2.1 国外新材料产业发展特征与趋势

新材料产业的发展水平已成为衡量一个国家经济社会发展、科技进步和国防实力的重要标志，因此世界各国纷纷在新材料领域制定出台相应的规划，竭力抢占新材料产业的制高点。

目前，发达国家仍在国际新材料产业中占据领先地位，世界上新材料龙头企业主要集中在美国、欧洲和日本，其中，日、美、德 6 家企业的碳纤维产能占全球总量的 70% 以上，日、美 5 家企业的 12 寸晶圆产量占全球总量的 90% 以上，日本 3 家企业的液晶背光源发光材料产量占全球总量的 90% 以上。

7.2.2 各国新材料产业发展趋势

（1）高新技术发展促使材料不断更新换代。

（2）绿色、低碳成为新材料发展的重要趋势。

（3）跨国集团在新材料产业中仍占据主导地位。

（4）新材料研发模式变革成为关注的重点。

7.2.3 产品和技术发展趋势

新材料关键核心技术的突破，推动新材料的产品最终实现多功能化、高性能化、智能一体化，进而提高新材料产品的附加值，提高其市场综合竞争力。

（1）高端金属结构材料。

（2）碳纳米半导体材料。

（3）第二代半导体Ⅲ－Ⅴ族半导体材料。

（4）石墨烯材料。

（5）智能材料。

7.2.4 国内新材料产业发展特征与趋势

（1）长三角地区新材料产业集聚情况

江苏省产业综合实力强，在全国新材料产业中占有较大比重，将重点发展电子信息材料、新能源材料、新型建筑材料等领域。

浙江省是全球主要的磁性材料生产基地，将重点发展电子信息材料、新型金属和无机非金属材料、化工新材料、新型纺织材料等。

上海是全国重要的基础原材料工业基地和新材料研发制造基地，将重点发展特种钢、碳纤维、特种功能性膜等领域。

（2）行业发展趋势

传统材料企业转型升级速度加快。我国材料企业中，80%～90% 都是传统金属类和化工类的材料企业，这两类企业市场份额最大，是材料行业的主导力量。未来 10 年，普通产品市场需求的下滑及对高端产品的需求，将倒逼这两类传统材料企业加快技术升级与改造，其转型升级速度将明显加快。

其中，金属类材料企业转型升级的发展方向是大力发展如高纯金属、非晶合金等特殊金属材料，以及可用于核电、超超临界火电、海洋工程、汽车工程、轨道交通方面的高品质特殊钢；化工类材料企业转型升级的发展方向主要是合成橡胶、工程塑料、有机硅材料和氟材料。

（3）产品和技术发展趋势

随着我国新材料核心技术的突破，在很大程度上使新材料产品实现智能化、多功能化、环保、复合化、低成本化、长寿命及个性化定制。这些产品会加快信息产业和生物技术的革命性进展，也能够给制造业、服务业及人们的生活方式带来重要影响。

同时，新材料的开发与应用联系更加紧密，根据新材料市场的需求，加快新材料研制速度，提高材料的使用性能，便于新材料迅速走向实际应用，减少材料的“性能浪费”。注重军民融合，开拓军民两用产品市场是新材料发展的趋势。宽禁带碳化硅、氮化镓基的下一代射频高能效高功率器件即将成为有潜力的军民融合的高端电子产品。

7.3 大健康与精准医疗

大健康产业是提供预防、诊断、治疗、康复和缓和性医疗商品和服务的部门的总称，通常包括医药工业、医药商业、医疗服务、保健品、健康保健服务等领域。大健康产业是世界上最大和增长最快的产业之一。大部分发达国家的医疗消费开支超过了其国内生产总值（GDP）的 10%，由此可见，大健康产业是一个国家国民经济的重要组成部分。

7.3.1 大健康产业生命周期及发展特点

大健康产业处于行业萌芽期，即将迎来快速发展，市场机遇闪现（见下图）。

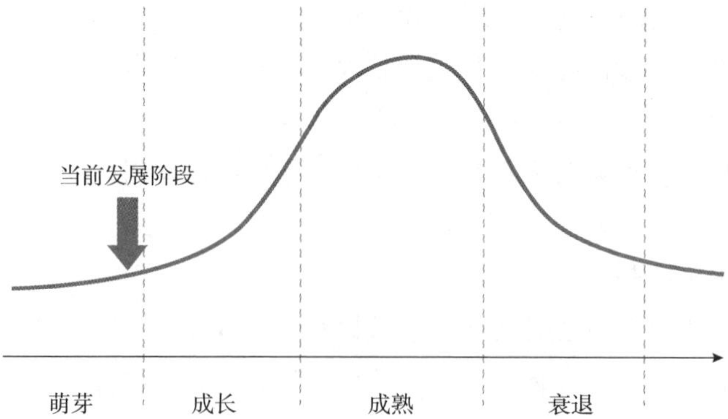

大健康产业发展具有以下特点：大健康产业持续较快增长；中国医疗健康支出指标严重低于世界平均值，未来成长空间巨大；大健康产业利润率高。

7.3.2 启动的“精准医学”重点专项中，共分五大板块

（1）新一代临床用生命组学技术的研发。

（2）大规模人群队列研究。

（3）精准医学大数据的资源整合、存储、利用与共享平台建设。

（4）疾病预防诊治方案的精准化研究。

（5）精准医疗集成应用示范体系建设。

7.4 新能源与新能源汽车

7.4.1 世界主要国家能源技术发展战略布局

（1）欧盟——升级版战略能源技术计划开展研究与创新优先行动。

（2）美国——保持可再生能源产业和技术的世界领先地位。

（3）日本——从“低碳化”迈向“脱碳化”实现能源转型。

（4）德国——将可再生能源、能效、储能、电网技术作为战略优先推进领域。

（5）俄罗斯——明确燃料动力综合体发展方向。

（6）法国——大力引进气候专家，用清洁能替代煤电。

7.4.2 2017 年世界能源技术发展回顾与总结

（1）核聚变研究取得重大突破。

（2）钙钛矿太阳电池技术新成果层出不穷。

（3）3D 打印燃气轮机叶片获突破。

（4）电动汽车电池续航技术大幅提升。

（5）氢燃料制取技术取得新进展。

7.4.3 我国新能源产业发展的启示与建议

（1）突破核心技术，打造新一代电力系统。

（2）不断壮大清洁能源产业，推动绿色能源发展。

（3）加大研究力量，建立有效激励机制。

（4）明确能源科技发展战略的优先方向与路线。

（5）大数据背景下推动能源行业数字化转型。

7.4.4 中国新能源汽车产业发展前景

（1）中国新能源汽车发展将引领国际汽车产业发展方向。

（2）汽车电动化的趋势已不可逆转，而且，纯电驱动汽车逐步具有与传统燃油汽车相同的市场竞争力，直至超越。

（3）轻量化技术将被广泛采用。

（4）智能化、网联化将是未来汽车的发展趋势，产业链也将进一步完善。

（5）国际市场将步中国市场后尘崛起，消费模式将多元化。

（6）中国企业将步入国际化发展格局。

（7）纯电动乘用车企业会在竞争中重组。

7.5 海洋科技

7.5.1 重要海洋科学问题

（1）海洋可持续发展研究。

（2）全球变化研究。

（3）海洋酸化研究。

（4）海洋污染问题（塑料污染）研究。

（5）海洋可再生能源研究。

（6）北极研究。

（7）深海大洋研究。

（8）技术装备研发。

7.5.2 我国未来海洋科技发展的方向

（1）聚焦近海环境问题，加强海洋可持续发展研究部署。

（2）围绕全球重大海洋问题，部署综合性国际研究计划。

（3）加强北极研究部署，拓展我国在北极地区的影响力。

（4）发展先进海洋技术，支持深海大洋科学考察和研究。

8. 未来五年中国计划实施的100个重大工程及项目和2018年国家重点研发计划

8.1 未来五年中国计划实施的100个重大工程及项目

它们涉及科技、装备制造、农业、环保、交通、能源、人才、文化和教育等领域，将对中国经济、社会和民生等各方面产生深远影响，也会给国际社会带来重大机遇。

1. 航空发动机及燃气轮机。

2. 深海空间站。

3. 量子通信与量子计算机。

4. 脑科学与类脑研究。

5. 国家网络空间安全。

6. 深空探测及空间飞行器在轨服务与维护系统。

7. 种业自主创新。

8. 煤炭清洁高效利用。

9. 天地一体化信息网络。

10. 重点新材料研发及应用。

11. 在优势科研领域设立一批科学家工作室。

12. 在重点学科领域培养扶持一批青年拔尖人才。

13. 培养1万名精通战略规划、资本运作、质量管理、人力资源管理、财会法律等专业知识的企业经营管理人才。

14. 引进1万名左右海外高层次人才回国（来华）创新创业，遴选支持1万名左右急需紧缺的国内高层次人才。

15. 每年培训百万名高层次、急需紧缺和骨干专业技术人才。

16. 在全国建成一批技能大师工作室、1200个高技能人才培训基地，培养1000名高技能人才。

17. 确保建成高标准农田8亿亩，力争10亿亩。

18. 建设国家种质资源收集保存和研究体系。建设海南、甘肃、四川等国家级育制种基地和100个区域性良种繁育基地。

19. 新增高效节水灌溉面积1亿亩。

20. 建设500个全程机械化示范县，主要农作物耕种收综合机械化率达到70%左右。

21. 实施“互联网+”现代农业。

22. 建立农产品质量安全监管追溯信息系统。

23. 实现“百县千乡万村”农村一、二、三产业融合发展试点示范工程。

24. 加快大型飞机研制。

25. 发展新一代和重型运载火箭、新型卫星等空间平台与有效载荷。

26. 发展深海探测、大洋钻探、海底资源开发利用、海上作业保障等装备和系统。推动深海空间站、大型浮式结构物开发和工程化。

27. 研发新一代高速、重载轨道交通装备系统。

28. 研制高档数控机床。

29. 大力发展工业机器人、服务机器人、手术机器人和军用机器人。推动人工智能技术在各领域商用。

30. 开发适应各种耕作条件的先进农机产品。

31. 研制核医学影像设备、超导磁共振成像系统、无创呼吸机等高性能医疗器械。

32. 开发应用具有中医特色优势的医疗器械。

33. 研制先进化工成套装备。

34. 培育集成电路产业体系，培育人工智能、智能硬件、新型显示、移动智能终端、第五代移动通信（5G）、先进传感器和可穿戴设备等成为新增长点。

35. 加速推动基因组学等生物技术大规模应用。

36. 加速北斗、遥感卫星商业化应用。

37. 发展储能与分布式能源。

38. 大力发展形状记忆合金、自修复材料等智能材料，石墨烯、超材料等纳米功能材料等高端材料。

39. 全国新能源汽车累计产销量达到 500 万辆。

40. 建设高速大容量光通信传输系统。

41. 建设物联网应用基础设施和服务平台。

42. 支持公共云服务平台建设，布局云计算和大数据中心。推动贵州等大数据综合试验区建设。

43. 加快国家统一电子政务网络建设应用。

44. 打造电子商务国际大通道。

45. 构建国家网络安全和保密技术保障体系。

46. 高速铁路营业里程达到 3 万公里，覆盖 80% 以上的大城市。

47. 加快推进国家高速公路网建设。新建、改建高速公路通车里程约 3 万公里。

48. 建设川藏铁路等沿边铁路。

49. 建成北京新机场。新增民用运输机场 50 个以上。

50. 大力推进上海、天津、大连、厦门等国际航运中心建设。提高港口智能化水平。

51. 建设城市群交通圈。

52. 新增城市轨道交通运营里程约 3000 公里。

53. 实现村村直接通邮。

54. 加快构建车联网、船联网。

55. 推动驾驶自动化、设施数字化和运行智慧化。

56. 建设高效智能电力系统。

57. 对燃煤机组全面实施超低排放和节能改造。

58. 开工建设常规水电 6000 万千瓦。

59. 核电运行装机容量达到 5800 万千瓦，在建达到 3000 万千瓦以上。

60. 推动致密油、油砂、深海石油勘探开发和油页岩综合开发利用。

61. 建设水电基地和大型煤电基地外送电通道。

62. 建成国家石油储备二期工程。扩大天然铀储备规模。

63. 农田有效灌溉面积达到 10 亿亩以上。

64. 建设引黄入冀补淀、引江济淮、引汉济渭、滇中引水、引大济湟、引绰济辽等多项重大引调水工程。推进南水北调东中线后续工程建设。

65. 建设西藏拉洛、浙江朱溪、福建霍口、黑龙江奋斗、湖南莽山、云南阿岗等大型水库。

66. 建设西江大藤峡、淮河出山店、新疆阿尔塔什等流域控制性枢纽工程。

67. 基本完成流域面积 3000 平方公里及以上的 244 条重要河流治理。

68. 推进 1 亿左右农业转移人口和其他常住人口在城镇落户。加快推进约 1 亿人居住的棚户区和城中村改造。引导约 1 亿人在中西部地区就近城镇化。

69. 培育形成一批功能完善、特色鲜明的新生中小城市。

70. 发展具有特色资源、区位优势和文化底蕴的小城镇。

71. 建设一批新型示范性智慧城市。建设一批示范性绿色城市、生态园林城市、森林城市。

72. 建设海绵城市。

73. 建设地下管廊（网）。

74. 农村自来水普及率达到 80%。

75. 实施特殊类型地区发展重大工程。

76. 在胶州湾、辽东湾、渤海湾、杭州湾、厦门湾、北部湾等开展水质污染治理和环境综合整治。

77. 突破“龙宫一号”深海实验平台建造关键技术。

78. 在北极合作新建岸基观测站，在南极新建科考站，新建先进破冰船，提升南极航空能力。

79. 逐步形成全球海洋立体观（监）测系统。

80. 实施重点用水单位监控工程。

81. 建设50个工业废弃物综合利用产业基地。

82. 工业污染源全面达标排放。

83. 新增用气450亿立方米，替代燃煤锅炉18.9万蒸吨。

84. 对江河源头及378个水质达到或优于III类的江河湖库实施严格保护。

85. 开展1000万亩受污染耕地治理修复和4000万亩受污染耕地风险管控。

86. 建设5座中低放射性废物处置场和1个高放射性废物处理地下实验室。

87. 推进青藏高原、黄土高原等关系国家生态安全核心地区生态修复治理。

88. 建设大尺度绿色生态保护空间和连接各生态空间的绿色廊道。

89. 推进边疆地区国土综合开发、防护和整治。

90. 新增水土流失治理面积27万平方公里。全国湿地面积不低于8亿亩。

91. 发展特色产业，实现3000万以上贫困人口脱贫。发展劳务输出，实现1000万人转移就业扶贫。对“一方水土不养一方人”地区约1000万贫困人口实施易地搬迁。

92. 改造建设百万公里农村公路。

93. 让未能升学的贫困家庭初高中毕业生都能接受职业教育。将所有符合条件的贫困家庭纳入低保范围。

94. 义务教育学校标准化。实施高中阶段教育普及攻坚计划。加强普惠性幼儿园建设。

95. 重点支持若干所高校和一批学科进入世界一流行列。

96. 推进共建“一带一路”教育行动。

97. 重大慢性病过早死亡率降低10%。每县重点办好1~2所县级公立医院。打造30分钟基层医疗服务圈。

98. 青年体质达标率达到95%以上。

99. 实施中华古籍保护计划。

100. 建设“讲好中国故事”队伍。

8.2 2018年国家重点研发计划

（1）支撑引领现代农业发展的重点研发任务，包括粮食丰产提质增效、农业面源污染防控、农田重金属污染修复、智能农机装备、畜禽养殖安全、食品加工贮运、海洋渔业、林业资源高效利用，以及宜居村镇等方面的基础前沿研究、重大共性关键技术（产品）开发及应用示范。

（2）支撑引领节能环保和新能源发展的重点研发任务，包括煤炭清洁高效燃烧、转化及排放控制，可再生能源与新能源，核能与核安全，以及智能电网等方面的基础前沿研究、重大共性关键技术（产品）开发及应用示范。

（3）支撑引领产业转型升级的重点研发任务，包括智能制造、重点基础材料和新材料、精密基础件和通用件、极端制造工艺、重大成套装备，大数据与云计算、宽带通信与物联网、网络信息安全、遥感与导航，以及科技服务业和文化科技创新等方面的基础前沿研究、重大共性关键技术（产品）开发及应用示范。

（4）支撑引领资源环境和生态保护的重点研发任务，包括水安全、土壤安全、生态修复、有毒有害化学品治理，深地、深水等油气和矿产资源勘探开发，废弃物资源化，海洋工程装备，以及重大自然灾害监测预警、应对气候变化等方面的基础前沿研究、重大共性关键技术（产品）开发及应用示范。

（5）支撑引领人口健康发展的重点研发任务，包括重大疾病防控、疫苗研制、药物早期研发、中医药现代化、生殖健康、体外诊断、生物医用材料、移动医疗，重大化工产品生物制造，以及食品安全等方面的基础前沿研究、重大共性关键技术（产品）开发及应用示范。

（6）支撑引领新型城镇化创新发展的重点研发任务，包括智慧城市、绿色建筑及其工业化，综合运输与智能交通、轨道交通，以及公共安全保障与应急救援等方面的基础前沿研究、重大共性关键技术（产品）开发及应用示范。

（7）面向国家战略需求的基础研究，包括纳米、干细胞、蛋白质、发育与生殖、量子调控和全球变化等方向的重大科学研究，能够充分发挥大科学装置优势的前沿研究，未来 10 年可能产生颠覆性技术的前瞻性科学研究，以及深空、深海、深地、深蓝等战略性科学研究等方面。

（8）重大国际科技合作，包括对于融入全球创新网络具有重大关键作用、已纳入或应纳入双多边政府间合作协议的重大科技合作任务，共性关键技术转移国际合作任务，以及发起或参与国际重大科学工程等方面的合作任务。

9. 抓住历史机遇，建立全球创新体系

习近平总书记指出，科学技术是世界性的、时代性的，发展科学技术必须具有全球视野、把握时代脉搏。当今世界，一些重要的科学问题和关键核心技术已经呈现出革命性突破的先兆。我们必须树立雄心、奋起直追，推动我国科技事业加快发

展。要坚决扫除影响科技创新能力提高的体制障碍，有力打通科技和经济转移转化的通道，优化科技政策供给，完善科技评价体系。要优先支持促进经济发展方式转变、开辟新的经济增长点的科技领域，重点突破制约我国经济社会可持续发展的瓶颈问题，加强新兴前沿交叉领域部署。要最大限度调动科技人才创新积极性，尊重科技人才创新自主权，大力营造勇于创新、鼓励成功、宽容失败的社会氛围。

9.1 全球创新创业进入高度密集活跃期

据美国国家科学基金会（NSF）2016 年发布的《科学和工程指标》报告统计，2013 年全球研发投入高达 16710 亿美元，其中投入最多的地区为东南亚，投入金额 6140 亿美元，占比 36.8%；北美位居第二，投入 4920 亿美元，占比 29.4%。

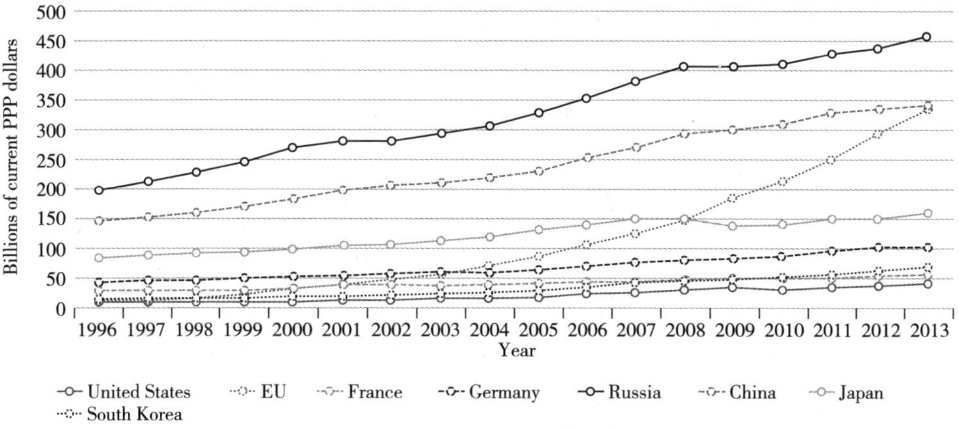

1996—2013 年世界主要国家地区研发投入金额

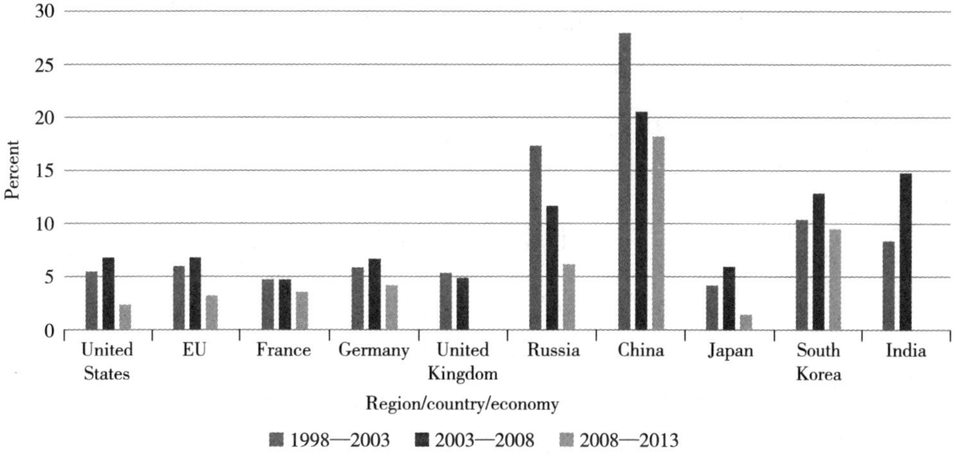

1998—2013 年世界主要国家地区研发投入年增长率

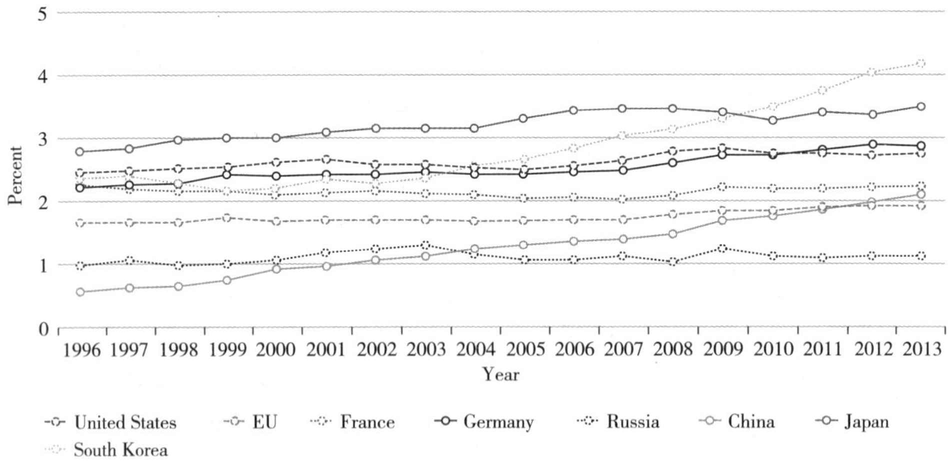

1996—2013 年世界主要国家地区研发投入占 GDP 的比重

9.2 全球形成了若干创新尖峰地区

全球七大知识创新尖峰地区：波士顿、硅谷、伦敦地区、巴黎大区、苏黎世、东京、中关村。

全球十大新经济创新尖峰地区：硅谷、中关村、新竹、班加罗尔、以色列、128 高速公路、M4 高速公路、索菲亚、芬兰、深圳。

9.3 创新全球化、网络化、多极化特征明显

（1）研发组织模式向全球化和专业化发展。

（2）人才跨国流动规模扩大，国际流向渐趋多元。

（3）研发投入和技术产出多极化。

（4）新兴经济体技术能力上升，发达国家领先优势相对下降。

（5）亚洲创新崛起，在全球创新中的地位将继续上升。

（6）跨国公司主导全球创新资源整合，保持技术领先优势。

9.4 《“十三五”国家科技创新规划》要求主动融入布局全球创新网络

《“十三五”国家科技创新规划》指出坚持把全球视野作为重要导向。主动融入布局全球创新网络，在全球范围内优化配置创新资源，把科技创新与国家外交战略相结合，推动建立广泛的创新共同体，在更高水平上开展科技创新合作，力争成为若干重要领域的引领者和重要规则的贡献者，提高在全球创新治理中的话语权。

《“十三五”国家科技创新规划》指出坚持以全球视野谋划和推动创新，实施

科技创新国际化战略，积极融入和主动布局全球创新网络，探索科技开放合作新模式、新路径、新体制，深度参与全球创新治理，促进创新资源双向开放和流动，全方位提升科技创新的国际化水平。

9.5 全球创新着力点与突破口

如下图所示。

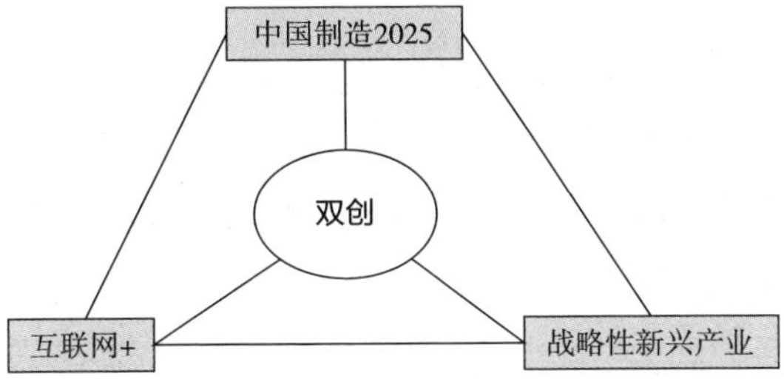

9.6 全球创新抓手

9.6.1 政府间科技合作协定

1978 年 1 月 21 日，中法在北京签订了《中华人民共和国政府和法兰西共和国政府科技合作协议》，这是中国政府与西方国家政府签订的第一个政府间科技合作协议。

同年，意大利、联邦德国、英国、瑞典等西方国家相继与中国签订了双边政府科技合作协议。

1979 年 1 月 31 日，国务院副总理邓小平在访美期间，与美国总统卡特签署了中美两国政府间科学技术合作协定。

2007 年 1 月 16 日，中国政府与加拿大政府科技合作协定在北京正式签署，中国政府对外双边科技合作协定已达 100 个。

9.6.2 国际大科学计划和工程

国际大科学计划和工程主要包括：ITER 计划，伽利略计划，人类基因组计划，地区空间双星探测计划，国际综合大洋钻探计划，人类肝脏蛋白质组计划，人类脑计划，全球对地观测系统，全球变化研究计划，大型强子对撞机计划。

9.7 全球创新治理

中美创新对话。2010 年 10 月，第一次；2011 年 5 月，第二次；2012 年 5 月，第三次；2013 年 7 月，第四次；2014 年 7 月，第五次；2015 年 7 月，第六次。

中欧创新对话。2013 年 11 月，第一次中欧创新合作对话；2015 年 6 月，第二次中欧创新合作对话。

中俄创新对话。2015 年 12 月 17 号下午，国务院总理李克强在人民大会堂欢迎俄罗斯总理梅德韦杰夫正式访问，提出早日启动中俄创新对话，探索建立创新合作新模式。

9.8 全球科技创新中心的更替

17 世纪后期，英国伦敦地区成为第一个全球科技创新中心；

18 世纪后期，法国巴黎大力推动自身重工业发展，成长为第二个全球性创新中心；

19 世纪中后期到 20 世纪前半叶，德国柏林和美国波士顿地区相继依靠第二次技术革命取代法国成为新的科技创新中心；

20 世纪中后期，美国积极应用移民政策吸引大量的科技人才，领衔了第三次技术革命，其波士顿及硅谷等地区成为首屈一指的全球科技创新中心。

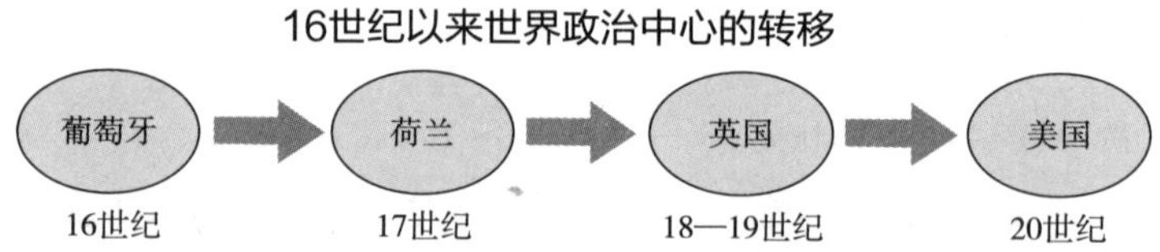

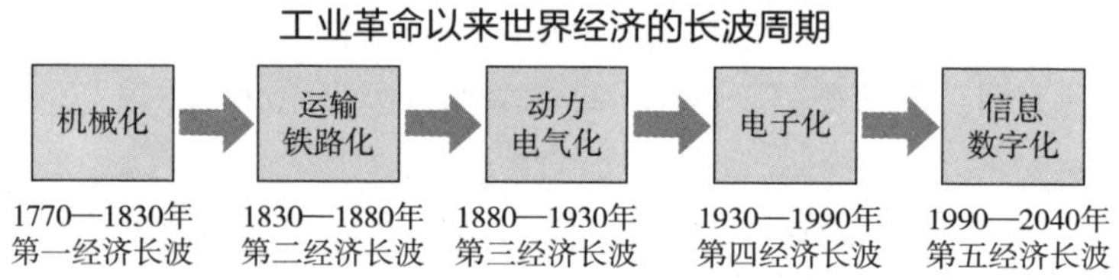

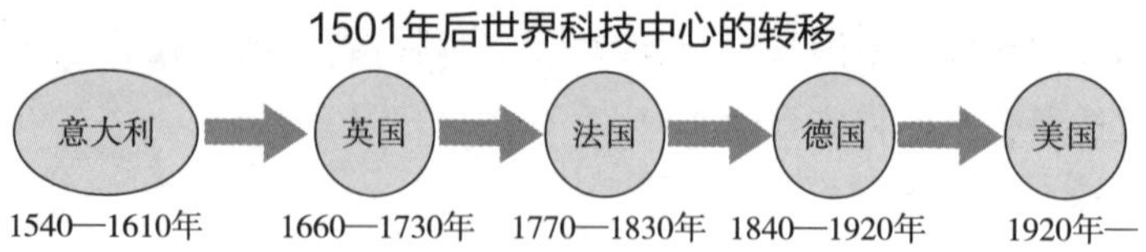

9.9 当前世界科技创新中心排名

2015 年 12 月 3 日，毕马威发布《2015 年全球科技创新调研》报告，报告访问了 832 位来自世界各地的科技公司高管人员，其中来自中国科技行业的领袖有 93 位，占受访者总数的 11%。受访者中 29% 来自美洲；42% 来自亚太区；32% 来自欧洲、中东和非洲。

报告指出，除硅谷外，北京、上海将进入新一批世界科技创新中心的五大城市名单，但上海的榜首位置被东京和纽约所取代，而北京也倒退一位至第四位。

9.10 全球创新网络

9.10.1 中国的海外科技园

中国的海外科技园包括：中美马里兰科技园，中英曼城科技园，中英剑桥科技园，中澳科技园，中俄友谊科技园，中国火炬（新加坡）高技术创业中心，中澳科技企业孵化中心。

9.10.2 全球创新网络——跨国公司在华研发机构

2012 年，在中国设立研发中心的世界 500 强企业就达到 470 家。

跨国公司在华研发机构有 IBM 中国开发中心、GE 中国研发中心、微软亚洲研究院、陶氏化学上海研发中心、3M 中国研发中心、葛兰素史克中国研发中心、卡特彼勒中国研发中心、思科中国苏州研发中心、百事亚洲研发中心等。

9.10.3 全球创新网络——北京中关村

2015 年 9 月 23 到 25 日，第 32 届国际科技园区协会世界大会在国家会议中心举行，共有来自 48 个国家和地区的近 700 名代表参会。包括巴西 TECNOPUC 科技园、日本京都研究园、泰国科技园、英国科技园协会、牛津大学科技创新中心、爱沙尼亚塔林科技园等。

9.10.4 全球创新网络——上海

习近平总书记对上海的要求：三个“牢牢把握”。

要牢牢把握科技进步大方向。瞄准世界科技前沿领域和顶尖水平，力争在基础科技领域有大的创新，在关键核心技术领域取得大的突破。

要牢牢把握产业革命大趋势。围绕产业链部署创新链，把科技创新真正落到产业发展上。

要牢牢把握集聚人才大举措。加强科研院所和高等院校创新条件建设，完善知识产权运用和保护机制，让各类人才的创新智慧竞相迸发。

上海建设科创中心的目标：

第一步：到 2020 年之前，形成科技创新中心基本框架体系。

第二步：到 2030 年，形成科技创新中心城市的核心功能，走出一条具有时代特征、中国特色、上海特点的创新驱动发展新路。

最终目标：全面建成具有全球影响力的科技创新中心，成为与我国经济科技实力和综合国力相匹配的全球创新城市。

9.11 一带一路与全球创新中心

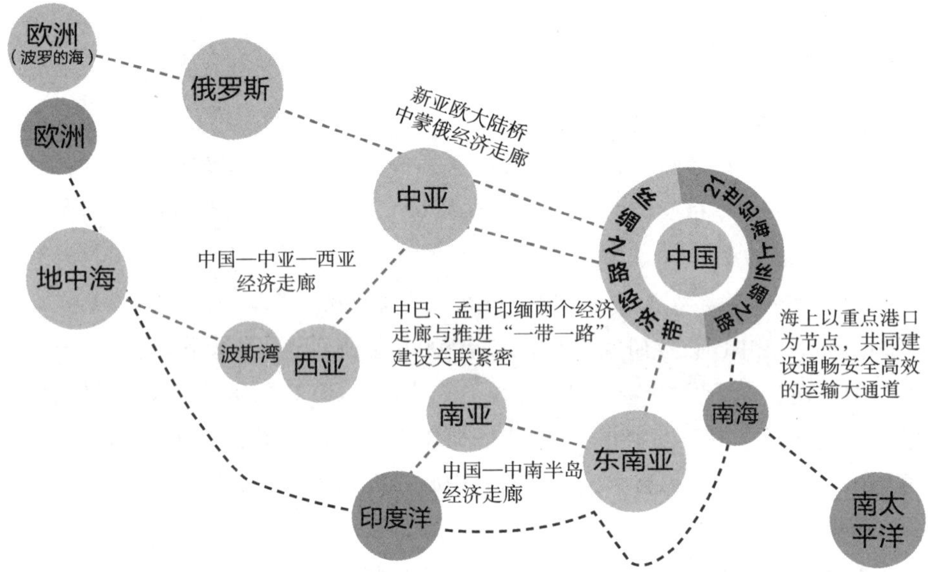

9.12 全球创新合作路径

中美：不合作→合作大于竞争→合作与竞争→竞争大于合作。

中俄：合作→不合作→合作与竞争。

中日：不合作→合作与竞争。

中韩：不合作→合作与竞争。

中以：不合作→合作。

中欧：不合作→合作与竞争。

9.13 中国科技创新对外合作策略

中国政府历来高度重视科技创新。当前中国正在大力实施创新驱动发展战略，将以更大力度，在更广范围、更深层次上全面实施科技创新对外开放合作。今后中国将在更广范围、更深层次上全面实施创新开放合作。我们愿意与全世界各国积极开展以科技创新为核心的全面创新合作，为构建世界命运共同体做出新的积极贡献。

10. 全球创新中心的设立及其发展

10.1 国内外创新大背景

全球创新资源流动加速，合作创新成为发展潮流。随着全球化的不断深入，人才、技术和资本等创新资源的流动性增强，新的边界被不断扩大，创新投入和风险加大，进行合作创新已成为各国重要的战略选择。

中国科技进步显著，但与美国等一些发达国家相比仍有一定差距。近两年来，中国的科技实力突飞猛进，以一种自信的姿态崛起。但中国的创新能力与美国等一些发达国家相比仍有差距，中国需要加强国际科技合作与交流，通过全方位的交流，积极学习先进的创新经验，以提升自身的科技创新能力。

地方、企业间合作成为国际创新合作的突出亮点。在第三次中美创新对话中，地方和企业创新合作被列为对话的一个重要议题，反映出双方在创新实践和措施上更具共识，因此地方、企业间合作成为国际创新合作的突出亮点。

10.2 全球创新中心简介

10.2.1 成立背景

全球创新中心建设是响应习总书记号召，“创新、协调、绿色、开放、共享”积极融入全球创新网络，创新是第一动力等要求，由来自中美和其他国家的近百名诺贝尔奖获得者、科学家、企业家、金融家、政要和年轻的创业者发起成立。

10.2.2 成立意义

2015 年 9 月 30，在美国硅谷，全球创新中心举行启动仪式。全球创新中心的启动，标志着中美两国互利共赢的新型科技创新关系又取得新的成果，为中美新型大国关系注入了新动力。

10.2.3 使命

全球创新中心作为国际科技合作重要平台和沟通对接渠道，致力于落实政府间的协议和共识，搭建政、产、学、研、金结合的开放式国际平台。

10.3 全球创新中心总部

2017 年 9 月 17 日上午 9 时，全球创新峰会北京论坛暨全球创新中心中国总部启用仪式在北京怀柔国家综合科学中心成功举办。

本次论坛受邀请人包括 1993 年诺贝尔生理学或医学奖获得者理查德・罗伯茨教授、加拿大皇家科学院院士摩西・西夫教授、厦门大学校长张荣教授、中央党校张蔚萍教授以及多位中外院士。来自政府、大学、研究机构和企业的代表以及其他国家和地区和国际组织的代表200余人参会。

10.4 全球创新中心业务介绍

中心的宗旨是合作、共赢、创新、发展，使命是搭建政、产、学、研、金结合的开放式国际平台，开展技术合作、交流创新经验、促进技术转移、推动创业投资、加强科技人员交流、促进科技成果的商业化运用，整体推进国家创新体系建设，为建设创新型国家做出贡献。

10.5 全球创新中心业务成果

全球创新中心在美国硅谷与美国汉鼎亚太投资公司等共同管理2.8万平方米孵化器和研发中心等企业总部基地，在纽约长岛拟建5万平方米的科技园，在哈佛大学拥有联合办公室，在美国北卡三角园与美国切诺基基金共建美中技术转移中心。在我国台湾地区，与台湾大学、工研院等共同发起成立了亚太创新基金会。在韩国，与韩国首尔大学、成均馆大学等共同发起成立了韩国创新研究院。目前，在英国、德国、以色列等国家也都成立了分支机构。

10.6 全球创新中心中国创新网络

全球创新中心中国总部位于北京怀柔，其他分支机构还有中国国际技术转移中心、全球创新中心西部中心、国际科技创新孵化园暨泛亚国际众创空间。

10.7 全球创新中心核心产业

全球创新中心核心产业如下图所示。

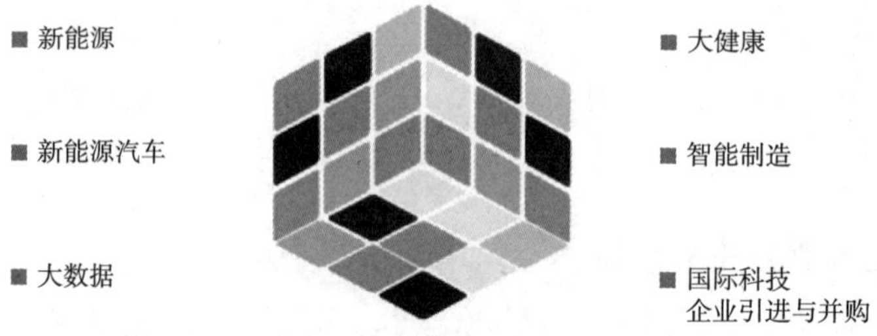

千禧时代·创新旅游

李　忠[①]

我今天说的“千禧时代”有两个层次的含义。第一个层次是，在千禧时代，中国经济进入了新的周期。我们都知道，中国经济历经了数十年的高增长后，近年进入了L型经济周期，从“保8”到“保6”，而且我相信这样的状态还会徘徊很久。

第二个层次是，在这个时候你会发现，我们的经济必须转型。我们现在所谓的经济新常态，它的本质其实是从一个“发展中国家”的心态逐渐转向“中等发达国家”的心态。这个时候我们不再是“满足需求”，而是要“创造需求”。在创造需求的过程中，我们从过去的“柴米油盐”变成了“吃喝玩乐”。那么什么是新常态下的供给侧改革呢？吴伯凡老师的一句话很有道理，他认为“什么时候我们不是再为柴米油盐酱醋茶的茶付钱，而是为了琴棋书画诗酒茶的茶而付钱时，我们经济转型就接近完成了。”我觉得这样的说法非常有道理。

我们都知道，美国人的人均收入比我们高得多，但其实美国人花在衣食住行上的钱都不太多，他们主要花在了“玩儿”上。他们打猎要用最好的猎枪，滑雪要用最好的雪橇，拍照要用最好的相机……一旦有了这些爱好以后，人们花钱是要多得多的。

而在“玩儿”里面，非常重要的一件事情就是旅游。为什么我们说旅游一定是一个朝阳产业呢？在发达国家，人们正常旅游消费是25%~30%，我们到2016年只有11.19%。换一句话说，即使我们现在已经是世界上最大的入境和出境旅游市场，我们的旅游还有近3倍的消费增长空间。只要大家到欧洲看一看，现在每个国家，比如荷兰，几乎每一个景点都要雇一个会说中国话的人。而20年前我去荷兰时，几乎没有什么地方有会说中国话的人，只有阿姆斯特丹有一些。他们一见到中国人老远就会打招呼：“领导，有发票，有发票。”但现在不一样了，《中国国内旅游发展年度报告2018》提到“国民旅游诉求正在从美丽风景转向美好生活”，这件事情很重要。这就意味着这个时候，我们旅游有了第二个“新常态”的转变，这也是我

① 李忠：华高莱斯国际地产顾问（北京）有限公司董事长兼总经理。

说的第二层含义。

过去，我们旅游地多依靠资源发展，换句话说，是“我有什么资源，我就做什么事情”。那时靠卖“二老”（“老祖宗留下的文化宝藏”，如兵马俑；“老天爷留下的自然赏赐”，如张家界），出现了很多标准化、规模化的旅游产品。而现在不但靠这些资源，更多的是出现了比那些旅游产品有所升级的产品，像赞那度、百代旅行、6人旅游网和红了旅游，这些公司的产品比起前面那种泛泛的旅游产品来说，要细分得多得多。它们是专门分开来，去组织满足不同用户需求的非标准化、弹性化的旅游产品，例如文艺旅游、小清新式的旅游、人文旅游等。

在这个组织过程中，我们来看一看，当我们千禧时代来了以后，我们怎么开始“卖需求”？怎么能“因需定产”？又卖向“谁”呢？——千禧一代！

1. 千禧一代，新时代旅游消费的主力军

所谓的“千禧一代”是指出生在1982年到2000年间的人群，简单点说就是18~36岁的人群。这些人消费能力高、兴趣广泛，但这不是最重要的，最重要的是他们和我们有几个很大的不同。

1.1 他们是“数字原住民”，是与网络一同成长的一代

我是1969年出生的，我们这代人叫“数字移民”，我们父母那代人叫“数字难民”，而我们的孩子叫“数字原住民”。什么叫“数字难民”呢？就是自从有了网络后，对于他们来说消费反而越来越不方便了。那什么是“数字移民”？我们过去看纸质书，后来开始看电子书，KINDLE对于我们来说有两个东西很重要，一个是最好有“翻书页”的感觉，还有就是“翻书页”最好有“刺啦”的声音。而我们下一代的这些人，他们叫作“数字原住民”。他们对于“数字生活”毫无违和感，他们是通过数字和网络去认识世界的。

1.2 他们有“个性化的追求”

在互联网影响下，“有个性”，成为他们自我表达中的绝对关键词。有了数字网络，他们可以知道遥远的世界有哪些好玩的东西。现在的80后、90后，港澳等旅游地对千禧一代很多人来说吸引力已经不够了，他们更喜欢去迪拜冲沙，去芬兰玩雪地摩托，甚至连代价极高的南北极旅游，在中国近几年也有了爆发式的增长。正是通过网络，他们知道了世界有多大，他们向往“诗与远方”，他们有自己的个性选择。

1.3 他们注重“圈层化社交”

疯狂“刷屏”是他们的生活常态，而他们刷屏背后所蕴含的“求关注”“求认可”的生活态度，不是指让别人认可，而是让同类认可。因为互联网是这样一种社区，在互联网交往中有一句话：“我没有网络之前，我是一个住在巴黎的穆斯林；而我有了网络以后，我是一个穆斯林，只不过我住在巴黎。”有了网络，哪怕你是一个非常另类的人，你也一定能找到你的同类，找到和你一样的人。

1.4 国际世界语青年大会

有一门语言叫“世界语”，世界语是 1887 年柴门霍夫发明的，他希望通过这种语言可以消除人类隔阂，实现世界团结。后来有一段时间世界语还被列宁定义为“无产阶级语言”，像鲁迅这些人都会世界语。而现在，世界语已经几近消失在人们的视野中了，但仍有 2 万 ~3 万人还会说世界语。在他们这些人组成的小圈子里，每个世界语者都可以领到一本类似“护照服务”的小册子，里面收集了 92 个国家、1320 位世界语使用者的地址，就像一个个“青年旅馆”。大家到彼此的“青年旅馆”中可以白吃白住，但前提是你会说世界语。中国也有人加入这个圈子，他们经常举行叫“无鳄鱼下午茶（Senkrokodila Kunveno）”的聚会，因为他们把不会世界语的人称为“鳄鱼”。而且当别人都在 12 月过圣诞节时，他们却会过 12 月 15 日的“柴诞节”，这是柴门霍夫的生日。这就是我们看到的非常有意思的事情，世界上任何一个圈子都有他们的专属社交。

在以上这些现象下，我们可以发现，千禧一代作为数字原住民，他们注重个性化的需求和圈层化的社交。他们在这个时代的影响下被赋予了无数个不同的“标签”，而这些已经可以大幅度改变他们的旅游生活了。在他们的旅游生活中，会出现一些我们从来没有看到过的新趋势、新现象。下面我从 3 个方面来说：靶向聚集、意见跟随和深度认知。

2. 靶向聚集

有一句话用在千禧一代身上特别合适：“和什么人一起上路，比去哪里更重要。”对他们来说，找到和自己一类的人，比去什么地方玩更重要。同时，人是人最大的乐趣，只要有相同的人，他们就不是“景点吸引人”，而是“人能创造景点”。在武汉做的 VAC 音乐节，当时十几个代表团很多人打着横幅就来了，组起来的速度非常快。对于这些人来说，音乐节在武汉开和在成都开没有区别，哪里能找到更多的人他们就到哪里去，到了那里就是他们的天堂，对于他们来说真的是“可以为了找朋友去一个景点”。这是年轻千禧一代与我们这代非常大的一个区别，他们可以做到“来一场说走就走的旅行”。

3. 意见跟随

他们不是听老板的，也不是听领导的，而是听大 V 的。这个大 V 不见得有钱，但是在很大程度上他可以成为一个意见领袖。我说一个例子，在我的心目中有一个大 V，就是陈悦，他是中国研究近代海军史的专家。当年有个关于甲午海战纪念日的活动我想去，但是没去成。当时陈悦带领了一大批对甲午海战有兴趣的人，沿着许多与甲午海战有关的地方都走了一圈。那些人身家加起来都过几百个亿了，但是大家都唯陈悦马首是瞻，这就是因为在我们圈里，陈悦是一个非常了不起的人。所以我说，每个大 V 都能带着大家去干一些他们圈子里喜欢的事情，这些人叫“KOL”，也就是关键意见领袖。

4. 深度认知

所谓的深度认知，是我们看一个事要看得非常仔细。比如说，日本有一部动漫叫《你的名字》，因为动漫文化爱好者的“圣地巡礼”，给它的取景地之一飞骅市带来了 11 亿人民币的旅游收入，中国旅行社推出的同款系列线路也快速赢得了数万人的点击量。与此类似的还有《吹响！上低音号》的京都巡礼，这些动漫爱好者十分热衷走遍作品场景里的大街小巷。所以简单来说，如果我问你，你最喜欢哪一个日本女明星，我通过你的回答就能知道你对日本文化了解多少。如果你回答的是山口百惠，只能说你对日本文化不是特别了解；如果你能答到铃木保奈美和安室奈美惠，这就是到一定深度了；如果你能回答出你喜欢一个声优，她的名字叫花泽香菜，那说明你对日本文化的了解已经算是可以了。

在这些逻辑之下不难看出：旅游对千禧一代来说，就意味着旅游地和旅游者彼此标签的匹配。这个匹配是非常重要的。

5. 借鉴案例：新加坡

我们看一个很典型的例子：在世界上，我一直长期关注一个旅游地，那就是新加坡。新加坡的旅游是真正与时俱进的。作为世界著名的旅游地，到访新加坡的海外游客数量从2005年的每年894万人次上升到了2016年的1640万人次。同时，新加坡的“全球热门旅游目的地”排名也上升了一位，达到了第6位。

这对于新加坡来说是非常不容易的，因为大家要知道，其实新加坡没有什么老天爷和老祖宗留下的东西，所以新加坡的旅游离不开其旅游策略的“与时俱进”：自从20世纪中期，新加坡就开始针对特定旅游目标进行自身旅游品牌的规划和营销，并在不同历史阶段不断进行调整。2017年，新加坡又通过三大改变，调整了最新旅游发展思路。

5.1 第一，旅游理念的革新

在2017年之前，新加坡一直注重卖自己的“地”，也就是向游客营销城市景点和旅游目的地。但是即使是在这个阶段，我觉得它也值得我们学习。为什么？我这里列出了过去5个新加坡的对外宣传口号。最早的时候叫“亚洲文化汇聚之地”，后来它推的是“无限惊喜新加坡”，再后来是“新亚洲 新加坡”，再往后是“非常新加坡”，2010年它在推“我行由我 新加坡”。

这个事告诉我们什么？现在中国很多做旅游的地方都想费尽心思弄出一个口号，希望这个口号能上溯500年，下管500年。这其实完全不对，因为旅游口号应当是与时俱进的。我就不相信，你50年代想的口号，能管到2015年，这是断断不可能的。就如同有句话所说的，“一切历史都是当代史”，那一切旅游口号也只能是当代的口号。

所以在2017年9月，新加坡开始进行了一个重要的旅游思路转变：他过去是想向人们传达“你在这里可以做什么”，而现在是“你在这里可以成为什么样的人”。因为它本身叫狮城，于是推出了新的旅游品牌——“心想狮城（Passion made possible）”。

5.2 第二，目标人群划分模式的变化

过去，新加坡根据“现实维度”划分人群，将人群划分为亲子家庭、工作着的千禧一代、活跃的银发族、商务旅行者和会展旅行者。而随着千禧一代成为旅游主力军，新加坡开始研究他们的旅游消费喜好及需求。在2017年的旅游新思路中，新加坡从旅游消费人群的“愿望维度”出发，即：根据人们渴望自己被贴上的标签，重新对人群进行划分。并依据他们不同标签下的兴趣爱好，设定了多个“激情部落”组织。新加坡旅游局认为，“无论您是什么人，比如美食主义者、城市探索者、精品收藏家、狂热发烧友、极限挑战者或者文化爱好者，您都可以和他们一样，在这座充满无限可能的城市乐享所爱之事”。新加坡希望让大家分头在这里找

到各自志趣相投的人，大家的兴趣爱好不同，新加坡吸引你的东西也会不同。

新加坡针对这些不同的人，精心制定了 24 条主题路线，这些路线可以满足游客在不同生活方式与兴趣下的不同需求，比如骑行与美食探索之旅，或者街头艺术与食品之旅。

5.3 第三，旅游营销创新

在旅游营销方式方面，新加坡通过资深大 V 带领游客去玩、去发现新加坡，进行线上炒热。新加坡会在不同社群领域里寻找各种大 V，连我们拍《舌尖上的中国》的陈晓卿也被他们挖过去担当意见领袖。因为他们觉得，陈晓卿对美食的煽动效果不言而喻。

同时，新加坡还进行了各种线下推广，去主要客源市场，通过主题活动靶向吸引不同标签的人群。比如针对东京的文化爱好者和精品收藏家，推出了像“亢奋城市”一类的创意展览，分享新加坡创意人才的故事和激情；针对菲律宾人天生爱唱歌的特点，在阿拉邦推出卡拉 OK 展台，希望吸引音乐爱好者们注意新加坡。这些活动都取得了非常大的成功。

所以，从新加坡旅游新思路中我们可以看出：它通过 3 大转变——旅游理念从“地”到“人”，目标人群划分方式从“现实维度”到“愿望维度”，旅游营销方式从“大众营销”到“靶向营销”，在不到一年的时间里，就实现了近 8% 的人流量增长，并获得了 6000 万的媒体报道价值。这种理念是非常值得我们学习的。

那么按照这个逻辑，“千禧一代”来了，我们该如何实现其与旅游目的地标签的双向匹配呢?

6. 以福建为例，解读“千禧时代”下的旅游创新发展思路

为让所讲内容更有针对性，下面这一部分——“千禧实践”，我以福建为例来说明，因为我们现在就在厦门，很多来的人对福建也很了解。

我觉得福建本身是一个极其适合做旅游的地方，为什么？我主要说三件事：

第一，福建有着丰富的海洋资源。我们的海岸线长度是全国第二，但是我们的岸线曲折率是 1:7.01，这是全国第一。大家要知道，岸线和岸线曲折率这是两个概念。如果大家学过分形几何学就知道，在分形几何学中有一个重要命题，就是“英国的海岸线到底有多长”。当时新加坡在 20 世纪 80 年代的规划中提出，要把新加坡打造成为面向 21 世纪的、欣欣向荣的、现代化的海、海岸、海岛城市。为了“海岛城市”这四个字，他们把自己的海岸线延长了一倍。这个大家可以理解为，

新加坡为了增加自身的岸线曲折率而专门去挖，从而把自己的海岸线延长了一倍。此外，我们这里还有 5 大渔场、200 多种经济鱼类，海洋资源十分有优势。

第二，福建是多地形地貌。福建“八山一水一分田”，从生态的角度来看我们很好，但是并不适合种植粮食。所以咱们已故的老省委书记项南说过，“全国哪里讲以粮为纲是对的？福建讲以粮为纲是绝对不对的”。因为它“八山一水一分田”，更适合种茶叶。

第三，这里还有多种民俗文化。多文化还可以进行碰撞和交流，具体后面我会讲到。

福建这些丰富的旅游资源，完全有条件孕育出多样的旅游地“标签”，这正契合千禧一代个性化“标签”的旅游需求！那么我们如何打造一些“标签化”的旅游地呢？在这里我说四类：秀兴趣的目的地、秀知识的目的地、秀体验的目的地和秀美好的目的地。

6.1 秀兴趣目的地

简单来说，就是要为那些兴趣狂热粉打造一些可满足他们强烈心理溢价的专属体验地，因为心理溢价对他们来说特别重要。我们先来看“千禧一族”为了兴趣可以多花多少钱。我首先问大家，你们有喜欢玩摄影的吗？摄影这个事花钱吗？那不是花钱的问题，是烧钱的问题！所以说“单反穷三代，摄影毁一生”。能毁到什么程度呢？摄影界有这么一个趣事流传：摄影大师在上海外滩摆好相机准备拍东方明珠，看旁边有个要饭的实在太可怜了，就给了他 10 块钱。那个要饭的拿到钱以后看了看那个大师的相机，说，你再把光圈缩小一挡，你的景深就会好得多。大师说，你是怎么知道的？那个要饭的说，我过去和你是一样的，就是玩摄影才玩到这步田地的。可见，兴趣这个东西是极其花钱的。

有一个重度汉服爱好者，她的名字叫张玲，是一名 80 后，她几乎天天穿汉服，而且非常自信，除了极冷的时间之外，一定是穿汉服的。她们这些人有自己的汉服圈子，她们每天会在里面炫耀自己是怎么穿汉服的。她跟你在一起，你觉得她是另类，但她并不觉得。她觉得，我是一个汉服爱好者，只是我的生活在你眼里是这样的。这就是我们看到的兴趣在起作用。

我们可以看清一件事，就是现在的年轻人，为了爱，是什么都愿意出钱的。比如，大家都知道台湾有个地方叫猴硐，日本有个地方叫猫岛。在以前，我们很难想象，只是一个有猫的地方就能成为一个旅游景点，但是对于咱们现在的年轻人来说，所谓的“撸猫”“吸猫”，都成了很重要的事。这就是我说的，兴趣是会创造奇迹的。

下面，针对千禧一代中的这些“兴趣狂热粉”，我给大家说三件事，也就是我们福建可以做的，叫观鸟旅游、茶旅游和摄影旅游。

6.1.1 观鸟旅游

第一种是观鸟旅游。现在世界上观鸟的人其实特别多，而且这是一群“既有钱又有闲”的人。比如美国的观鸟人，每年平均有 50 天在观鸟。所以他们既是生态的倡导者，又是真正的消费者。现在这些人的消费可以分为庭院观鸟和旅游观鸟，而观鸟经济相当能够引导收入。我给大家说一个例子：哥斯达黎加国土面积不大，但是有 838 种鸟类，是观鸟旅游必去的国家之一。全国 47% 的人从事观鸟主导的旅游工作，平均每年能带来 21 亿美元的经济收入。我们总说贫穷限制了我们的想象，确实有钱人的玩法和没钱人的玩法是不一样的。而且在观鸟旅游中，我们中国的条件也是非常好的。我给大家推荐一部电影——《观鸟大年》。在《观鸟大年》中，当男主角获得最高大奖以后，他说，我的下一个愿望就是去中国观鸟。咱们中国是世界上仅有的国土跨两个动物地理界的国家之一，而且全球 8 大候鸟迁徙通道有 3 条覆盖中国。我们经常听姚明说“没有买卖，就没有伤害”，这是一个无比正确的环保口号，观鸟旅游者来得越多，往往对当地环保促进得也越好。

我们福建“深山藏俊鸟”，光国家级自然保护区就有 12 个，鸟类 557 种，占中国鸟类种数的 40% 以上，是非常适合做观鸟旅游的。这里要特别提到一个地方，就是我们三明的明溪县，它是全球三大鸟类迁徙路线的重要通道之一，而且是重要的节点，每年有大量鸟类在这里停歇、繁殖。而且明溪已经开始积极打造观鸟旅游了。这里有一种很特别的鸟类，叫黄腹角雉，三明是“中国黄腹角雉之乡”。

要知道，资深的观鸟人并不是什么鸟都看，他们只看某一种鸟。这样一来，我们就一定要培养一种人——鸟导。什么是鸟导？就是专门带领观鸟者去看某一种鸟，按照看到的只数来收费的导游。中国有一个鸟导产业非常成熟的地方，在陕西洋县，领着你去看什么呢？朱鹮。朱鹮是具有极高观赏价值的鸟类，它的翅膀是粉色的，拍出来特别漂亮，更重要的是，日本人把朱鹮视作日本皇家血脉的象征。这是因为朱鹮的拉丁文名字是 Nipponia nippon，也就是“日本的日本”，所以很多日本人会来我们洋县观鸟。这就导致在现在的洋县，有一批会说日语的老年人。我有一次问过一个鸟导，他说找到一只朱鹮是 200 块钱，情况好的时候在一个山谷里能一下找到一百多只。大家可想而知那天他能赚多少钱。

除了鸟导，还可以举办观鸟大赛，这不仅能够赚到钱，还能够带动人，并且提高我们的生态知名度。另外，还要配备观鸟所需的设施，比如环保的观鸟塔、观鸟屋、鸟类体验馆等，让他们认识各种鸟。还可以引入全息化的 VR 装置，让人真实体验鸟类飞翔的感觉。

6.1.2 茶旅游

第二种旅游是茶旅游。喜欢喝茶的人非常多，像这里举的黄小芽的例子，她就是重度的中式茶爱好者，经常从晚上 12 点喝到凌晨 2 点。茶爱好者一般都有原产地情结，而我们福建就盛产名茶。从桐木的正山小种到宁德的天山绿茶，从永春的佛手到安溪的铁观音和武夷大红袍，福建的茶叶种类非常多。但是，我们的茶旅游做得并不是太好。真正要做好需要进行全息化的打造。

借鉴案例——日本 · 宇治市

这里我想举日本宇治市的案例。日本流传这样一首采茶歌："静冈茶色美，宇治茶香气足，味道还是狭山茶最好。"这"色""香""味"刚好是日本三大名茶，其中宇治被誉为"日本茶的起源地"。宇治茶注册了专有商标，要想冠上宇治茶的名号，必须满足一系列认证条件。更重要的是它做了国际化的、有设计感的包装，因为现在游客买茶不是为了品尝，更多是为了做伴手礼。大家都见过茶田，但大家可能没有见过这么漂亮的茶田，这是专门请景观设计师来设计过的。

其实在农业旅游中，种得漂亮比产量高更重要。茶田里的这些采茶女孩，每一个都是按照模特的标准挑选出来的，服装是由服装设计师设计的，采茶的动作是舞蹈老师教的，至于能不能采到茶并不重要，重要的是这样的画面相当诱人。

所以我们去考察的时候发现，所有男游客都在拿着相机拍美女，女游客呢？跟着老爷子去学茶道了。他说，给我们一个半小时，能还你一个特别贤惠的太太。这就是茶道的深度体验。同时，宇治还特别强调"仪式感"。我们都知道，世界上中餐和日料的分布都很广泛，但为什么日料的定价比中餐的定价要高那么多？就是因为日料比较有仪式感。日料是"给眼睛吃的"，食物被非常精致地一道一道端上来，和中餐是完全不一样的感觉。宇治茶旅游中也能看到这种仪式感，他们有一个点茶仪式叫"三汲水"，需要一个半小时才能汲出一杯茶来。

此外，推广也是至关重要的，总结说来有三大要素：美女、老人和卡通形象。用德高望重的老人来证明历史悠久，用美女来拉动人气，而卡通形象茶茶王子，是用来活跃气氛的。这是我说的第二种旅游——茶旅游。

6.1.3 摄影旅游

第三种是摄影旅游。我们可以这么说，爱旅行的人不一定都爱摄影，但是爱摄影的人一定都爱旅行。好利来蛋糕店老板罗红，现在已经是一名职业摄影师了，20 年间去非洲 46 次，去过很多人迹罕至的地方。他拍的照片非常漂亮，有很多人就是因为看了他的照片才投身去做环保事业。他在北京顺义建了一座罗红摄影艺术馆，我觉得还是值得一看的，有很多高价值的照片。不仅如此，一张好照片还能把一个景点带火。今年 9 月去世的香港著名摄影家陈复礼先生，他拍过一张照片《天上人间》，是婺源走向网红的一个重要转折点，因为一张好的照片往往可以胜过千言万语。

而福建山美水美，有众多景点，最典型的比如霞浦。霞浦这个地方对普通人来说，是产海参海带最多的地方。但是对摄影的人来说，霞浦是“摄影人必去的十大风光摄影胜地”之首。

摄影师的旅游“含金量”是很高的。摄影师拍的照片之所以比一般人拍得要好，是因为他们很多时候只选择两个时间的光去拍摄——早晨的光和晚上的光，也就是曙暮光。所以只要摄影师来一个地方拍照，他就得在这里住下。大家想，在霞浦吃一顿 400 块钱的饭，顶多有 100 块钱的毛利，但如果在霞浦住一间 400 块的房，至少有 300 块钱的纯盈利。而且，在这里吃的人不一定在这里住，但在这里住的人一定在这里吃。所以这里面的“含金量”其实是很高的。霞浦现在就策划了多条专业线路，让游客沿着线路去拍，而且还专门组织专业团队，吸引摄影师、初学者来这里做摄影学习和交流。

大家如果留意就会发现在一个很宁静的田园牧歌式的风光里，往往会有一群拿着单反的人。其实简单点说，这里全部都是摆拍的，但这里的老百姓对摆拍的兴趣是非常高的，甚至帮你放烟，这是一个很专业的态度。

现在霞浦已经举行了六届“海洋杯”霞浦全国摄影大赛，而且水平越来越高。其实这里的摄影旅游还可以做得更专业，可以让老百姓的日常活动也变成风景——当地村民从事日常劳作时，有针对性地培训他们着装和动作，使劳作场景也变得入画，成为被拍摄的绝佳对象。另外可以选一些好的景点，像日本这样，把三脚架直接摆在那里，把云台固定在上面，把大师拍的照片直接打出来，把光圈快门标在上面，让任何的摄影白痴只要按照这个位置、这个参数按下快门，都能临摹出一张好的照片来，这就满足了他们当摄影家的愿望。

这就是我说的，福建可以针对千禧一代的兴趣爱好，发展观鸟、茶和摄影的专属旅游。

6.2 秀知识目的地

这针对的是“知识拓荒侠”，发展拓展他们知识边界的博学旅游。什么是博学旅游？根据《无边界竞争》这本书所说，现在我们一年不学习，你拥有的知识将会折旧 80%，我觉得这句话很对。现在当很多人开始炫耀自己知识的时候，其实是在缓解内心的不安。

现在已经开始有一类书，比如《最冷最冷的冷门知识》，这本书就是专门告诉你，如果你掌握哪些话题你就会有谈资了。而在社交论坛上，像“为什么要给马钉马掌”这种冷知识、冷问题范儿更容易吸引关注者。温哥华的科学馆，现在也推行用一些冷门知识来吸引大家的目光。冷到什么程度呢？比如他说，“你知道吗，许多恐龙其实只有一只狗的大小”，“猫尿是夜光的，不相信你晚上来看看”等。这种“边玩边学”的旅游方式现在很受欢迎，来参观的人都觉得很好，觉得我确实是学到不一样的知识了。

所以可以针对这些热爱知识拓荒的人做“知识旅游”。

6.2.1 第一类，盐知识旅游

在说这个之前，我先给大家说一个冷门知识，有的冷门知识是真的很有意思。盐有多重要呢？它是我们生命的催化剂。我问大家一个问题，是马更能跑还是人更能跑？大家都会说马更能跑。其实在英国，马和人真的进行过一次长途耐力比赛，其中马和人是互有胜负的。换句话说，人是一种相当能跑的动物。如果马跟人比起来，它最后失败，不是累死的，大家知道它是怎么死的吗？它是热死的。而人呢？大家可以看本书——《裸猿》。我们把那些毛褪掉了，汗腺也增加到数以百万计，所以人的排汗功能是特别好的。你可以设想在古代的非洲大地上，无论是哪种动物，只要被咱们老祖先猿人盯上，它最后都会死的，它都是热死的。人都是不厌其烦地在后面跑，直到把你热死扛回来。人成长带来的负面影响就是：人是唯一一种需要额外补充盐分的哺乳动物，否则人是活不了的。这就导致了盐对于人有特殊的用处。

很多人都攻击咱们国家计划经济太根深蒂固，从 2016 年起，咱们的食盐专营才逐步取消。盐专卖不取消对国家有一个非常好的影响，就是咱们国家想知道厦门到底住了多少人，只要统计一下一年这里消耗多少食用盐，就能得到一个近似准确的数字。因为盐这个商品在你吃的所有商品中具有一个独特的特点，就是既不会不吃，也不能多吃，也不能少吃。你再有钱也不会使劲吃，但再没钱也不能不吃。

盐在中国发展历史悠久，“世界盐业，莫先中国”。而且在福建，有一个山腰盐场，具有 220 多年历史，是福建最大的食盐（载体盐）生产和出口基地。我们的盐资源非常好，有条件发展盐知识旅游。

借鉴案例——日本 · 能登半岛奥能登盐田村

我给大家说一个做得特别好的案例——日本能登半岛的奥能登盐田村。能登半岛里山里海是“世界农业文化遗产”，而“扬滨式制盐法”是其被评为“世界农业文化遗产”的关键因素之一。“扬滨式”的制盐法是日本最古老的煎盐工艺，该工艺将泼洒过海水的沙子经风吹日晒干燥后，放在平釜中日夜煎熬至结晶就得到了可供食用的盐。

为了使“扬滨式”制盐法得以传承，当地发展了奥能登盐田村，它是一个盐的

“资料馆”。这里有制盐展示区，现场全流程演绎传统的“扬滨法”制盐的晒沙、熬煮等多重步骤，同时还有多种语言说明，向人们全方位传达盐知识。甚至，还有人专门带着你进行蒸煮晒的体验。

我们中国的盐，其实比日本的盐历史要悠久。清朝有一个著名的诗人叫吴嘉纪，他写过一首很形象的诗：“白头灶户低草房，六月煎盐烈火旁。走出门前炎日里，偷闲一刻是乘凉。”本身我们煎盐是很有历史的，只不过我们没有去好好诠释这个历史文化，日本反而把这个东西做得非常好。

在盐田村，很多人都愿意去体验，这里还有很多与盐文化有关的仪式举行，让游客观看、参与。更重要的是你能在这里买到各种新奇的盐的产品，有盐果冻、盐拉面、盐冰激凌、盐花蜜和盐饮料。这样一来，就使得大家能够全方位地体验盐文化，从而吸引了很多人的目光。这是我说的第一类，盐知识旅游。

6.2.2 第二类，堡垒知识旅游

这就说到咱们福建一个非常重要的东西——土楼。首先，有一本书叫《假装的艺术》很值得大家看。这本书总结了一下，发现在旅游的时候，什么东西最容易获得话语领袖的地位呢？是建筑！因为我们去旅游的话一般地方都是有建筑的，所以他发现讲建筑这个事能成为社交圈里很吸睛的东西。

而在建筑的设计中，很重要的一类就是堡垒建筑。比如很多人喜欢的一个《堡垒之夜》的游戏，比如现在法国有专门领着大家去看路易十四时期，要塞攻防战天才设计师沃邦设计的堡垒的旅游，以及大家都知道的旅行青蛙。

其实在古堡建筑中，有个很典型的例子就是福建的土楼。福建的土楼曾经被美国认为是导弹井，让他们紧张了很长时间。福建土楼我们现在把它解释为民居，但是我想说，旅游的本质不是卖你的优点，而是卖你的特点。从特点来说，把土楼说成民居，就可惜了。中国各地都有民居，但是具有防御功能的民居只有土楼。土楼是一种真正的城堡和民居结合的建筑。为什么呢？比如我们看开平碉楼。开平碉楼长得像西洋式城堡，但它没有防御功能，而土楼是真的有防御功能的。道理很简单，我前面埋了个伏笔，就是土楼蕴含的文化融合史。

大家都知道福建过去民风彪悍，一直在打，不但在福建打，最早去台湾的泉州人和漳州人，去了以后为了争水源也打，叫漳泉械斗。后来客家人去了，漳州人、泉州人他们不打了，团结起来打客家人，这叫闽客械斗，打得天昏地暗。以至于咸丰皇帝专门问过福建布政使张集馨，问“械斗是何情形”，张集馨说：“大姓欺凌小姓，而小姓不甘被欺，纠数十庄小姓而与大族相斗。”换句话说，咱们今天看到的土楼没有你理解得那么和谐，在过去就是真的打过仗的地方。面对背后蕴含的这些文化历史及建筑特点，土楼具有很强的展示性。

借鉴案例——荷兰·纳尔登

荷兰纳尔登是将堡垒建筑展示做得特别好的。纳尔登这里的堡垒叫作棱堡，它既是重要的军防建筑又是大地景观。在欧洲大地有很多这样的堡垒，而其中最漂亮的就是棱堡。棱堡漂亮到什么程度？当年“二战”的时候，不管盟军的空军飞行员上级让他们去哪里集结，他们后来都自觉自愿到纳尔登上空去集结，因为这个地方只要看一眼就知道，它的识别性非常好。

而纳尔登就将它保留了下来并进行很好的展示，发展旅游。首先用特色的交通让游客穿门而过，为游客营造进入区域的切换感和仪式感；同时还设立了独特的星角地下博物馆，展示星型古堡在荷兰的发展历史及作用。

但更重要的是这里设立了户外体验场，让游客参与军事攻防演习，可以选择身着中世纪传统服装，接受专业射箭师指导，进行加农炮体验等，并安排专人讲解堡垒的防御工事。

除了展示军事防卫知识，纳尔登还干了一件事情。2005年荷兰王子为王妃放弃了王位，在那里举行婚礼。马上纳尔登就想到了这个商机，就是如果你到我们这里举行婚礼，你结婚的那天满城人都会给你祝福，你应该觉得更幸福。其实大家到这里就发现，满城人去给你祝福也没什么了不起，因为整个城其实是没有多大的，大概也就是咱们的社区这么大吧。但是毕竟是满城的祝福，所以这个地方现在也有人在专门做这个生意。你结婚那天，他们专门用马车带着你穿过每个街道，所有人都拿着花瓣来给你祝福，这是一种纳尔登式的婚礼。

未来福建可紧抓千禧一代的知识拓荒侠，利用在地资源优势，为他们打造可拓展知识边界的“盐知识旅游”和“堡垒知识旅游”。

6.3 秀体验目的地

千禧一代是特别热衷于体验式旅游的。我们可以针对“深度探险家”，去做一些沉浸式的旅游。2017年全球旅游运营商Contiki做了一个统计，他们发现千禧一代喜欢干的是什么呢？是在意大利学做比萨，沿66号公路旅行，在威尼斯乘贡多拉船，在埃菲尔铁塔下接吻，在哥斯达黎加看海龟产蛋……他们喜欢的，都不是过去我们所谓的那些去刷存在感的旅游，而是一种深度的文化感知和生活体验。

过去咱们看到旅游中的很多人叫打卡达人，就是到了哪里都要拍张照片证明自己曾经来过。过去这种打卡方式在现在有了手机以后搞得越来越没劲，越来越无趣。去年福建有一个流行的网络段子，说“今天下午我到楼下吃碗沙茶面突然看到老刘，我们两个默默没有打招呼，然后就各自上楼了”。因为按照朋友圈的状态，他们现在一个已经在马尔代夫潜水，另一个是在布拉格度假。这就是那些网上晒照片的人的写照。但是深度旅游不一样，深度旅游是只要你说两句话，我们就知道你是不是真的到了福建。

6.3.1 第一种：生活方式的沉浸式体验

在福建，早起一定要泡一杯茶，中午去吃一碗沙茶面，寻找古早味。如果你说不出这些东西，我们就知道你是真的没有到过福建。福建有很多老城，他们是传统生活方式和技艺的最佳载体，像我们的福州三坊七巷，古城泉州的中山路步行街等。

借鉴案例——日本·金泽

但恕我直言，我们做的都不如这个城市——日本金泽。日本金泽号称“小京都”，它由于没有经过轰炸，并且也没有经过工业革命，所以它的传统风貌及传统生活保护得非常好。金泽的成功在于将“老城、老人、老技艺”三个方面完美结合。

他们保留了传统老街，在这个老街里非常重要的举措就是体验。福州的三坊七巷虽然有林徽因的故居，但是里面并没有太多穿旗袍的人。而在金泽，就有很多穿和服的人。这个招数其实很简单，只要你穿和服来这里旅行，买任何东西都可以享受八折优惠，就这使得穿和服的人越来越多，拍照的形式也变得多样。来到这里，游客能够用传统的餐具吃传统美食；在茶屋，可以看艺伎歌舞，听传统器乐演奏，重温历史生活。

说到非物质文化传承，我想说我们国家现在很多非物质资源利用都在退步，其实是浪费了生产。在过去，无论是我们的苏绣，还是蜀绣，都能做到巧夺天工，但我们可能得付出三年的时间才能做出来。你再巧夺天工的东西，只要我不是看你现场做出来的，我都可以认为是机器代替生产出来的。而金泽现在推的不是物，而是人。怎么推的呢？他们给一种证书叫“人间国宝”——人间国宝一定是非物质文化的传承人，但非物质文化的传承人未见得一定是人间国宝。只有当你死了这个活就没了，成为绝活，这才能叫人间国宝！所以，他们这些国宝卖的是这些人，推成大师以后会有很多人做他们的徒弟，而且大多数都是年轻人。

在金泽，他们还将传统技艺——金箔的工艺直接用在火车上，坐着“贴金”的火车走进“金箔之都”，营造第一眼吸引力；更震撼的是他们还做了金屋，将金箔元素充满室内各个角落；并且把金箔做成树，街边处处都是金箔的元素；将传统工艺与饮食相结合，处处可以尝到“工艺的味道”，如金箔的比萨，金箔的冰激凌，金箔的糕点；甚至把金箔运用到美容产品里，据说对皮肤也很好。他们做的这一切都将传统工艺与现代生活结合得特别好。

6.3.2 第二种：历史文化全息化感知

一个很典型的例子就是我们的红色之旅。“爱国是青春的底色”，这是习总书记号召我们的。福建有很多的红色资源，但是多数的旅游只停留在换上当时的衣服，唱一首红歌，听听导游的解说。那么这里面我们应该学的是什么呢？我们应该把它们分类，因为如果你不了解当时历史背景红色景点是没有意义的。例如长汀县钟屋村，钟屋村如果和古田会议放在一起，逻辑就不太对，它要和其他的长征事情联系在一起才对，因为我们都知道长征的终点在哪儿，但是它的起点很少有人知道，就是钟屋村，它叫二万五千里长征零公里处、红军长征第一村。我们只有把红色的东西按照历史逻辑分类，那它才是有价值的。

借鉴案例——华盛顿—罗尚博国家史迹步道

我给大家介绍一个很值得我们学习的案例——美国“华盛顿—罗尚博国家史迹步道（Washington-Rochambeau Revolutionary Route National Historic Trail）”。

很多人都会怀疑说，我们培养家国情怀，培养爱国主义，难道要向美国学习？当然要学习。因为道理很简单，咱们中国人都是华夏民族，都是黑头发、黄皮肤、黑眼睛的，只要互相看看就知道咱们是一类人。而美国充斥着各种肤色各种文化，他们要是不依赖爱国教育，怎么知道自己是美国人呢？所以美国的爱国教育做得是非常好的，就是因为他们必须要去做这个事情。

华盛顿—罗尚博国家史迹步道是为了纪念法国盟军和大陆军队在 1781 年和 1782 年间，华盛顿与法国盟军司令罗尚博合兵一处，前往约克镇去赢得最后决战的行军路线。这条路又称胜利之路，对美国独立战争最终胜利意义重大。有句话叫“历史是英雄足迹的集合”。这句话我翻译过来就是：只有重走别人的英雄足迹，才是读历史的最好的方法。

华盛顿—罗尚博革命之路贯穿美国东海岸“九州一区”，包含长达 700 英里（约 1127 千米）的陆道和水道。在革命之路沿途，留下了很多历史公园、历史遗产区、军事营地等，步道便将这些多样资源予以串联，同时通过“环境沉浸，角色沉浸和事件沉浸”等特点，为游客提供历史文化全方位的沉浸感知。

环境沉浸：他们首先确保线路真实，环境真实，让你走过和当年战争一样的路线和环境。而且让游客遵循原有的行军模式，采取徒步为主，登山、骑马、漂流划艇等多样化的方式，在自然环境中体会英雄经历。

角色沉浸：在这里还会有很多的人进行历史上战争中的角色扮演。这些角色谁扮演呢？他们叫老人力，就是找一些革命文化的老粉丝在那里表演，而且他们愿意给孩子们讲过去的历史故事。这就是我们看到的，如果来到这里，大家会觉得这是在经历穿越历史的过程，生动性就会高很多。

还有一种是事件沉浸：真实的环境、真实的人物就要参与到真实的事件中去，通过还原历史事件场景，让游客真正实现全息化文化感知。

这就是我说的针对“千禧一代”中的“深度探索家”，可以从生活方式、历史文化感知两方面做沉浸式旅游。

6.4 秀美好目的地

这其实是针对“悦己主义者”进行的一种自我褒赏式的旅游。什么叫自我褒赏？就是从“悦人”到“悦己”的转变。《时代》杂志提到：千禧一代，也被称为“我我我的一代”，他们以自我为中心，我有 Facebook，我要 iPhone，我要旅行一年，我不要这么努力为这位老板卖命，我要享受自己……这个逻辑是没错的，所以现在使得这一代人只有自己觉得爽，他们才愿意去做。

当然了，这件事也产生过负面作用。中国目前的人口增长为什么上不去？其实是因为诞生了很多非常快乐的“单身狗”，就是一个人活得很痛快，连和别人一起痛快都不接受。他们很注重自己的休闲时光，他们把商务和休闲结合在一起，称作商旅休闲化。他们突破了二者的边界，开始晒自己优雅而又体面的生活。

这里给大家说一个非常值得我们做的，叫“孕蜜月(Destination Conceptionmoon)旅行”。越来越多的千禧一代进入适婚、适孕年龄。但中国劳动年龄人口数连续 6 年下降，远低于以往人口预测结果，所以国家放开全面二孩政策，生孩子既是家事也是国事。然而“怀孕”却成为千禧一代的现实难题，我国平均生育年龄已经从 26.29 岁推迟到 28.18 岁，不孕不育率已从 20 多年前的 3% 快速增长到 12.5%。不是说你不想要孩子，而是很多人想要却生不出来。那这个事怎么解决呢？开始有一种方式叫孕蜜月。“孕蜜月”就是针对那些想要孩子却要不出来的人，到一个不一样的地方去旅行一下，是一种通过切换到更放松、更浪漫的环境，助力怀孕的新型消费方式。

福建最不缺具有浪漫色彩的城市和地方，像鸳鸯头草场、十里蓝山花海、平潭岛等。未来，福建应主动给千禧一代安排一场甜蜜之旅，发展孕蜜月旅游。

借鉴案例——泰国索尼娃奇瑞度假村

在这么好的条件下我们可以学习泰国索尼娃奇瑞（Soneva Kiri）度假村的打造手法。索尼娃奇瑞被评为全球 TOP10 孕蜜月度假地之一，它做到了环境减压、点燃感情、服务专业三方面。

环境减压方面，它塑造了一种叫“无鞋无新闻”的生活。就是你走路不穿鞋，回归到自然状态，无新闻就是你感觉不到世界的存在。

同时，这里从自然到餐桌，全部选用有机食材制作“慢食”，让你在这里进行调理。更重要的是为所有情侣创造的都是私密化的氛围，甚至有的岛只有你们两个人在上面住。而服务员甚至是通过吊索送上美食和香槟，你们俩干什么事别人是无干预的，创造了很多浪漫的二人世界。

此外，私密沙滩、露天电影院可以让你重燃激情；并引入专业理疗师，开设助孕理疗课程，提供“孕蜜月套餐”特色服务，建立芬芳气味系统等。这就是我们看到的关于孕蜜月旅游的打造手法。

至此，今天我给大家分享的是四类标签化旅游地的塑造：秀兴趣、秀知识、秀体验和秀美好。

总结来说，旅游发展已进入千禧时代，提供满足千禧一代个性化需求的旅游产品成为必然趋势。我们应塑造旅游地标签，实现与千禧一代标签的双向匹配！福建可率先紧抓 4 类特色人群，进行标签化旅游地塑造，使得我们的旅游确实能够做到与时俱进！

从瞬间愉悦到永恒美好

林璧属[①]

“从瞬间愉悦到永恒美好”是一个过程，也是一种旅游体验过程。今天以“从瞬间愉悦到永恒美好”为题，阐述旅游体验的过程特征和旅游体验要素构成。

为了说明“从瞬间愉悦到永恒美好”的旅游体验，我得从基本概念的分类说起，首先，分类一：旅行与旅游行为之区分，旅行是以工作、商务、求学求知、探亲为目的（专业系统学习者）；旅游是以放松身心、求知探险（非专业系统学习者）为目的的观光、度假、休养（疗养）。其次，分类二：促进异地消费（从目前统计口径看），包括食、住、行、游、购、娱；再次，分类三：从衍生的旅游新业态看，包括商、养、学、闲、情、奇。“商”指商务旅游，包括商务旅游、会议会展、奖励旅游等旅游新需求、新要素；“养”指养生旅游，包括养生、养老、养心、体育健身等健康旅游新需求、新要素；“学”指研学旅游，包括修学旅游、科考、培训、拓展训练、摄影、采风、各种夏令营冬令营等活动；“闲”指休闲度假，包括乡村休闲、都市休闲、度假等各类休闲旅游新产品和新要素，是未来旅游发展的方向和主体；“情”指情感旅游，包括婚庆、婚恋、纪念日旅游、宗教朝觐等各类精神和情感的旅游新业态、新要素；“奇”指探奇，包括探索、探险、探秘、游乐、新奇体验等探索性的旅游新产品、新要素。

在众多的分类中，哪些具有体验性？从体验的刺激性角度划分，弱体验包括食、住、行、游、购；强体验只有：娱；次之为食：品；再次为住：尝；更次为行：只有首次采用的交通方式才有体验性；游：观光其实是弱体验，只是旅游的对象性活动可能实现强体验。因此，研究重点在于购：有参与过程的购就有强体验。娱是强体验，包括：旅游演出、个人参与其中的DIY、景区里强旅游项目、主题公园、非专业运动等。

因此，从旅游的异地性、愉悦性、体验性、个体性、群体性、地域性和普遍性等特征看，体验明显是一个抽象性的专有名词。我今天重点说明一下体验。

---

① 林璧属：厦门大学管理学院教授、博士生导师，旅游与酒店管理系主任。

1. 体验概念的多学科解读与研究单元识别

体验（Experience）一词来自拉丁文 Experientia。从词性来看，体验包括名词和动词两个属性，用作名词最早出现在 1377 年，系指对某个事件的观察。1533 年才被用作动词，指尝试做某事。体验作为哲学研究的重要概念，起源于 19 世纪中叶。体验一词最初来源于“经历”，于 19 世纪 70 年代通过概念再造被区别出来并发展为惯常用语，主要通过传记文学的方式被广泛流传。在《哲学史料辞典》中，体验最早出现在神秘主义研究中，其基本解释为“由生命——生活获得，并且保留在生命——生活中”（Konrad Cramer, *Erlebnis*, 见 J.Ritter 主编的 *Historisches Wörterbuch der Philosophie* 第 2 卷第 702~711 页）。作为正式的哲学研究基本概念，在《当代文学和哲学史百科辞典》中，体验“意味着亲身体验（感觉、意想、记忆、作用和要求）的一切”（见 J.Ritter 主编的 *Historisches Wörterbuch der Philosophie* 第 2 卷第 705 页）。

在哲学上系统阐释体验的是狄尔泰生命哲学。狄尔泰认为体验是特殊个人发现其此在的那种方式和途径（Dilthey, 1978，参见 O.F. 布尔诺《狄尔泰》第 2 版第 101 页）。狄尔泰对于体验概念的解释与其定义的另一哲学概念“内部知觉”较为相似。内部知觉是“对一种心境或过程的内在意识，当一种心境被意识到时，这种心境是一种对我而言的存在”（见《狄尔泰全集》德文版第五卷第 197 页）。狄尔泰体验概念是从体验活动、内省与思维、内感及生命三个层次分析体验的本质意义。首先，体验活动作为一种特殊的方式，并非“被给予的”，是为我存在的。狄尔泰将体验视为非一般意义的客观物，即体验与体验活动并非相互独立。其次，体验作为主体的内感，是一种心境和过程的内在意识。只有意识到该心境和过程，主体才能获得自我存在状态。最后，狄尔泰认为体验是生命整体的最小部分。

胡塞尔在《现象学的观念》一书中指出体验是指某种心理的、内在的东西，所有的内在生活。意识是由各种类型的体验所构成，有认识体验、经验体验，也有如看、说、听、触摸、快乐、痛苦、恨、爱等各种感官体验。体验通过对体验内容的意指构造出体验对象。现象学的体验概念表明现象学家认为事物的本质或抽象事物与人类理智是统一的，所谓的体验就是指本质或抽象中的存在。

伽达默尔认为体验最初的意思是人们亲自而非以某种间接的方式把握到的事物以及这种把握的直接性。生命体的存在具有延续性，其中的每一片段都与整体密不可分。生命体验的直接性由于生命体的延续性也具有了同样的延续性与整体性。“每一个体验都是由活的延续性中产生，并同时与其自身生命的整体相连”“由于体验本身是存在于生命整体里，因此生命整体目前也存在于体验之中”（见汉斯·格奥尔格·伽达默尔《真理与方法》)。

在心理学研究中，不同切入视角下的体验概念有着不同的解释。心理学中的体验可以作为一种分析实体或心理感受，对主体的内在感受及其发生机制进行过程描述。在心理学研究中，体验是行为与结果的统一体，既指人的心理活动的过程，又指人的心理活动的结果。体验是基于情感评价而对事物关系的价值评价及其相应的心理活动描述。心理学意义上体验的概念是个体以身体为中介，以“行或思”为手段，以知情相互作用为典型特征，作用于人的对象对人产生意义时而引发的不断生成的居身状态。

经济学视角下的体验概念表述及其应用最早可以追溯到托夫勒在《未来的冲击》一书中对社会经济形态的描述。托夫勒认为体验经济是继农业经济、工业经济及服务经济后能够产生更高顾客价值的经济形态。在体验经济中顾客消费过程即是产品，当消费结束后，记忆将长久地保存对过程的“体验”。在体验经济的成因与价值分析中，体验作为一种全新的经济形态，体验经济是对传统服务经济的延伸，能够全面体现顾客价值和企业品牌价值。

通过追本溯源，可以发现，无论是存在的主体内感，还是胡塞尔的体验是指某种心理的、内在的东西，所有的内在生活，抑或是伽达默尔的体验是人们亲自而非以某种间接的方式把握到的事物以及这种把握的直接性，他们都强调了心境、内感、内在、过程和直接性，核心要素应在于内感和内感的获知过程。狄尔泰特别强调了以感觉器官为中介所获得的感受与经过大脑认知评价所获得的感受是不同的，内感与外感在哲学体验的概念解释中是有分别的。狄尔泰内感的实质在于主客体之间所达成的某种一致性状态，“内感是关于一种心境和过程的内在意识”，内感作为突破浅表层感觉体验的意识存在状态，是哲学体验概念的核心或本原，内感是主体在一定心境意义下所获得的最终的为我存在状态。

“内感”是否可以作为体验的基本结构单元？是否可以作为描述和刻画主体所获得体验状态的“实在之物”？内感作为结构单元是进行旅游情境下体验要素分析及识别的切入点，即从主体内感的具体形态进行旅游体验要素的识别更能准确刻画旅游者的主体存在意义。换言之，对体验要素的解析就应立足于哲学体验视角下的心境意义、为我存在和内感，这也是对心理学和经济学体验理论结构要素的概括，其中，内感是体验结构解析的核心。

倘若“内感”作为旅游体验要素，那么，旅游体验是否可以从“内感”与“过程”视角进行旅游体验要素的解读？旅游体验过程是否可以是一个“从瞬间愉悦到永恒美好”的要素转换？

内感与过程是刻画旅游体验的两个基本切入点。“内感”是个体在一定情境中或者与他人的互动关系中所产生的一种“本能心态”。在内感与体验的交互关系中，内感与体验共同构建起一个系统。内感是一种心境和过程的内在意识，体验是内感得以获取的“物理”途径或手段。旅游体验过程是内感的获取过程，内感是体验的某种结果，内感是游客体验的“硬核”。“过程”是旅游体验强化的物理基础和时间轴。在旅游体验过程中，游客发生空间位移与时间演变两个维度上的物理变化，而不同物理阶段下的游客体验建构要素是完全不同的，体验过程中的时空关系及其不同阶段的特征是旅游体验要素识别的基本前提。前体验阶段、在场体验阶段及其后体验阶段中的构成要素间存在前因后果的逻辑联系。游客在内感体验的获取过程中，是一个累积过程，这种累积的状态表现在体验的不同阶段中刻画游客内感特征要素的类别差异，即不同阶段下建构游客“本原”体验的内感要素是不同的。

由此得出基本结论说，从内感与过程两个视角对旅游体验进行结构要素解构是探究旅游体验本原的关键。通过对过程视角下的旅游体验分析与体验内感内涵特征的深入解析，研究发现“内感”是唯一能够把握体验本真内涵和体现旅游体验要素类属特征的元要素。从旅游体验内感的阶段性表现来看，即从内感连续变化的视角来分析，旅游体验内感是一个类属演变的结构形态。在这一结构形态中，内感是旅游体验的内核，是元要素；可以进一步从时空关系视角和建构、认知视角对以内感为内核的旅游体验要素进行基本要素的解构与识别。因此，内感是建构游客体验得以实现的元要素，是旅游体验解构要素解构的基础。

2. 旅游体验从瞬间愉悦到永恒美好的过程特征

我提出的旅游体验有两个主要思路，一是，从“内感”与“过程”视角进行旅游体验要素的解读；二是，旅游体验过程是一个“从瞬间愉悦到永恒美好”的要素转换。有研究认为旅游体验建构过程可以分解为预期体验（前体验）、在场体验和追忆体验（后体验）三个阶段，我认为体验具有非常明确的直接性，前体验是一种假设而非真实存在，只有在场体验和后体验两个阶段会对旅游体验产生影响，在场体验可能是一种“瞬间愉悦”，也有可能很不愉悦，那么，“瞬间愉悦”的在场体验经过不断累积的过程认知和后阶段的认识强化，有可能就转化成“永恒美好”，很不愉悦则有可能产生不同的认知评价。

在场旅游体验阶段中，旅游体验的两个基础要素应为：物理情境和社会情境。旅游世界中的物理情境是对非惯常环境的表达，即游客情感体验必然发生于某一地理空间范围。物理情境是建构游客情感体验的充分必要要素。社会情境则是对旅游活动中旅游者与当地居民、服务提供者及同行游客的态度、行为等关系的描述。因此，基于情境分析观点，旅游者在场情感体验产生于物理情境与社会情境之下的机体反馈，是一种物理情境和社会情境中主体与地方和他人的交互关系。游客内感体验是在旅游者主导下的个体与物理和社会情境交互关系中产生的，即旅游体验是在旅游场域中的旅游地经过旅游活动所获得的一种为我存在的主体内感，也包括和他人的交往中（主体间）所形成的心境或过程的一种为我存在的主体内感，是一种主客体之间所达成的某种一致性状态。

通过分析游客真实性感知发生的时间及旅游者个体与旅游地、当地居民及同行游客间关系的建构作用，发现地方感、关系承诺、真实性感知和情感投入是在场体验阶段中建构旅游者情感体验的结构性要素。旅游者在场体验阶段中的内感状态表现为累积的阶段性特征，这一累积特征即表明游客内感体验表现为阶段演化的逻辑过程，旅游者在不同阶段所获得的体验内感是有所差异的。在这之中，暂时内感是旅游者在旅游场景的社会交互中受到各种要素的影响而产生的一种临时体验内感状态，是个体在某一时间段上与旅游目的地、社区居民及同行游客等交互关系中所产生的一种临时心理状态。而获得内感则是旅游者基于评价、效能和活动维度对暂时内感比较后所确认的最终体验的内感状态，是经过评价后的主体身心感知，是旅游者在场阶段中的愉悦体验感受。结合情感认知评价视角，可以发现价值评价在暂时内感和获得内感之间的控制作用。经过旅游活动，游客的愉悦体验是在场阶段中基于某些价值标准对所获得暂时情感状态的“选择”与“确认”，在旅游者内感投入（暂时情感）向愉悦体验（获得情感）转换的过程中，期望与现实的认知是否契合必然会影响游客最终所获得的内感体验。

体验是被记忆的。在后体验阶段中，体验记忆是旅游者对在场阶段中所获得情感的长时保存形态。作为一种长期的情节记忆形态，旅游体验记忆是旅游者对在场体验期间所经历事件的一种心理态度，是以记忆形态保存的主体情感状态。在后体验阶段中，作为兼顾情感体验续存和游客后消费行为建构的要素，体验记忆能够更为稳定地对游客后消费行为产生影响作用。因此，体验记忆是后体验阶段中游客情感得以存续的结构要素。

在旅游体验的全过程中，旅游者的情感体验发生了转变，这一转变过程包括体验内感状态的转换及其构成要素间的转换。就体验内感而言，在场旅游体验阶段中，旅游体验由暂时的内感转变为获得的愉悦体验，旅游者经过价值评价后所最终获得内感体验状态。在后体验阶段过程中，旅游体验中的内感状态从感觉记忆、短时记忆转变为永久的内感记忆，即表现为旅游者在场阶段中所获得的瞬间愉悦感受转变为美好的、永恒的体验记忆形态。从结构要素的视角来看，在场阶段中游客所建构的暂时情感投入、获得的愉悦体验乃至永久的体验记忆均是由不同的结构要素所共变构成的。在这一过程中，在场旅游体验阶段中构成暂时情感投入的地方感、关系承诺及真实性感知转变为建构愉悦体验的功能价值、情感价值及情感转换等要素，并最终转变为体验记忆的结构要素。因此，从旅游体验发生的情感演变过程及其要素构成内容来看，旅游者的情感体验可以被视为是“瞬间愉悦”到“永恒美好”的转变过程。

关于“网红与旅游经济”

李 忠[①]

1. 网红的出现可以归因于信息技术的发展

我很赞同刘静艳老师的说法，就是原来我们的信息渠道是我们想让你知道什么你就必须知道什么，现在是我想看什么我就去看什么。从 2015 年开始，中国以“今日头条”为代表的新媒体拿到的广告费已超过了半数，这个数量之后也一直在增加。这些媒体与传统媒体的最大区别，就是它是迎合你、研究你的。我举个最简单的例子，首先我们网络上、手机上都有“今日头条”，那么“今日头条”和“新浪新闻”又有什么区别呢？就是“今日头条”是你关注的才是头条。它的创立者是咱们福建龙岩的老乡张一鸣，这个里面是一套 AI 的算法。也就是说如果你手机里的“今日头条”你已经用了三年了，你最好不要轻易给外人看，因为它是你人格的真实写照。你越喜欢什么，它就越喜欢给你推送这方面的事情。它对人分了多少标准呢？一亿个。大家可能会觉得人怎么会有一亿个标签？会的。比如说最后判定你是个军迷，它会告诉你，你是个德粉军迷还是个美粉军迷，你是德粉中喜欢坦克的军迷，你是喜欢哪一款坦克的军迷，你是喜欢豹 2A4 的军迷还是喜欢豹 2A3 的军迷，它都能分清楚。这样一来，它能非常精准地推送给你所有你喜欢的东西。这样一来，就会使你觉得这个世界就是你想看的世界。所以我想说，从信息公众化的逻辑来看，抖音之类带来的营销，即使明天抖音可能不在了，但是这种形式依然存在，它有一个信息公众化的过程，这是任何人都控制不住的。从这种意义上来说，特朗普能当选，就是信息公众化的一个结果。川普一些东西做得不好，但是他的推特帮了他极大的忙，这就是我说的第一个问题。

---

① 李忠：华高莱斯国际地产顾问（北京）有限公司董事长兼总经理。

2. 不要用貌似“高雅”的一套标准来评判大众

我们现在往往有一种逻辑，就是试图用一套标准去衡量一件事该怎么干。我觉得不欣赏肤浅的东西这是国家对精英的要求，但不一定是对所有民众的要求。民众就是“嗨”的，民众就是欢喜的，这本身无可厚非。如果拍了个苦难的电影，票房卖得不好，就要责怪这届观众不行，这本身并不公平。观众干吗要跟着你欣赏苦难呢？观众有权力去看那种通俗但却是他们喜欢的电影。在追求愉悦的时代，没有谁可以强迫别人一定要去欣赏苦难。如果需要深刻，那也应该是愉悦地让市场接受这个东西。如果拍的是像《阿甘正传》那样的电影，用愉悦的方式去展现，那我们大家也会愿意去看。精英可以去欣赏深刻，民众也可以选择不欣赏。旅游是一种大众消费，而不是一种给小众的精英消费，这个事一定要界定清楚。

3.“网红与旅游”这个题目起得很好

这其实给了我们一个可能性，就是小组织可以颠覆大众常规，这是一种颠覆式的营销。原来我们是在中央电视台花重金去做轮播广告，不见得能把这个做好，但是现在我们摔个碗就能做好。我觉得这里面告诉了我们要“借力打力”。什么叫借力打力？就是今天谁红你就去说谁，今天鹿晗红，你就拿着鹿晗开始说，过两天再换成别人。比如说有一个最典型的事，就是成都的新都区在 2010 年海选自己的城市宣传语，其中有四个字“宇春故里”成功入选，引起轰动。大家都觉得这个肤浅，我觉得没有错。如果在网红的那几年说“宇春故里”这件事就很对，因为那几年李宇春实在是太红了，你现在再说“宇春故里”这个就有点过气了。不是每一个长相中性的人都能像鹿晗那么红，有另一个更进一步的就可以把鹿晗替代了，这也是“江山代有才人出”的。所以我觉得这个事情的时效性是非常重要的，但它给了我们景区营销一个“花很少钱去撬动大众”的方式。

4. 最值得问的问题就是，“这里面到底有没有规律”？

我明确地回答，在今天，这个事情没有规律。

我们今天总结的所谓规律，都是后来的学者也好，传媒也好，自己总结的。为什么？因为如果你掌握了规律，就应当掌握一种方法论。但是大家发现没有，迄今为止没有任何一个创造网红的人能重复网红。如果是精确地掌握了规律的，那我们就应该保证它是可复制的。有一个最简单的例子：大家还记得当年玩过的一款网红游戏叫《愤怒的小鸟》吗？我去网上买过一个写《愤怒的小鸟》的论文，连篇累牍说它是怎么成功的。后来我专门去过这家公司的瑞典工作室拜访，人家告诉我，他们之前已经做了 51 款游戏，没有一款是成功的，在这之后做的很多款游戏也都不太成功。如果按照这个说法，我们可以制造出《愤怒的小鸟》来，那我们就能精确地再制造出《愤怒的大象》，但是我们就小鸟成功了。为什么？道理很简单，这其实与今天人们列的未来需要掌握的前沿技术之一“脑科学”有关系。我们目前对人类自身的脑构造是极其不了解的。我们现在所谓的海马区管什么，前额叶管什么，这些全部是猜的。曾经人类有过一次诺贝尔奖的大乌龙，就是葡萄牙医师安东尼奥·埃加斯·莫尼斯（António Egas Moniz）发明的切除前脑叶白质术（Lobotomy）被认定能让狂躁者镇定下来，因而被授予了诺贝尔生理学医学奖。后来证明这个手术不但是无效的，还是反人性的。这其实说明了我们对脑构造是不了解的。如果哪一天我们对脑的研究能够不是像今天这么肤浅，我相信那一天我们能精确地知道为什么《愤怒的小鸟》这个形象我们喜欢，但是一定不是今天。还有一个最典型的事情是，在西雅图南湖联合区研究所里，就有一个重点研究脑科学的实验室，是由刚刚去世的微软联合创始人之一保尔·艾伦创建的。他说我要搭上几十亿，把脑子这件事研究清楚。但是现在这个科学，我套用一句一个资深研究脑科学人的话：“我们脑科学领域还缺乏一个牛顿。”正是有了牛顿的经典力学，物理学才成为一个可计算的科学，但是脑科学领域现在还没有出现这样的情况。根据今天的脑科学研究水平，我可以明确地说，很多网红解释，都是事后解释。解释起来证据十足，但是如果你掌握了这个解释，按理说应该可以创造网红，复制网红。但是到今天为止，还没有能够创造网红后再成功复制的。当然，也不能因此说网红是没用的。

文旅融合

第二届『旅游三十人论坛』

中国自然保护地的文化基因

吴必虎[①] 谢冶凤[②]

非常高兴第二次来到厦门大学的“旅游三十人论坛”。林璧属教授去年发起的中国旅游三十人论坛在国内引起了很大反响，中国的旅游研究确实到了需要从理论方面进一步深入探讨的阶段。中国的旅游发展历史悠久，但作为现代旅游学科和一种产业部门的存在，它的历史却并不长。我们可以体会到，很多大学的旅游系可能设置于管理学院、历史与文化学院或地理规划学院等，旅游学科的设置存在许多不同情况，这是旅游学科发展面临的挑战，同时也体现了旅游与其他部门之间的关系。去年部委调整又给我们带来了许多新的讨论话题，尤其是文化和旅游两个部门的合并，文旅融合成为学科发展的热点话题。

今天我的题目与文旅融合的大范围并不完全一样，我要讨论的是目前我国生态文明建设当中的一个重大举措，就是建立以国家公园为主体的自然保护地体系，这包括国家公园、自然保护区，以及其他各类自然公园。这些不同类型的自然保护地在之前由许多部门主管，但现在均由自然资源部负责主管，具体又是由林草局国家公园管理局行使协调或管理职能。那么，在文旅融合的大背景下，自然保护地体系建设与我们有何关系？我认为文旅融合有两个层面，第一是文化和旅游本身如何融合；第二是文旅融合后，文旅部门如何与其他政府部门、学科进行融合。这是两个不同的命题，自然保护地体系建设与文旅融合的关系就主要体现在后者。

中国的自然保护地有其独特的文化基因，在自然保护地的研究、立法、利用等方面，都要基于中国的背景来提出自己的体系。目前，我们在建设过程中有非常明显的模仿西方经验的趋势，这就可能会忽视中国的国情和中国自然保护地中长期存在的文化基因，是非常危险和不利于保护地可持续发展的。

我们的自然保护地体系非常重视保护，在体制上也采取了与世界其他国家不太一样的方式——把自然国家公园和文化国家公园区分开来。因为中国确实太大，若

① 吴必虎：北京大学城市与环境学院教授、博士生导师，旅游研究与规划中心主任。

② 谢冶凤：北京大学 2018 级博士研究生。

将自然和文化混在一起，会更加难以治理。所以目前，自然保护地是独立进行管理的，而国家公园实际上是两部分：国家的自然公园和国家的文化公园。但实际上，一个国家公园中，既有文化又有自然，或者说需要重点进行自然保护的国家公园当中，文化的内涵也是非常强、非常深厚的。所以，在这一过程中，我们就需要对一些问题有更深刻的认识。

因此，今天主要想从中国自然保护地的文化角度，谈一谈中国自然保护地体系建设为什么不能完全照搬西方经验（主要指世界自然保护联盟和美国国家公园体制），以及接下来应当如何来建设有中国特色的自然保护地体系。

1. 中西方自然保护地的文化背景存在巨大差异

第一个问题就是中西方自然保护地的文化背景存在巨大差异。

首先，是以中华文明为核心的东亚文化和以罗马希腊为中心的欧洲文化的两大文化的差异，这种差异的本身会带来中西方各个方面的不同，当然也就包括保护地文化特征的差异。

其次，我们现在重点借鉴的 IUCN 保护地管理目标分类，事实上又是以美国的保护地体系为基础的[①]，但以美国为主导的国家公园和自然保护地体系中存在本土文化的断层，这与中国许多保护地中传承几千年的文化根基截然不同。西班牙人进入新大陆对印第安人以及南美洲、中美洲的土著文化进行了销毁，而且，后期美国的体系建立过程中也存在对公园中土著居民的驱逐[②]，导致美洲新大陆的自然保护地中基本没有延续下来的本土文化存在。于是，以北美模式为基准的 IUCN 保护地管理目标分类本身对文化因素的考虑就变得十分有限。然而，中国几乎不存在无居民聚落的保护地[③]，自然保护区、国家公园、风景名胜区中均居住着大量人口。因此，中国的自然保护地与当前成熟的西方保护地体系的文化差异非常大。

另一方面，中国代代传承下来的文化是我们的文化基因，尽管历代王朝多次更替，但文化的基因一直在循环复制，“中国”不是一个纯粹的国家，而是一种文化、

① Kantor I. Ethnic Cleansing and America’s Creation of National Parks[J]. Public Land & Resources Law Review, 2007:41-64.

② 马丁·雅克．当中国统治世界：中国的崛起和西方世界的衰落 [M]. 张莉，刘曲，译．北京：中信出版社，2010.

③ 诗捷．美国保护地体系研究 [D]. 上海：同济大学，2008.

一个文明体①。保护地中的文化景观也是这种基因的体现，许多重要的保护地均有非常丰富、深厚的“文化沉积”②，这些文化沉积及其形成的文化景观具有十分重要的价值。再有，今天大量的保护地特别是国家公园，除了作为野生动植物的栖息地以外，到访最多的生物是人，游客是保护地和国家公园中非常活跃的因素。一些国家公园同时也是自然遗产地，一年可能接待几十万到上百万人，甚至五六百万人。所以，如果忽视保护地中历史上的和今天的人的研究，将很难真正做好保护地和国家公园的建设工作。

此外，中西方的世界观也存在差异，欧美人的价值观倾向于二元分离，而中国人则强调天人合一、人与自然紧密相关。

2. 中国自然保护地文化基因的形成与发展

中国自然保护地多为山地，而山地的文化基因非常独特且不可忽视。

2.1 自然崇拜：中国自然环境之文化基因的孕育

具体地说，例如我们的汉字“崇”，是“崇拜、自然崇拜”，“崇”就来自“山”，源于对山神的敬仰。对其他自然要素，例如天、地、日、月等的原始崇拜在今天也被保留下来，但并不是以主流宗教的形式，而是形成了更大意义上的哲学思想，所以自然崇拜对中国的医学、哲学、政治、经济各种领域都有巨大的社会影响，当然其中也包括对自然保护地的影响。

这也是中国非常独特的地方。从典籍来看，《礼记·祭法》有云：“山林山谷丘陵，能出云，为风雨，见怪物，皆曰神。”也就是说，自然界的一切都是自然崇拜的对象，即使到现在，我国的青藏高原地区也依然如此。为什么藏民转山磕长头？因为这种原始崇拜的精神一直保留了下来。例如云南的香格里拉和丽江玉龙雪山，对当地人来说这些山都是不可侵犯的神圣空间，这是区域层面的山神。此外，我们福建每个村、每个县城都有一座塔，叫风水塔，村口都有土地庙。古语说“闽人好淫祀”，就是说福建人尤其喜欢建各种庙，“淫”是多的意思。也就是说，福建人对地方山神、山水的自然崇拜，是中国汉民族当中保留比较完整的，因为福建之前有许多中原地区有文化、有能力的人才迁入。而且，闽南文化是中国海洋文化最基础的开拓者，还包含了妈祖和西洋文化，这个海洋文化是中国三大文化（以北方草原

① 宋峰，代莹，史艳慧，等 . 国家保护地体系建设：西方标准反思与中国路径探讨 [J]. 自然资源学报，2019,34（09）：1807-1819.

② 吴必虎：中国山地景区文化沉积研究 [D]. 上海：华东师范大学，1996.

为主体的草原文化、以黄河和长江为主体的农耕文明、海洋文化）之一，三者共同驱动中国文化的形成。前面都是区域性的信仰，到我们国家层面，“五岳”则是“国家山神”[①]。

2.2 山地的佛道文化沉积

同样地，系统化的主流宗教，从中国本土的道家到后来中国化的佛教，都把与山林自然的和谐相处作为一种重要的修行、自省或哲学领悟的途径。从道家的十大洞天、三十六小洞天、七十二福地的形成过程，可以发现，在道教形成过程中，人和自然互动非常密切、非常重要。从佛教的角度来看，“天下名山僧占多”，也就是说佛教僧侣在形成其布道体系、自我修为、传播宗教思想的过程中，自然山水与佛教的关系也是密不可分的，比如四大佛教名山的形成。除四大佛教名山以外，还有许多深山的禅寺，研究发现佛教各种文化在中国自然保护地的沉积现象非常明显。

佛教的著名寺庙，都非常集中地分布在山里，通过对各种古代文件或相关文献的统计，发现有 531 个著名的寺庙建于山林，在城市内部的只有 200 多个，相当于在山的佛寺是在城的佛寺的两倍。再比如佛道的诗歌，在山地文化沉积过程中，在南北朝以后特别是隋唐宋以及明清时期更加明显。辽金元由北方游牧民族统治，文化相对比较薄弱。所以山地的文化沉积是一个长期的发展过程。

2.3 古诗词和山水画

以庐山为例，庐山管理局出版了一套《庐山古典诗词》，收录了几万首古代诗词，都是游览庐山以后有感而发的作诗赋词。那么为什么国际学术界有“文化景观”一词，用到庐山来说，就是庐山作为自然保护地的一部分，它的文化有时候比自然保护的重要性更强、更突出。

当我们再把所有的古典诗词当中山地地名出现的频次做出朝代分布图，可以发现，在唐代、宋代和明代，也就是以汉族为主体的这种同质的中原文化的支持更多，原因不言自明。同样地，目前我的一个博士生在推进对山水画的古代游历统计研究中也发现，中国的山水绘画和文学充分体现了中国山地文化沉积的深厚和不可忽视。

---

① 吴必虎．中国山地景区文化沉积研究 [D]. 上海：华东师范大学，1996.

2.4 人与山地的互动

作为山水文化的古典园林也体现了中国自然保护地的文化沉积，例如杭州西湖与古今杭州的城市建设者都密切相关，西湖的建设离不开他们对杭州山水的改造和他们对人和自然和谐关系的深刻领会和再呈现。

人与自然的互动行为同样也是文化沉积的一种体现，我们可以称之为人的游历。人类是如何到山地游历的？游历行为又如何表现？我们发现进山这个行动，也就是“到山里去”，是诗人经常写的。在《全唐诗》中，“入山”出现最多，然后就是“游山”“出山”“山行”“寻山”“登山”“咏山”“思山”“看山”“下山”等动作，与山互动的环境和记录非常丰富。

所以，现在我也非常反对一刀切，说自然保护地内不能建任何房子，搞环保督查，拆掉很多农家乐或是一些旅游设施，这是非常错误的做法。当然违章建筑要拆，但为什么拆掉的属于“违章”，或许“章”本身有问题。现在我们很多法律存在一定问题，所以很多合理的事情都要“违法”才能实现。如果完全守法，我们的发展可能会倒退很多年。而我们中国古代人在山里建设的就有山居、山寺、山斋、山舍、山庄、山院、山馆等，山里有各种建筑，中国古代人自然而然地与山地融为一体。关键并不是不能建，而是由谁来建。一个没有文化的人建就会很丑，一个考上进士的人当厦门市市长，建了不一定丑也不一定好看。但是，为什么鼓浪屿是世界文化遗产、风景名胜区？因为华侨有钱同时也有文化，建的建筑就好看。如果是由特别有钱但没有文化的人建，可能房子就会很难看。

再者我们可以从《全唐诗》的山地出现频率发现，山的区域性也很强，例如蜀山、巴山、巴峡、吴山、越山、岭南、湘山、闽山，每个地方都有自己的区域性文化特点。

因此，通过上述的分析我们有这些结论：第一，中国的自然保护地是有文化的；第二，文化之间有很大差别；第三，山地中的建筑景观及自然与人类的互动非常丰富。

3. 中国自然保护地应保护和传承文化基因

接下来，我们反过来看看现在的自然保护地是如何开展研究的，哪些人在研究，哪些人有发言权来决定自然保护地的保护方法、保护动作以及立法和管理行为，当前保护地建设存在什么问题。

看我们举的例子，几乎所有的自然保护地当中都有文化基因的表达：泰山是双遗产，从秦朝李斯开始就留下了小篆碑文，五岳的每座山都历史悠久，不再举例；西湖、泰山、华山、嵩山、黄山、大理、漓江、太湖、衡山等许多首批风景名胜区在中华经典古籍库中“集部”均可以检索到超过 2000 条记录和歌颂它们的诗词；再比如各种书院都建在今天的保护地里，因为自然环境良好的地方远离世俗世界，更利于静心和思辨。

根据政府文件（《关于建立以国家公园为主体的自然保护地体系的指导意见》《建立国家公园体制总体方案》），国家公园作为自然保护地主体，需要“具有国家代表性”“代表国家形象”“彰显中华文明”，这个是我们国家的顶层设计，它充分说明了自然保护地有代表国家形象、中华文明的要求。然而，在自然保护地的会议上发言的，却要么是研究草原、林木、防止病虫害的，要么是研究石头的（地质），要么是生物学科研究野生动物的，很少有旅游专家参与讨论。因为他们说旅游是搞破坏的，不敢开展旅游。所以我现在每次在自然保护地的相关会议上，都讲国家公园“游憩”研究，因为“游憩”是即使西方框架中研究自然保护地和国家公园问题也必须考虑的，像美国国家公园的管理政策就是两点，一个是自然保护（Resource Protection），另一个就是游憩机会提供（Visitor Experience）。游憩机会供给就是说国家所有自然保护地都需要向国民提供游憩机会，因为保护地是国家所有的公共资产。但其实游憩就是旅游，只是游憩更侧重于公共产品概念，老百姓不用花钱就能进去，这样一来可能使得保护地比“旅游”需要花门票时进去时候的人更多。

如果这个时候不研究文化、不研究自然保护地的文化要素，怎么能建设真正的中国特色自然保护地呢？所以我们的建议是要借鉴日本、韩国和中国台湾地区的一些经验，当然他们可能内部部门之间也有一些冲突，但应该说东亚地区的自然保护地都有深厚的文化基因存在。基于此，当前自然保护地建设智库应该补充文旅专家，增加中国哲学、历史、地理、宗教、文学等学科专家进入，与自然保护研究专家（例如动物、地质、林草等方面的研究学者）一同组织起来，推动保护地的学科体系和研究队伍建设、立法和管理等过程，让中国自然保护地真正具有中国文化的特色。

所以，我们的结论是，中西方自然保护地文化上存在的巨大差异，主要体现在我们的保护地有丰富的文化内涵而他们许多国家当前的保护地中并没有。也正是如此，我们保护地内自古以来形成的文化沉积，在自然保护地的管理和实践当中，要充分地呈现给国民、国际访客，如何呈现？很显然，文旅专家比研究动物、研究石头、研究林草的人更理解，所以中国自然保护地体系应该注重和活化保护地中的各种传统文化基因。谢谢大家。

社会科学视野下的文旅融合

李红岩[①]

1. 文旅融合是增强文化自信的重要途径

文化自信是一个国家、一个民族乃至一个区域最深沉、最具有基础性作用的自信。因此，文化资产对于一个国家、民族或区域来说，具有决定性的作用与意义。文化创造在长久的历史进程中积累与积淀为资产，并且演进出自身不可替代的结构与形态，为人类进步做出自己独特的贡献，那就是文明。一般来说，一个从未消亡或中断的文明单元，都会具有深沉的文化自信，并且与语言、习俗、信仰以及生活方式等结合在一起，成为全球多元文化体系中的重要一极。当我们阅读汤因比《历史研究》一类著作之后，对此当有比较透彻的体悟。

一般来说，文化资产具有物化形态与精神形态两种形式。物化形态集中体现在建筑与器具上，精神形态集中体现在思想与信仰上。但是，这二者其实是不可分割的。物化形态必然是精神形态的外化，精神形态则一定是物化形态的内敛。二者是相互涵化的关系。不过，物化的文化形态在显露文化的精神蕴含与气质的时候，往往不是表现为简单的一一对应或直观反映的关系，而是充满了隐喻、象征或暗示。换言之，物化形态往往蕴含着精神形态的文化暗码系统。这一点，对于后人来说如此，对于当时的人来说也是如此，只是程度不同而已。

以埃及的金字塔或中国的长城来说，它们无疑是两种不同的物化文化形态，代表着两种不同的精神文化系统。人们所看到的庞大宏伟的建筑物背后，所隐含的是两大民族的文化暗码系统。对于这些建筑物的建筑者来说，不是每个人都明白它的全部意义。对于后来的参观者来说，当然更是如此。但是，建筑物的文化意义，却以隐喻的形式存在着、释放着，并且向后人传达着。人们要领悟它，就需要一个中间人的阐释。

由此可知，所谓文化的物化形态与精神形态划分，只具有逻辑分析的意义，并

① 李红岩：中国社会科学院大学教授、《中国社会科学》副总编辑。

不能在实际中分割。人们所看到的，必然首先是，也只能是文化的物化形态。这个物化的形态由于具有文化的价值与意义，所以才成为旅游参观的对象。换言之，“文旅融合”的基础，就在于对象原本具有文化的品质与属性。参观一个文化的物质形态，就是领略、参悟乃至学习一个文化的精神内涵。所以，文旅融合是增加文化自信不可替代的重要途径。

文化资产的物化形态，其内容无疑是极其丰富的。前面，我们讲到建筑与器具是它的集中体现。建筑与器具都是人类理性创造的文化产品。其实，作为人类生存环境的区域性的天地自然，也属于文化的物化形态。俗话说，一方山水养一方人。这就点出了人与自然的文化关系。这样的自然，只有在人的眼光中，才具有文化的意义，也才能够发掘出文化的意义。所以，自然界发展出了它的最高产物——人和人的意识，但自然界的文化意涵却需要人去诉说。马克思说：“在人类历史中即在人类社会的形成过程中生成的自然界，是人的现实的自然界。”（见人民出版社 2009 年出版的《马克思恩格斯文集》第 1 卷第 193 页）可见，对大自然的审美考察，并不能排除在“文旅融合”之外。人们去观赏一处自然风景，同样属于文旅融合的范畴。

不过，物化文化资产的核心部分，毕竟还是在建筑与器具上面。建筑与器具的主体部分，又集中体现在各种历史遗存上面。兵马俑、故宫等，就是这样的历史遗存。由于历史遗存具有唯一性、不可再生性的特点，但它所负载的文化信息与文化密码又是现实的，依然存活于人们的观念乃至现实生活中，所以，对于增强文化自信来说，文旅融合也就具有了不可代替的唯一性。

在《文化部 国家旅游局关于促进文化与旅游结合发展的指导意见》（2009）中，曾提出文化与旅游结合发展的三大问题，即合作领域不宽广、合作机制不顺畅、政策扶持不到位。这三大问题，固然有管理协调等层面的具体操作问题，但核心还是没有将文旅融合与增强文化自信结合起来，没有看到文旅融合对于增强文化自信的作用，没有充分认识到文旅融合在文化建设中具有不可替代的地位与作用。

在一般人的观念中，文旅融合依然是一个产业发展而非文化建设的问题。这些人只看到了旅游对象的物化形态，而没有看到它的文化形态；或者，虽然看到了它的文化负载，却仅仅专注于它的文化物质负载，没有过多地去思考它的文化精神负载。专注于“物”而轻忽“文”的结果，就是专注于“旅”而轻忽“文”，因而文与旅二者畸轻畸重，而非有机结合。即使这个领域的研究者，也更多的是从产业的立场去研究它，而不是从文化的立场去研究它。对于研究文化的学者来说，文旅融合又往往不在他们的视野或圈子之内，对于旅游产业的发展状况很隔膜、生疏。这就造成了文旅融合首先在文化研究领域的缺位。因此，要搞好文旅融合，就需要搞好旅游研究与文化研究的融合。

对此，要从习近平总书记关于文化建设的重要论述出发来深化认识。习近平总书记指出，我们要坚定中国特色社会主义道路自信、理论自信、制度自信，说到底是要坚持文化自信。他说，文化自信，是更基础、更广泛、更深厚的自信，是更基本、更深沉、更持久的力量。他还指出，中国特色社会主义文化，源自中华民族五千多年文明历史所孕育的中华优秀传统文化。文化是一个国家、一个民族的灵魂。文化是精神命脉。坚定文化自信，是事关国运兴衰、事关文化安全、事关民族精神独立性的大问题。

我们要把文旅融合做得好，就必须将习近平总书记关于文化建设的重要论述与文旅融合的实际结合起来，这样才能够为我们从实践与学术的双重角度从事文旅融合建设打开广阔的空间。

2. 社会科学应该介入文旅融合研究

文旅融合既是新型文化业态，也是新型经济业态。所谓“新型”，是针对传统社会而言的。在传统中国，大部分人的活动范围，集中于方圆十公里之内。因此，作为业态的旅游业，对于广大劳动人民来说，是不存在的。但是近代以后的社会就不同了。马克思和恩格斯在《共产党宣言》中说，资产阶级由于开拓了世界市场，使一切国家的生产和消费都成为世界性的了，“过去那种地方的和民族的自给自足和闭关自守状态，被各民族的各方面的互相往来和各方面的互相依赖所代替了。物质的生产是如此，精神的生产也是如此。各民族的精神产品成了公共的财产。民族的片面性和局限性日益成为不可能，于是由许多种民族的和地方的文学形成了一种世界的文学”（见人民出版社 2012 年出版的《马克思恩格斯选集》第 1 卷第 404 页）。这是旅游业在世界范围内兴起发展的前提。所谓“越是民族的就越是世界的”，也只有在这种前提背景下才能成立。从我国的情况看，改革开放以后，旅游业以前所未有的速度飞快发展，但是对于旅游业文化意义的认识，却是逐步加深的。

党的十九大报告明确提出要全面推动文化事业和产业共同繁荣。要完善公共文化服务体系，推动公共文化服务建设标准化均等化，提高基本公共文化服务的覆盖面和适用性；要健全现代文化产业体系和市场体系，创新生产经营机制，完善文化经济政策，培育新型文化业态。这些论述，对于文旅融合来说，都是充满智慧的思想。《2018 年全国旅游工作报告》中，已经对于旅游工作的文化价值与意义具有高度的理性自觉。报告指出："每年近 50 亿人次的旅游市场，成为传承中华文化、弘扬社会主义核心价值观、提升国民素质、促进社会进步的重要渠道。"这段话，我们认为是极其重要的，很有必要予以更详细的理论阐述。

报告中还提出，旅游业存在着十个不相适应的突出问题。其中第 9 个问题是，"旅游理论研究与快速发展的旅游产业实践不相适应"。

我们认为，所谓旅游理论研究的滞后，主要是旅游文化理论研究的滞后。因此，很需要从社会科学、文化科学的视野去研究旅游业，特别是要把文旅融合的文化内涵发掘出来。

怎样加大文化挖掘力度？这是一个重要的社科课题。其基本主题，就在于论述清楚文化业态与经济业态的关系、文化事业与文化产业的关系、公共文化与市场体系的关系、文化传播与经济效益的关系，等等。总之，应该突破文旅融合属于产业经营而不属于文化建设的思想藩篱，不仅将文旅融合纳入经济产业范畴来予以统筹规划，还应将其纳入文化事业发展范畴来予以统筹规划。

从目前我国在文旅融合的实践来看，成绩无疑是巨大的，效果与效益都非常好。政府层面有一系列举措，系统性非常强，总体规划很完整。特别是组建文化和旅游部，将二者放在一起，其意义应该不限于机构的统合，而且具有重要的思想意涵。应该说，全国各地大力发展旅游业，都极其重视本地传统资源与文化价值的发掘与弘扬，都力图以本地独有的文化形态来吸引旅游者。特别是在历史文化遗存与自然风光观赏体验层面，旅游者的舒适感不断增强，管理者的人性化管理水平、全方位的服务水平，都极大地提升。相形之下，理论研究则严重滞后于实践的发展。特别是观念研究，没有将旅游业上升到文化哲学的层面来予以论述。即使有所涉及，其道理论述也不深刻。从国内来讲，许多优秀旅游资源的传播力还不够强。从世界范围来讲，我们还不太擅长"文旅言讲"。所谓"文旅言讲"，其实就是充分地讲出"旅"之"文"，也就是把我国丰富的优质旅游资源，以世界听得懂、理解得透的语言，清晰地阐述其中的文化意涵。

因此，很有必要以社会科学的视角来深入看待文旅融合。社会科学的视角应该是多学科介入的视角。历史学的视角可以与地方志研究相结合，研究某个历史文化遗存的史实与演变过程，突出揭示历史文化名人，奠定文化的真实性基础。文学的视角可以与神话研究相结合，梳理当地的语言、寓言、传说、诗词、游记等，奠定文化的美学基础。哲学的视角可以与民族观念研究相结合，讲明本地特有的观念与信仰，奠定文化的精神基础。社会学的视角可以与习俗、族群研究相结合，讲清本地特有的生活方式、人群结构、民风传承、社会生活内容等，奠定文化的民众基础。政治学的视角可以与传统治理研究相结合，讲明白当地的国家治理与社会自身治理的关系，讲清楚本地的传统治理结构与方式，奠定文化的合法性基础。经济学的视角可以与区域产业研究、突发事件影响研究相结合，讲清楚本地的传统业态、产业结构、独特产品，突发事件对于旅游业的严重影响，等等，奠定文化的生产力基础。法学的视角可以与传统的禁忌研究、民间法研究以及旅游的法律治理保障机制研究相结合，讲清楚本地特有的规矩和忌讳、旅游业遭受损失后的法律支持等，奠定文化的法律基础。上述这些，应该也是相互交叉和结合的。

应该说，文旅融合的研究领域是极其广泛的，它涉及人文社会科学的所有方面。因此，人文社会科学在这个领域是大有作为的。特别是随着旅游业态的扩大和延展，一些新的议题研究也就具有前沿性。例如关于旅游业的脆弱性、应变性研究，在突发性的战争、地震、海啸、瘟疫等来袭的时候，其紧迫性立即就显露出来了。目前来看，我国旅游业的管理学研究是最为发达的研究领域，推出了许多非常细腻的优秀成果，但整体看，人文社会科学的介入还严重不足。

3. 从阐释学的视角研究文旅融合

阐释学是一门非常古老的学问。它伴随着人类最初的知识活动、认识活动而产生。不过，与古代的阐释学不同，当代的哲学阐释学不仅认为理解是人的行为方式，而且是人的存在方式。也就是说，人是存在于理解当中的。将这个道理运用到文旅融合上，我们就可以说，旅游不仅是旅游者通过旅游去理解某种文化，而且只有在理解了某种文化的意义上，他才成其为一位旅游者。对某种文化的理解，既是旅游者的行为方式，也是旅游者的存在方式。

马克思说："被理解了的世界本身才是现实的世界。"（见人民出版社 2009 年出版的《马克思恩格斯文集》第 8 卷第 25 页）这句话对于旅游者来说，同样是适用的。也就是说，他只有理解了旅游的对象，那个对象对他来说才成为现实的对象。不然的话，像许多旅游者那样，仅仅是拍摄一大堆照片，对于拍照对象并没有理解，那么，那个对象对他来说，还不是现实的对象。

所谓理解，归根到底，是理解旅游对象所负载的文化。四十多年来，随着我国的全球影响力越来越大，适应以中国经验说明中国理论、以中国理论阐释中国经验的需要，我国的阐释学研究越来越丰富。近五年来，我国学者先后提出了公共阐释论、阐释逻辑论、阐释的正态分布特征理论、阐释的心理学基础理论，等等，极大地推进了阐释学的发展。不过，目前还没有学者从阐释学的视角去研究文旅融合。其实，从阐释学的视角看，所谓文旅融合，无非就是促使旅游者通过"旅"去理解"文"。这一理解的过程，也就是"化"的过程。因此，对于文旅融合领域旅游者

“理解”的全过程，都需要进行仔细深入的分析。

从旅游对象来说，很显然，任何一个旅游对象，都具有双重属性。第一，它首先是文化的外在物化载体；第二，它由此而成为旅游者最直接的直观触媒，也就是旅游者启动理解程序进而进入阐释程序的第一推动力。没有旅游对象，就没有旅游者，也就没有旅游者的理解活动。从旅游主体来说，旅游者进入旅游活动之前，就已经具有了旅游的“前见”，也就是对于旅游目的地与对象的期待与预设。旅游的过程，就是契合或修正这种前见的过程。之所以契合或修正，取决于旅游者与旅游对象在文化层面的“对话”，也就是“视域融合”。所以，任何一个旅游主体，都必然是旅游对象所负载的文化的阐释者。他们的阐释之所以不同，取决于他们“理解”的不同。在阐释活动当中，他们成为旅游对象所负载的文化的传播者。在传播活动中，他们或许会说好话，或许会讲坏话。这又不仅取决于他们对于特定文化的理解，还取决于他们基于自身文化立场所遭遇的现场体验。

所以，怎样促使旅游者在文化阐释与传播上依照旅游经营者的期待去进行，是文旅融合研究的一个中心议题。这就需要充分地去研究旅游者阐释活动的特点。首先，必须明白，旅游者对于旅游对象的理解和阐释，就是对于它所负载的文化的理解和阐释。一个民族的文化自信是否立得住，与这种旅游者的理解和阐释是分不开的。其次，旅游者对于特定文化的理解和阐释，只是一种个人性的私人阐释，还不具备公共性。这种个人性的私人阐释，又是以预先存在的对这种特定文化的公共阐释为前提的。比如，一个外国人到北京来参观故宫。他之所以做出这一行为，最大的可能，是他从公共信息那里预先得知了故宫。而他参观故宫之后，又得出了自己的结论——或者与先前的公共信息吻合，或者有所出入，总之，是一个属于个人的私人结论，也就是私人阐释。再次，这些私人阐释又回到公共阐释当中去，汇聚起来，或者巩固、加重原有的公共阐释，或者形成新的公共阐释。这样一来，无数私人阐释所汇聚成的公共阐释，也就成了文化传播与交流的理性平台。

这里，同样蕴含着恩格斯所论述的历史合力的思想。私人阐释是一种不具备公共性的非决定性因素，但也起一定作用。这些作用就在于，“最终的结果总是从许多单个的意志的相互冲突中产生出来的，而其中每一个意志，又是由于许多特殊的生活条件，才成为它所成为的那样。这样就有无数互相交错的力量，有无数个力的平行四边形，由此就产生出一个合力，即历史结果，而这个结果又可以看作一个作为整体的、不自觉地和不自主地起着作用的力量的产物。”（见人民出版社 2012 年出版的《马克思恩格斯选集》第 4 卷第 604 页）这就是说，许多单个的私人阐释都参与、汇聚到了公共阐释当中。每个私人阐释“都对合力有所贡献，因而是包括在这个合力里面的”。最后所形成的公共阐释，则像“自然过程一样”，成为共识与公论。

可见，从阐释的视角加强旅游者的观念研究、理解研究、文化传播规律研究，对于树立民族文化自信，确实不可或缺。它应该是文旅融合研究的一项重要内容。

旅游者怎样理解、接受、记忆、言说、阐释、传播旅游对象，是文旅观念学、文旅阐释学的重要内容。旅游是一种公共行为，旅游者的私人阐释最终汇入公共阐释，影响着公共阐释的生成与性状。怎样使得旅游者的阐释保持在理性阐释的可公度性范围之内，使得理性阐释通过人类共通性认知的逻辑呈现出来，使得旅游对象所负载的文化得到澄明性阐释，置入世界公共文化的认知领域，为全球所理解和欢迎，这是值得深入探讨的课题。我国的旅游资源是民族的宝贵文化资产，但对它的阐释应该是可以全球公度的，即阐释与对象、对象与接受、接受与接受之间，是可共通的。我们的文旅融合研究，应该具有建构性阐释的特点，也就是应该足以对公众理解及视域展开修正、统合与引申，超越私人阐释，反思私人阐释，在阐释过程中确证自己，产生出既有民族自主性又富于世界有效性的优秀成果。这种文旅观念学、文旅阐释学研究，对于提升文旅融合的思想高度，对于我国的文化建设和旅游业，都是很重要的。

旅游：旅游产业融合和跨界合作的理想选择

张广瑞 ①

1. “美食旅游”“烹饪旅游”向“食品旅游”的变迁：大众旅游发展的必然趋势

在人类旅游发展的过程中，旅行、住宿和餐饮一直是不可或缺的要素，这三个要素相辅相成、难以割舍。在世界旅游的发展过程中，的确围绕“吃”做了不少文章，有很多成功的案例。对人来说，“吃”原本是维持生命的必要需求，但随着科学技术的不断进步和社会经济的不断发展，出现了一些社会阶层，他们把吃饭饮酒变成了一种特殊享乐，这不仅体现在日常生活之中，也出现在外出旅行活动中。以至于，在后来的旅游发展中出现了被称作“美食旅游”的特殊需求，这可以追溯到几个世纪之前。从现代旅游发展角度来探讨，“美食旅游”兴于欧洲，是一种特殊旅游活动，参与这一活动的人不是一般游客，是那些上流社会具有闲情逸致之人，或因权力大和地位高，或因钱财之殷实，使他们不仅有饱尝“美食”的欲望，更有享受“美食”的经济能力，以吃为乐，自诩为“美食家”，当然，其中也有一些人具有高超的烹饪技艺，他们游历他乡，主要不是游山玩水，而是徜徉于各地名店，品尝美酒佳肴。他们会以一种专家的身份，在品尝、享用中切磋技艺，获得特殊的体验和满足。因此，这种旅游活动也被称为“美食家旅游”。在很长历史时期，这显然是贵族旅游，张扬的是高贵身份和做派，这只是一个“小众旅游”。因此，这样的游客人数不多，但游历的地域特殊，消费需求更与众不同。这类“为食而游”的“美食旅游”活动早在19世纪后期便开始兴旺，因此，这一特殊旅游市场非常受世界各地豪华旅馆和餐馆的青睐，从而，名厨、名菜和名餐厅成为高档旅馆的标配，同期在英文中出现了突出不同特色的美食旅游词语，诸如Gourmet Tourism、Gastronomy tourism和Culinary Tourism等。以美酒和大餐驰名的法国一直是世界闻名的美食旅游地，名人、明星、富豪和商贾趋之若鹜。

---

① 张广瑞：中国社会科学院研究员，旅游研究中心名誉主任。

人类进入 20 世纪中期之后，不同地域的国家或地区相继进入大众旅游时代，旅游的需求和产品不断发生变化，原来作为“小众旅游”的“美食旅游”群体逐渐扩大，很多旅游目的地开始以“美食旅游”的品牌招揽顾客，以当地特色餐饮作为吸引物，游客经常把这些活动作为外出旅游的重要内容，他们并非完全以专家的身份去品尝或者鉴别，而更是享受和体验。其中也有一些对烹饪技艺感兴趣的人，利用这些活动学习烹饪技艺，从而使原来的“美食家旅游”变成了一种追求体验的文化旅游，被列入创意旅游的范围。

进入新世纪之后，大众旅游时代成为全球旅游的突出特征，越来越多的普通旅游者对旅游目的地的美食更加感兴趣，美食、美味和美景融合在一起，构成著名旅游目的地的形象和品牌，人们对在旅游和度假过程中的食品体验更加关注。在新的时期，尽管人们还会沿用“美食旅游”这样的语汇，但活动的内容与游客的需求发生了很大变化，更突出以休闲或娱乐为目的的体验式美食旅游，而“美食旅游”不再只是以餐饮活动本身为核心，延伸到食材、食料、食品生产和加工过程、美食节、食品交易、烹饪表演、厨艺比赛与培训以及乡村和农业等与食品有关的活动与环境，彰显了文化旅游的特征，大大突破了最初“美食旅游”的含义，于是在 21 世纪之初很多地方开始采用“食品旅游”（Food Tourism/Food Travel）来取代传统的“美食家旅游”。这是一次历史性的变化，成为大众旅游时代的重要特征之一，反映出大众旅游发展的必然趋势。

2. 新时代“食品旅游”发展昭示的旅游发展新理念

从当前世界各国开展食品旅游的决策和实践来看，这个新的旅游产品揭示了政府促进旅游发展的新理念，其中至少有三个方面：

其一，作为政府政策指向而言，越来越多国家的旅游业发展终极目标，不再简单地追求经济贡献，尤其不是只追求旅游相关行业或企业自身的经济收益，而是促进地方社区和区域的全面发展。

其二，旅游业作为一个为旅游者服务的行业综合体，其发展方式必须遵循多业融合和跨界合作的道路，旅游和文化的融合是非常重要的，但不是唯一的；文化是实实在在的生活，而不都是高大上的“诗与远方”。旅游发展必须重视跨业合作，这种跨业合作有着广泛的选择，眼界应当放得更宽、更广。

其三，旅游业和其他产业一样，可持续发展的原则必须要坚持始终，将人类的福祉和健康放到最重要的地位。

3. “食品旅游”兴起：私营部门倡导，公营部门重视，全球范围的认可

在世界旅游发展过程中，把餐饮作为旅游吸引力的做法源远流长，但首先重视这一资源的并非是政府旅游部门，而是关注旅游市场需求的企业家，尤其是私营企业家，他们在经营实践对之不断地探索和强化。私营部门的努力发挥了重要的作用，产生了重要的影响。在全球范围内最早积极提倡并大力推介食品旅游的是一家在美国注册的非营利民间机构。这个机构创建于2001年，最初的机构名称是“国际美食旅游协会”（International Culinary Tourism Association），创始人是埃里克·沃尔夫（Erik Wolf）。2012年该机构更名为“世界食品旅游协会”（World Food Travel Association），在长达十多年的漫长发展过程中，不断修正“食品旅游”概念的定义。最初（2001）确定的“美食旅游”（Culinary Travel）定义是“追求和享受独特而难忘的食品和饮料的体验，无论是在近处还是远处”，所强调的是旅游过程中“吃喝”的体验，而这些体验不分远近，既包括跨越边境在异国他乡的旅游，也包括在自己国家、城市和区域内的旅行。2012年该机构正式放弃了“美食旅游”的概念，改为“食品旅游”，涵盖的范围更加广泛，扩展到酒水等与食品相关的领域，在旅行和旅游过程中获得的所有与食品相关的全方位体验，从街头食品车和小摊贩，到纯粹属于当地人的酒吧，无论是令人心动的酿酒厂或酒庄，还是独一无二的特色餐厅或私家菜馆，人人都可以在食品旅游中找到适合自己的东西。2018年该机构再次修改定义，最终确定为“食品旅游是为追求地方的味道、以获得当地感觉而旅游的行为”。很显然，这是个地地道道的大众旅游概念，彻底取消了原来“美食旅游”的贵族化、精英化的痕迹，甚至消除了最初那个英国词语的特定含义，用“食品”（Food）取代了“美食”（Culinary/Gastronomy），去小众化，扬大众化，与时代发展特征相吻合。这个组织为大众“食品旅游”的发展做出了突出的贡献。当然，还有很多不同国家和地区的类似机构，为推动大众食品领域在做积极的努力。

从全球的角度来观察，到现在，食品旅游早已经不再是探讨概念的阶段，越来越多的国家和地区开始行动起来，将其确定为国家和区域的旅游发展战略，企业家们也发挥着自己的优势，抢先占领高地，教育界发挥其知识与人才的优势，和政府、企业与旅游业合作，以体验经济、文化产业、地区发展等多种目标促进食品旅游，并取得了社会共识与实效。

在世界食品旅游发展过程中，欧洲在不同的历史时期均处于领先地位。法国、俄罗斯、希腊、西班牙、葡萄牙、意大利、瑞士等国家都已取得了骄人的成绩和创

新。早在 20 世纪 80 年代，西班牙打出了“品尝西班牙”（Tasting Spain）口号，以这种理念，通过厨师、食品、葡萄酒和不同区域文化特色来展现西班牙丰富多彩的文化、历史和传统，并将这一倡议正式列入吸引世界旅游者的国家旅游规划；葡萄牙将“食品与酒旅游”确定为国家旅游发展战略的重要内容；希腊旅游企业协会（Association of Greek Tourism Enterprises）2009 年通过认真调查，确定将食品旅游列入提高国家旅游竞争力产品战略组合之中。这场新热潮早已遍布全世界，拉美国家的巴西，中亚地区的乌兹别克斯坦、哈萨克斯坦、阿塞拜疆和格鲁吉亚以及北非的埃及都在大力开展食品旅游。亚太地区国家在食品旅游方面做得有声有色，各显其能。马来西亚的多民族食品，尤其是清真（穆斯林）食品、新加坡的传统街头小摊贩以及印度、泰国和越南等国的独特美食品牌等都在本国旅游发展中彰显了优势。澳大利亚早在 2001 年举办了首届世界酒旅游（Wine Tourism）大会，新西兰提出了“品尝新西兰之路”的营销口号和旅游线路。而且，这些国家都毫无例外地把食品旅游当作本国最重要的文化旅游去发展，都把食品旅游当作品牌旅游产品去开发和营销。最值得称道的是我们的邻居韩国和日本。早在 2009 年，韩国通过了《政府资助韩食基金会法案》（*Government-funded Hansik Foundation Act*），并成立了由 36 名来自政府部门、学术机构、食品业领导人代表组成的韩食国际化发展机构（Hansik Globalization Development Agency），其中包括国家食品农业林业和渔业部、外交和外贸部、文化体育观光部、知识与经济部以及各地方政府，制定了“韩食国际化项目”，成为继“韩流”之后的又一个国家发展项目。日本 2006 年正式通过《促进旅游立国基本法》后，国土交通省把食品旅游作为“最大限度提高旅游资源的吸引力，使旅游业成为区域振兴的基础”的重要内容，把旅游发展重心从单纯旅游企业的经济收益转向可持续的区域发展，使食品旅游作为促进农业与乡村发展的重要工具，旨在建设更多的“宜居、宜游”的社区。当年，日本农林水产省专门设定了吸引海内外旅游者的“品尝日本方案”（Savor Japan Program），经过对日本全国 28 个县 44 个区域申请的筛选最后正式认定了 5 个专门区域实施这个方案。

非常值得提出的是，世界各国支持和促进食品旅游的发展，采取了不同政策和推进战略，但其中形成三个非常突出的共识，其一是以促进大众旅游为目标，以期吸引更多的外地人和外国人参与旅游活动，也涵盖了当地人；其二是将食品旅游定位于重要的文化旅游，通过体验了解文化；其三是发展食品旅游的重要目的是促进地方社会整体发展。

食品旅游的发展受到了联合国世界旅游组织（UNWTO）和教科文组织（UNESCO）的重视，并且它们依据自身的功能给予食品旅游积极的支持。

作为联合国专门负责旅游的部门，世界旅游组织非常重视和支持食品旅游发展的新倡议，2012 年与附属会员机构通力合作发布了《全球食品旅游报告》（*Global Report on Food Tourism*），2019 年又与日本观光振兴会合作编写了《食品旅游：日本案例》（*Gastronomy Tourism — The Case of Japan*）的专题报告。世界旅游组织前秘书长塔勒布·瑞法（Taleb Rifai）在首份报告的前言中强调，"美食已经成为旅游体验的核心"，现任秘书长祖拉布·波罗利卡西维利（Zurab Pololikashvili）在第二份报告的前言中表示，"美食旅游为弘扬地方文化、丰富旅游需求、提升价值链、创造就业机会、扩大旅游效益提供了巨大机遇"。2015 年 4 月 27—29 日，世界旅游组织在西班牙举办了首次全球食品旅游大会和全球食品旅游论坛。论坛认为，"食品是所有文化的基本元素，是国际非物质文化遗产的重要组成部分，对旅游者来说有着日益增强的吸引力，但是，在很多旅游目的地还远远未被开发利用。食品和旅游业之间的联系为文化传播、当地经济发展、可持续发展实践和食品体验提供了一个平台，这有助于提高品牌和目的地的声誉，并促进当地的传统和多样性，有利于真实性保持和回报"。

联合国教科文组织一直把食品菜肴作为世界非物质文化遗产的重要组成部分，到 2018 年底，全世界已有包括法国大餐、意大利比萨、朝鲜和韩国泡菜、地中海风味餐、日本和食、克罗地亚姜饼和阿拉伯咖啡、比利时啤酒、格鲁吉亚酿酒等在内的十多项与食品和饮品相关的产品和技艺列入世界非物质文化遗产保护名单（遗憾的是，这个名单至今没有任何"中餐"进入），毫无疑问，这些也已成为当地食品旅游的重要目的地品牌；2004 年，联合国教科文组织又创建了创意城市网络（UCCN），致力于促进将创意视为可持续发展战略因素的城市之间的合作，这个创意城市网络涉及七个创意领域，分别是手工艺与民间艺术、媒体艺术、电影、设计、美食、文学和音乐，将"美食城市"作为单独的创意城市类别，把促进食品与菜肴文化列入各国城市发展特色去保护和发展，到 2018 年，已被批准的美食创意城市共有 26 个，占 180 个创意城市的 14%，中国的成都、顺德和澳门榜首有名。很显然，这一创意城市网络的建立，一方面加强了对这些独特非物质文化遗产的弘扬和保护，同时也提高了这些城市的知名度，促进了当地旅游和社会经济的发展。

4. 促进食品旅游发展的理由与意义

4.1 "民以食为天"是普世真理，大众旅游具有最大的市场潜力

在中国大众语言中，有个"民以食为天"的说法。因为"食"是人生存的必

要条件，对一般正常人来讲，天是最大的，没有超过天大的范围。民，指的是所有人，因为皇上老子也是由民而起，只有神除外，但是，是否有神，那是个人信仰问题；“民”即“人”，所有的人，无论是居家，还是在外，都是民。民以食为天，在家的居民和在外的游客，都是如此。从某种意义上说，作为旅游者，“食”比住更重要，因此，食品旅游有着巨大的市场。据世界食品旅游协会十多年的跟踪研究证明，食品消费占游客外出旅游总消费的25%，目的地的消费水平越高，食品消费的比重越大。

4.2 食品旅游与多业相关，更具有跨界合作、多业融合的可能性和必要性

食品囊括的内容非常多，最重要的是食和饮，从源头来说，它会涉及农业、牧业、渔业、林业等；从加工的角度说，它涉及原料加工、深度加工（酿造）业、制造业、仓储和新科技行业等；从服务的角度，又会涉及信息传递、多种配送、清洁卫生等环节；另外还与商业、贸易等流通产业相关，而且还会涉及节庆活动、艺术和手工艺等文化类的服务。尤其值得提及的是，它和原料产地的农业和农村关联度大，产业合作的范围广，影响深远。因此说，食品旅游会跨越第一产业、第二产业和第三产业，或者说，需要这三个产业的融合与合作。

4.3 食品是最重要的文化载体，食与食品与大众旅游有着非常密切的关系

——食是一种鲜活的生活方式，是多元民俗文化的展示，更是一种情感文化，与普通公众的日常生活最贴近。

——食品与饮食有着久远的文化传承，既有文字记载，又有记忆与代际传承，不少是历史文化遗产，特别是非物质文化遗产。

——食品与饮食体现在特定的民族文化和宗教文化之中，受到人类的敬畏，反映了不同地域和种族之间的不同信仰与处世哲学，无论是吃还是不吃（如穆斯林斋戒和中国的寒食传统）都有一些说法，往往成为恒久的文化传承。而且，烹饪教育、食品科学研究等也发挥了积极作用。

——食品与饮食是人类节庆文化的根基和主要内容，节庆活动的庆祝意义经常反映为不同社会群体食品的选择和饮食方式，大到全民族的节庆活动，小到普通家庭和个人的婚丧嫁娶、增口添丁、乔迁和升迁等，其仪式感更加强烈，自我享受更加实际，而大多都与存在历史最长的农耕文化相关，世代相传。

——在特定时间和环境中，餐饮活动最能体现人与人之间的“关系文化”，特别是筵宴、饮酒以及祝词中表述，智慧、情感均在其中。人们在旅游过程中通过餐饮活动，与更多的人相互交流，彼此去了解，去理解，去尊重。

——食品与饮食的魅力不仅体现在“味道”上，还体现在审美中，“秀色可餐”更是不同民族文化与精神的表现，在实际的餐饮体会过程中，人们经常用“品”来描述，因此，食品与菜肴对于旅游目的地来说也经常被认为是衡量度假体验质量水准最重要的因素。

——也许最为重要的是，食品还体现在人们珍惜生命和敬畏生命的文化之中，因为这是人类生存的根本，是人与自然协调、天人合一的真谛，是人类渴望可持续发展最为重要的选择。对一般人来说，康体、健身，全面健康（Wellness）或养生、长寿是最朴素的追求，是跨越宗教信仰的哲学。

所有这一切，不仅体现在日常的生活方式中，更体现在外出旅游的活动中，因此，食品旅游成为消费者最殷切的需求，和服务提供者的竞争力具有高度契合性，使不同行业的融合与合作显得如此自然而必要。

5. 当前中国食品旅游发展中存在的一些问题

实事求是地说，中国和许多国家一样，在旅游发展过程中，都自觉或不自觉地注意到食品作为旅游发展资源的重要性，也在以不同的方式发挥食品与餐饮在开发旅游产品和市场营销中的特殊作用。也许从普及知识和宣传食品的角度来看，近年来，影视界推出来的纪录片《舌尖上的中国》等作品确实是种非常有益的探索，最近又有一些新的尝试。然而，由于食品和餐饮是人类最基本的需求，因此，在旅游发展初期，尤其是在大众旅游尚未完全形成的情况下，旅游目的地考虑比较多的是特定旅游市场需求，或者是特定旅游资源的开发，忽视了最基本和最广泛存在的资源的价值。这一点往往突出体现在政府旅游发展政策和战略上。而作为一个发展中国家和旅游发展的后来者，中国在这方面显然落后于旅游更加成熟和发达的国家和地区。关于食品旅游在中国的发展，存在着以下几个缺憾和不足值得探讨和认识。

5.1 对大众旅游时代旅游市场和需求的基本特征缺乏充分的认识和准备

尤其是对于服务企业来说，不少人的思维方式还停留在往昔时代的环境中，还是以国王、贵族、巨富等特殊阶层的消费方式或想象中的“超人生活”来满足旅游者的“梦想”，从而造成以“缥缈的虚荣”取代“人本身的真正体验”，背离了当代普通百姓的现实生活需求和情趣。

5.2 对最具发展潜力的大众旅游资源缺乏认识，这些资源未被国家旅游部门和相关企业所重视

在全国上下如火如荼的旅游发展热潮中，过多地迷恋或依靠大投资、挣“快钱”的“发财梦”，从而使国家和民族文化优势资源没有很好地被利用，从某种程度上说也是一种文化不自信的体现。食品和餐饮资源只是其中一个方面，类似的情况还有很多。今天大力倡导文化和旅游融合的认识与做法，也有失偏颇。旅游和文化都是泛概念，因此，旅游发展不能仅局限在与文化的融合，更需要多业融合与跨界合作，只讲文化和旅游的融合显然是不完全的，把旅游业笼统地说成“文旅业”显然是有偏颇的。

5.3 食品安全问题严重且广泛地存在着，成为社会恐惧问题之一

食品安全问题是在中国普遍存在的一个社会顽疾，这是中国目前开展食品旅游所遇到的一个大难题。毋庸讳言，对这个问题，不仅外国人存有疑虑和担心，我们中国人自己又何尝不是忧心忡忡，有一种“防不胜防”的境遇。从食品源头——土壤、水域、大气存在的多重污染，到种植、培育、采摘、储藏、加工等过程中的造假藏奸，再到有失真实的广告宣传，都让人心存芥蒂，好像“谁的话也不能信”。人们或许不必用什么科学知识和技能去判断，只要随便浏览一下媒体揭露的犯罪事实，都足以觉得触目惊心，但又无可奈何。

5.4 中餐遍及世界，但名声确实不佳

凡是有人居住的地方，就有华人的身影；凡是有华人足迹的地方，就有中餐馆存在。然而，境外的所谓中餐，多数是价格低廉的大众菜肴，或许有人觉得好吃，而独特著名品牌鲜少。似乎中餐，人人可做，是华人在任何地方谋生最初或最后的依仗，从而给世界留下了“杂烩菜”的模糊印象，缺乏可以恪守的质量标准，多少年来，以厨师的情绪控制餐食的好坏成为一种尽人皆知的“显规则”。而和日本、韩国等那些单一民族的国家不同，在中国大地上，似乎没有特定“中餐”的概念，只有不同地域和不同文化背景下的餐饮种类和地区风味。这一点，对于那些小国居民来说是难以想象的，而我们自己也没有努力从这个角度去知会世界，因此产生了误导。作为一种餐食文化，我们更多关注讲历史故事或做文字游戏，用“宫保鸡丁”“夫妻肺片”“麻婆豆腐”“过桥米线”等奇诡的菜谱来宣传我们的餐饮文化，难以被国际社会所认识和认同。而且在一些食品和餐饮领域，存在着有名无品、有品无牌、故弄玄虚、滥竽充数的现象，难以取得消费者的信任。而一些原本是民间

的小吃，一旦成名则价格飙升为天价，脱离了百姓的生活。全国各地街头巷尾出现的八代真传驴肉火烧或祖传秘籍私房菜等门匾，不晓得是否真有管理部门去核实或甄别，任其吹嘘惑众。

5.5 中国需要有自己的“《米其林宝典》”

开车的人一般都知道米其林（Michelin）集团是全球轮胎科技的领导者，诞生于130年前的法国；开大餐馆的老板和高级厨师，大概都知道《米其林红色宝典》（Michelin Red Guide）和米其林星级餐厅（Michelin-starred Restaurant）。一个造轮胎的公司成为世界著名豪华餐馆评定级别的机构，对中国人来说是件不可思议的事。然而，世界上这样的事很多，很多国家酒店的级别是汽车协会评定的，这样做的道理在于，让最懂这个行业的机构做这样的事，表面上看起来这两个行业有点风马牛不相及，但是这样的机构代表的是消费者，他们最熟悉消费者，他们要为自己的消费者负责任，不愿意得罪其衣食父母。米其林集团已经进入了中国，然而它的《米其林宝典》在中国的影响远远没有它在欧美等国家的影响大，而且它的长处并不在中国餐饮与之吻合上。中国13亿人对这个机构和他们所做的事情知之甚少，尤其是普通大众。那么，为什么，中国的轮胎公司、汽车协会、自行车协会等不屑于做这些事呢？为什么中国没有这样的民间机构来替消费者说话呢？为什么中国的旅行社协会也不愿参与这种事呢？这是个值得深思的问题，其实中国也应该有这样的机构，至少政府应当鼓励行业组织帮助和参与服务业标准的制定和监督。比较遗憾的是，中国人最相信政府，然而政府在做这些事的时候，往往更多地考虑是否能更好地管制，而未必真正了解民意。

6. 对中国食品旅游发展的建议

关于食品旅游的事，我曾关注很久，只是不知道如何说起，本文所言之事，更多的是介绍别人研究的结果，或者说读了一些研究成果之后所想到的。其本意就是，中国旅游不要仅仅凭着惯性去发展，仅仅沿袭教科书上从往昔的实践所得出的结论做事。世界绝大部分国家都已经进入了大众旅游时代，尽管进入的时间与途径有所不同，从现实需求来考虑市场的开发是非常重要的。同样，在中国，旅游的功能从政治转向了经济是历史的必然，但是，仅从经济功能上考虑未来发展的观念也要调整，越来越多的国家都在改变战略，把旅游发展作为区域发展和地方综合发展作为终极目标，而不再是简单的行业发展或企业发展。据此建议，中央和地方政府要关注“食品旅游”发展，制定相关的国家和地方食品旅游发展战略。

6.1 制定国家食品旅游发展战略，做好顶层设计

这个旅游战略要涵盖国内旅游和入境旅游两个方面，也涉及彰显中国文化的餐饮业走向国际的大事；作为旅游多业融合和跨界合作的国家旅游发展行动方案的顶层设计，其重要意义在于通过食品旅游的发展，促进国家的食品安全，促进地方社会全面发展，尤其是促进农村社会经济的振兴，增强中国整体的文化自信。这个行动方案应邀请国家旅游、文化、农村和农业、医疗健康等多部门、地方政府部门、企业以及相关媒体参与设计和实施。将中国特定区域的传统菜肴列入国家非物质文化遗产名录，并明确和推进地方食品、菜肴地理标志体系构建，增强中国旅游发展的总体竞争力。设立专门的机构推介和评估餐食设施的级别，并将食品旅游发展作为促进国家食品安全、改善社会福祉的重要目标。

6.2 将食品旅游作为地方旅游发展的重点，构建完整的食品旅游产业链，加强重点培养和支持

支持、保护和传承具有地方特色的食品、传统菜肴，特别是那些深受当地居民喜欢的品种、品牌和经营方式，采取切实可行的措施，改善和强化家族食品品牌、经营方式，提高产品质量和消费者的信任度。食品旅游不应仅仅是局限在那些让普通大众望而却步的名楼豪店，也应当兴旺于百姓喜闻乐见的街巷市场之中，这样才能与旅游沾上边。

7. 结束语：发展食品旅游，酒店业要一马当先

餐饮和住宿业都是古老的行业，这两个行业一直伴随着人类旅行和旅游活动的发展而发展，宛如孪生兄弟，难解难分，一直延续到现在，今后也一定会继续下去。宋代著名诗人苏轼留下了“人生如逆旅，我亦是行人”的佳句，以哲学的角度阐述了人生与旅行，而当代中文“旅馆”“宾馆”“饭店”“酒店”等词汇也显示了住宿与餐饮业之间密不可分的联系，也许最能体现这一传统联系的是中国的国宾馆体系，无论是北京的钓鱼台国宾馆、北京的北京饭店还是上海的锦江饭店，皆是如此。因此，我们不得不从一个综合的角度来探讨旅游目的地、住宿设施、餐饮服务在人们旅行和旅游过程中的重要作用，从一个新的视角探讨酒店业在食品旅游发展中扮演的角色。

在这里不想提出什么宏论，倒是希望酒店掌门人有空的时候，思考以下问题，这些问题之间并没有系统的逻辑，只是人们经常想到的，看到的，思考的。

——欧美著名的豪华酒店，大都有自己著名的餐厅、知名的大厨和知名酒吧，原因何在？这也是现在中国著名酒店的“标配”吗？为什么中国许多现代豪华酒店还是对御宴、皇家筵、山珍海味情有独钟，而对普通百姓喜欢的小吃、特色家常地方菜肴兴趣索然呢？

——在你的酒店中，餐饮部门在经营中的角色重要吗？你愿意自己的酒店内或附近有不属于自己的餐馆、咖啡馆、7-11 便利店吗？为什么现在一些豪华酒店里，供客人免费休息的空间越来越少？大堂吧的一杯茶或一杯咖啡、一杯饮料都要贵得离谱呢？

——豪华酒店与外卖服务公司是为敌还是为友，是伙伴还是对手？既然住酒店和叫外卖都是客人的喜爱和需求，酒店应当如何满足客人的这一需求？

——海外国际著名酒店联号在其整个体系中率先推出了诸多像“中国礼仪”“你好”等讨好中国顾客的方案，而且首先从提供中式早餐开始，我们中国自己的酒店或酒店集团是否也有类似的措施，去吸引自己的目标客户群体？

——为什么时至今日，世界上最有钱的中东游客很少组团或单独来他们认为美好亲近的中国？餐饮服务是一个重要原因吗？在这方面如何突破？为什么没有人去突破它？

——为什么人们外出旅游归来，或许记不住曾到过的地方，但总是记得曾经在外地吃过的那些当地菜肴，只要有可能一定重访以满足自己的那种口味？人们外出多日会想家，移民他乡会有乡愁，为什么在外的多数人常会想到某种普通饭菜，特别是想吃妈妈做的菜那个味道？为了客人的这些体验和欲望，酒店是否真的认真努力去满足客人的要求？

——你是觉得中国应当如何制定中国的“食品旅游”发展战略？

附录一　联合国教科文组织认定的非物质文化遗产（美食部分）名单

意大利那不勒斯比萨饼艺术（Pizzaiuolo Art of Neapolitan ‘Pizzaiuolo’）

比利时啤酒文化（Beer culture in Belgium）

瑞士沃韦葡萄种植与酿酒人节（Wine Growers’ Festival in Vevey）

阿联酋、沙特、阿曼和卡塔尔阿拉伯咖啡——盛情的象征（Arabic coffee, a symbol of generosity）

朝鲜泡菜制作传统（Tradition of kimchi-making in the DPRK）

韩国泡菜的制作与分享（Kimjang, making and sharing kimchi in Republic of

Korea)

地中海风味餐饮（Mediterranean diet，Cyprus/ Croatia/ Spain/ Greece/ Italy / Morocco/Portugal）

土耳其咖啡文化与传统（Turkish coffee culture and tradition）

法式美食大餐（Gastronomic meal of the French）

克罗地亚北部姜饼工艺（Gingerbread craft from Northern Croatia）

日本料理，用于新年庆祝的传统饮食文化（Washoku, traditional dietary cultures of the Japanese, notably for the celebration of New Year）

古格鲁吉亚传统酿酒工艺（Ancient Georgian traditional wine-making method）

附录二　联合国教科文组织认定的美食创意城市名单

• Alba (Spain)	阿尔巴（西班牙）
• Belem (Brazil)	贝伦市（巴西）
• Buenaventua (Colombia)	布埃纳文图拉（哥伦比亚）
• Burgos (Spain)	布尔戈斯（西班牙）
• Cochabamba (Bolivia)	科恰班巴（玻利维亚）
• Chengdu (China)	成都（中国）
• Denia (Spain)	德尼亚（西班牙）
• Ensenada (Brazil)	埃森纳达（巴西）
• Florianopolis (Brazil)	弗洛里亚诺波利斯（巴西）
• Gaziantep (Turkey)	加济安泰普（土耳其）
• Hatay Metropolitan Municipality (Turkey)	哈塔伊（土耳其）
• Jeonju (Korea)	全州（韩国）
• Macau S. A. (China)	澳门（中国）
• Ostersund (Sweden)	恩斯特松德（瑞典）
• Panama City (Panama)	巴拿马市（巴拿马）
• Parma (Italy)	帕尔马（意大利）
• Paraty (Brazil)	帕拉蒂（巴西）
• Puket (Thailand)	普吉（泰国）
• Popayan (Columbia)	波帕扬（哥伦比亚）
• Rasht (Iran)	拉什特（伊朗）
• San Antonio (United States of America)	圣安东尼奥（美国）

• Shunde (China)	顺德（中国）
• Tucson (United States of America)	图森（美国）
• Tsuruoka (Japan)	鹤岗（日本）
• Zahle (Lebanon)	扎赫勒（黎巴嫩）

工业旅游发展的具身障碍问题

谢彦君[①] 胡迎春[②]

1. 问题提出：工业旅游发展所面临的挑战

工业旅游是旅游家族中的重要组成部分。好的工业旅游项目对某些市场具有特殊的吸引力，同时也能对利益相关者产生多重价值。因此，近年来各级政府也努力推进工业旅游发展。对于一些面临产业转型压力的老工业生产基地，工业旅游发展也被视为重要的发展机遇。

然而，从工业旅游发展的实际效果来看，成功的工业旅游项目可谓凤毛麟角，相反，大多数运营起来的工业旅游项目，往往被开发者视为鸡肋，由于初始投入也不小，因此，弃之可惜，食之无味。从消费者角度来看，也不能满足其需求。

这就带来了一个迫切需要解决的问题：在企望借助于旅游发展来拉动内需的现实背景下，近年来颇为流行的全域旅游以及“旅游 +”策略，是否适宜广泛应用于工业项目，借助于“旅游 + 工业”或“工业 + 旅游”的路径发展工业旅游呢？

在实践中，这些问题最终变成各级政府部门以及各类工业企业所面对的一个现实的对策性问题：“应如何发展工业旅游？”

要想很好地回答这个问题，必须首先把这个问题还原到一个科学问题的层面来，努力使之成为一个不带有价值涉入的描述性或解释性的问题。换言之，诸如“应如何发展工业旅游”“究竟是否应该发展工业旅游”“究竟应该怎样发展工业旅游项目”“究竟什么样的工业项目可以采取‘旅游 +’的策略”这样一些实践中迫切需要回答的问题，必须在科学层面首先寻求回答诸如“什么是工业旅游”、“现行工业旅游什么样”以及“为什么工业旅游的状况如此不堪”之类的描述性和解释性问题。这就涉及了工业旅游理论研究中的科学解释问题。这些问题可以细化表述为：

① 谢彦君：海南大学旅游学院教授、博士生导师；海南大学旅游体验研究与设计中心主任。
② 胡迎春：重庆工商大学工商管理学院讲师、博士。

（1）当前的工业旅游项目的运营状态如何？造成其现状的解释性根源何在？

（2）为什么很多工业旅游企业不情愿开发工业旅游项目？

（3）为什么有的工业旅游项目开发之后呈现苟延残喘之态？

（4）究竟什么样的工业项目可以采取“旅游+”的策略？

（5）工业旅游的理论研究应该从哪里找到突破点？

（6）工业旅游发展的理论基础应如何归纳？

以上这些问题，是理论界对实践领域的现实问题所做的回应，是把实践问题转化为科学问题的一种表现。如果理论界不能将自己的研究问题聚焦于这些“描述性”和“解释性”问题并寻求借助于理论抽象以形成一般性的结论，而是直接陷入试图回答“应该怎样”这种明显带有价值涉入的“规范性”问题的解答，那么，理论工作者所做的工作，就不再具有理论创新的意义，而是一种现实的应用研究。如果理论界总体上、长期地从事此类规范性研究（即政策咨询类、对策咨询类研究），那么，理论界也就基本背离了其科学研究的使命，成为政府政策研究室的一般研究人员或企业研发中心的工程技术人员了。

2. 当前我国工业旅游发展现状中存在的问题

2000年之后，随着工业旅游产业规模的逐渐扩大，国内工业旅游进入政府规范管理阶段。2001年，国家旅游局制定《工业旅游发展指导规范》，正式启动了全国工农业旅游示范点候选单位推荐评选活动。2002年，国家旅游局发布实施《全国农工业旅游示范点检查标准（试行）》，于2004年7月，授予103家工业企业“全国工业旅游示范点”称号。2005年，上海成立工业旅游推广中心；截至2007年，国家旅游局共授予4批345家工业企业“全国工业旅游示范点”称号。此后，我国工业旅游发展迅猛。2009年，《国务院关于加快发展旅游业的意见》国发〔2009〕4号文件中正式提出要大力推进旅游与工业等相关产业和行业的融合发展，支持有条件的地区发展工业旅游。2014年，国发〔2014〕31号文件提出坚持融合发展，推动旅游业发展与新型工业化等相结合。2015年，“中国制造2025”将积极发展服务型制造和生产型服务业作为重点任务，促进生产型制造向服务型制造转变，推动服务功能区和服务平台建设。2016年全国工业旅游创新大会发布《全国工业旅游发展纲要》征求意见稿（2016—2025年）。2017年，第二届全国工业旅游创新大会暨“灵秀湖北”推介会推出新一批10个国家工业旅游示范基地和10个国家工业遗产旅游基地，并下发了《全国工业旅游创新发展三年行动方案》以及《国家级工业旅游示范基地规范与评定》。

工业旅游在规模上的快速增长，通过近年来的工业统计数字反映出来了。2015—2017 年，我国工业旅游接待量年均增长 31%，工业旅游收入年均增长 24.5%。2016 年末，全国共有 1157 个工业旅游景点，接待游客 1.4 亿人次，旅游收入 213 亿元人民币，吸纳就业人员 42.8 万人。工业旅游成为旅游产业融合发展和全域旅游的有生力量（全国工业旅游创新大会，2017）。

不过，在这些亮眼的统计数字背后，不可忽视的现实问题也越来越严重。概括起来，这些问题的具体表现是：

（1）企业不急政府急

虽然确有一些企业在工业旅游的开展中得到了一些收益，如青岛啤酒厂、张裕葡萄酒公司和海天企业等，但对于绝大多数工业企业来说，尤其是那些本体业务经营效益好的国有大型企业以及一些关系社会民生的重要企业，其管理层对发展工业旅游并不积极，对工业旅游的无形价值认知不足，认为工业旅游的直接经济效益和短期综合效益相对其主营业务的生产效益而言并不明显甚至微不足道，发展工业旅游是“不务正业”，接纳大量的“闲杂人等”到企业旅游会影响生产活动的正常开展，是企业的负担。偶有开展工业旅游项目的，也是迫于外界尤其是政府的压力。因此，即使这些企业勉强上马了工业旅游项目，在实际运营上往往会抱着敷衍和排斥的态度，投入的人力、财力很少。很多企业只是把工业旅游项目作为其产品展示的一个窗口。这种为应付政府的号召而勉强附设的工业旅游项目，最终在企业内部各个层面都缺乏足够的经营热情。

（2）企业盲动绩效低

另一方面，也不乏很多并不具备开展工业旅游的企业，因怀有某种投机心态而跟风式地开展工业旅游，产品良莠不齐，经济效益低下。很多工业旅游项目的属性都是展示性的，游客集中在企业博览馆参观，或被限制在特殊的观光廊道中参观生产线上的作业场景。由于只能停留在简单的、平面化的展示层面上，产品内容单薄、形式苍白，项目的趣味性都很有限，很难激起游客的热情。这样的观赏流程往往缺乏景观上的独特性和冲击力，从而使游客很快丧失观赏兴趣。在这种情况下，大多数工业旅游项目呈现效益低下的局面。

（3）游客体验满意度低

相对传统的观光旅游和新兴的休闲旅游而言，工业旅游在需求特征和消费规律上有其特殊性：人们对工业旅游的社会认知和审美偏好相对较弱，一般公众对工业旅游知之甚少，公众普遍认为工业旅游就是到工厂参观学习，而不是休闲娱乐，这直接影响到工业旅游的市场规模，也必然影响到工业旅游发展的深度和广度。在这种情况下，大多数工业旅游项目都存在游客体验满意度低的问题。通观这些工业旅游项目，几乎都没有真正将工业企业文化、产品文化融入旅游过程，突出地体现了参与性项目少、互动少、附加旅游体验少的“三少”特征，影响了游客的体验深度。

上述这些现实问题，亟须学术界从学理上对工业旅游发展实践提供理论上的指导。不过，在相关的研究中，除了大量基于个案经验的对策性研究之外，目前文献中缺少相关的理论研究。对此，笔者试图在这方面做一些突破性的探索。

3. 基本假定：基于具身体验理论的工业旅游产品的品质假定

为了从理论上认识影响工业旅游项目成败的内在规律，根据笔者长期从事旅游体验研究以及对具身体验的理论的应用，对工业旅游研究做出以下理论假设：

基本理论假设：工业旅游体验的品质，或者说，工业旅游产品的品质或工业旅游吸引物的魅力所在，是由工业旅游具身体验的可能性、充分性决定的。

这一理论假设认为，具备具身体验的可能性和充分性的工业旅游产品，将具有更高的旅游价值和吸引力。

这一假设事实上与基于具身理论而对一般旅游产品的体验价值加以衡量时所隐含的理论假设具有一致性。与此同时，这一假设还隐含一个逆假设或备择假设，从而使本假设具有更突出的理论意义：工业旅游产品很可能在提供具身体验时无法达到与一般旅游产品相匹配的可能性和充分性。如果这个逆假设是真实并且具有一般性，那么，本文相当于首次将工业旅游产品的具身体验问题置于一个一般的理论视野加以审视、研究，其理论建构意义便由此而彰显出来了。

4. 质性分析：编码过程所形成的理论范畴

基于上述基本理论假设，笔者对所有作为分析单位的 71 篇游记文本进行多次的回返性阅读，之后，一个基本的观念逐渐从文本资料中浮现出来：工业旅游体验的具身障碍问题。为此，研究工作便从这一主题的开放式编码开始，渐次展开一个由开放式编码和轴心式编码构成的二阶段编码过程。开放式编码的操作，由两组研究者分别进行，先将与上述主题相关的符码全部抽取出来，并组织小组讨论，在讨论中不断明确、收敛各符码的含义，将重复性符码进行合并，对无关符码予以删除，然后再加以进一步的总结。接下来，对现有资料进行重新审视，进行二次开放式编码，以增进编码的效度。经过这样两个过程，形成了 130 个自然概念，由此完成了一个初步的概念化过程。由于在阅读相关符码的过程中，与“可进入性”相关的符码构成了全部符码的主体，因此，在轴心式编码阶段，结合概念化结果，本文的范畴化成果便体现在基于具身体验的可能性和充分性两个指标的基础上而形成的新的范畴，这就是根据符码之间的相关关系（语义和逻辑）所生成的 18 个新的范畴。它们是：功能障碍、物理障碍、制度障碍、时空障碍、安全障碍、移除障碍、障碍克服、障碍遮蔽、参与能力、参与意愿、游客间交往、场景、刺点、感官享受、认知体验、情感情绪体验、意志体验和具身模拟。这些范畴的生成过程，依循了严格的扎根理论编码的操作程序。

运用同样的编码程序，笔者将编码的主题视野扩展至更广泛的范围，于是，一系列新的概念、范畴乃至主范畴从符码中渐次浮现出来。总体上，除了对应于丰富的概念而产生的多个新范畴之外，本阶段共得出了 5 个主范畴，分别为具身障碍、障碍移除、移情参与、场景组织和具身实现。事实上，这些主范畴所涵盖的现象历来是工业旅游研究领域所未曾涉猎的，它们因此而获得了新的理论阐释力。

5. 理论概念和命题的生成：具身障碍及其衍生的概念

通过以上实证科学研究，产生了如下一些新的理论范畴：

首先，一个核心理论范畴在工业旅游研究过程中产生，即：具身障碍。

这一概念，是具身理论中的“新概念”。因此，本研究的理论创新在于，提出了一个工业旅游体验领域的重要概念。

其次，基于具身障碍这一核心概念，又进一步发掘并构建了一系列衍生概念，形成了工业旅游具身障碍概念丛或概念家族的诸概念。这些概念包括：

（1）具身障碍概念丛：功能障碍、物理障碍、制度障碍、时空障碍、安全障碍。

（2）障碍移除概念丛：移除障碍、障碍克服、障碍遮蔽。

（3）移情参与概念丛：参与能力、参与意愿、游客间交往。

（4）场景组织概念丛：场景、刺点。

（5）具身实现概念丛：感官享受、认知体验、情感情绪体验、意志体验、具身模拟。

再次，通过对工业旅游现象的深度考察，借助于已经发掘出来的诸概念，本研究进一步提出一些新的理论命题。包括：

（1）命题Ⅰ：具身障碍是制约工业旅游体验质量的重要因素。

（2）命题Ⅱ：借助于障碍移除而实施的场景组织以及旅游者的移情参与是具身实现的途径。

最后，工业旅游具身体验的基本模型可以用下图加以概括：

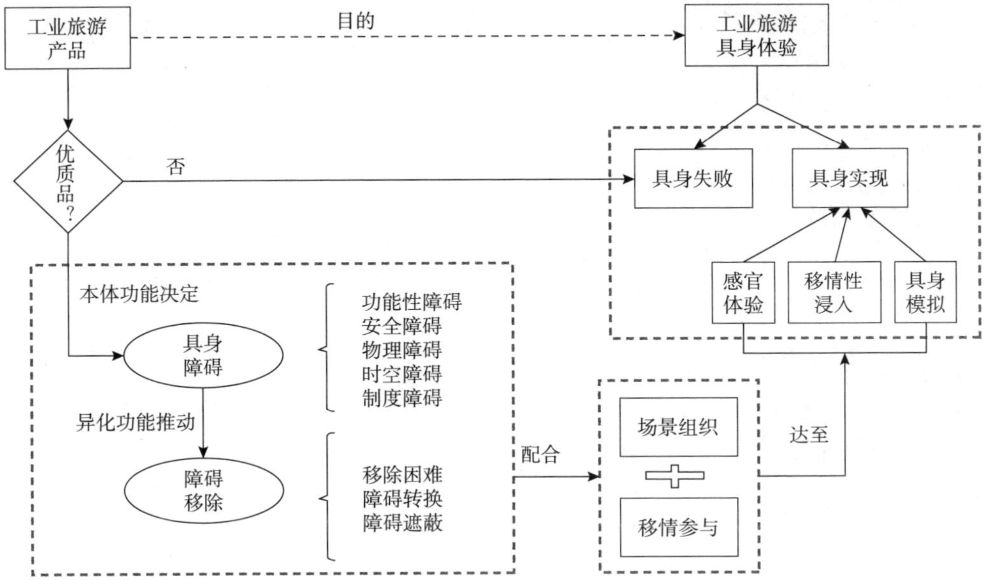

工业旅游具身体验基本模型

6. 具身障碍理论范畴和命题的应用

通过理论探索所获得的具身障碍这一核心范畴，以及相关的衍生概念，构成了分析工业旅游现实问题的钥匙。用是否具有具身障碍以及具身障碍大小这一核心指标来衡量某一工业项目是否具有旅游开发价值，是工业旅游发展决策中的重要环节。下边所列举的两个应用路径，均可反映具身障碍概念在这一意义上的应用价值。

6.1 工业旅游的具身障碍谱

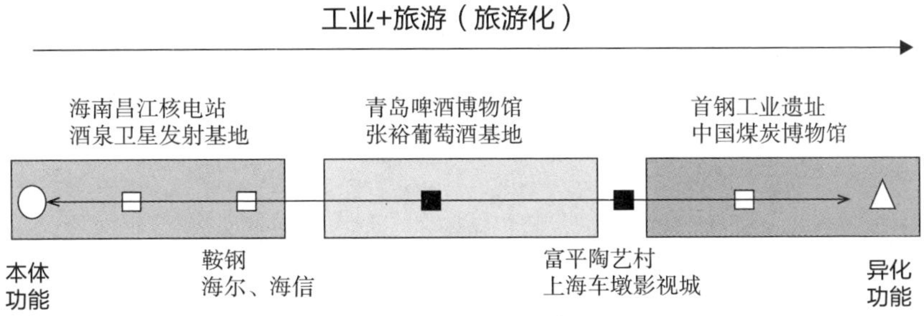

6.2 工业旅游类型及其价值和具身障碍

工业旅游类型	审美体验价值	旅游凝视感	具身障碍
传统酿造类（如青岛啤酒，张裕葡萄酒等） 陶瓷类（如景德镇） 手工艺品类（如北京珐琅厂） 影视制作类（如长影旧址，车墩影视城）	高（优美）	高	低
电器类（如海尔，海信） 食品、饮料类（如蒙牛乳业） 服装、鞋帽、纺织品类（如波司登） 烟草类（如红塔山卷烟厂） 日用消费品类（如隆力奇） 医药类（如三精制药）	一般	一般	一般
大型水力发电站（如三峡发电站） 大型运输设备制造类（如沈阳飞机制造厂） 矿物开采类（如晋华宫煤矿，平朔煤炭） 铜铁制造类（如鞍钢，宝钢） 港口类（如大连港，青岛港）	高（壮美）	高	高

7. 研究结论

本项研究所形成的重要的结论包括：

（1）具身障碍的存在是工业旅游的一个显著特征。

（2）具身障碍可以通过障碍转换和障碍遮蔽的方法进行移除，但也存在移除困难。

（3）决定工业旅游具身体验的维度有三个，分别为身体维度、场景维度和互动维度，三者形成协同作用连续谱系。

（4）具身障碍的移除，可以从三个维度着手，以达到工业旅游体验质量的提升。

（5）具身障碍不仅仅存在于工业旅游中，乡村旅游、宗教旅游、赛事旅游等“旅游 +”类的旅游活动体验都存在具身障碍的问题。

（6）在工业旅游点的旅游过程中，还存在两种因素影响旅游者在场体验的质量，分别为场景组织和移情参与。

粤港澳大湾区生态价值观共享与绿色 GDP 共创的机制和路径研究

刘静艳[①]

面对环境问题的全球性挑战，尽管发达国家强调减少碳排放，发展中国家强调提高资源利用效率和解决环境污染，但都认同“绿色经济是可促成提高人类福祉和社会公平，同时显著降低环境风险与生态稀缺的经济”。绿色 GDP 成为衡量区域竞争力的关键指标。

粤港澳大湾区是全球唯一的“‘一国两制’、三个关税区和三种法律体系”的区域，也是开放程度最高、经济活力最强的区域，2019 年 GDP 之和约 11.6 万亿元，占全国 GDP 总量的 11.61%，总体经济规模超过美国旧金山湾区，接近纽约湾区的水平，是我国建设世界级城市群和参与国际竞争的重要空间载体，具有举足轻重的战略地位。但 2019 年印发的《粤港澳大湾区发展规划纲要》指出，“资源能源约束趋紧，生态环境压力日益增大”是大湾区发展面临的严峻挑战。根据《2018 年全球环境绩效指数》，我国在 180 个国家中排名 120 名；在空气质量方面排名 176 位。尽管如此，粗放型的、高投入、高消耗、高污染、低产出的经济增长方式依然普遍存在。相比国外三大湾区（东京、旧金山和纽约湾区），粤港澳大湾区 PM2.5 和臭氧的排放处在高位，这将进一步加剧环境压力。宏观政策在实施层面上落地不易，其中重要原因之一是价值陈述与粤港澳大湾区现实社会之间存在缺口，文化差异和价值多元化存在是具普遍性的事实。如何凝聚绿色发展共识，通过发展绿色经济提升粤港澳大湾区的全球竞争力是迫切需要解决的重大问题。

1. 研究背景

粤港澳大湾区包括香港特别行政区、澳门特别行政区和广东省广州、深圳、珠海、佛山、惠州、东莞、中山、江门、肇庆九个城市，总面积 5.6 万平方公里，包

① 刘静艳：中山大学管理学院教授、副院长、博士生导师。

括核心层、协同层和辐射层三个层次，其中核心层指靠近珠江口岸的临海区域，协同层指粤、港、澳临海行政区划的综合，辐射层与传统的泛珠三角区域相同。作为我国开放程度最高、经济活力最强的区域之一，粤港澳大湾区凭借开放的经济结构、高效的资源配置能力、强大的集聚外溢功能、发达的国际交往网络，成为全球经济增长的重要引擎。其拥有一个国际金融中心、两大自由贸易区、三个世界级大港和三大国际机场，其区位优势明显、经济实力雄厚、创新要素集聚、国际化水平领先、合作基础良好，在高科技企业、现代服务业、先进制造业和对外贸易等方面都处于全国领先地位，在国家发展大局中具有重要战略地位，是引领经济发展的主战场。2019 年发布的《粤港澳大湾区发展规划纲要》中指出："努力将粤港澳大湾区建设成为更具活力的经济区，宜居、宜业、宜游的优质生活圈和内地与港澳深度合作的示范区，携手打造国际一流湾区和世界级城市群。"对此，相关研究持续深入，特别是有关区域空气质量、PM2.5 超标、城市水体污染、生态系统破碎化及近域海岸生态受损等环境问题及环保合作研究成为热点。如何在异质性城市群内进行跨境合作与治理，实现区域联动发展，是亟待解决的关键问题。正如社会—经济—自然生态系统理论所述："人类社会是一个复杂的社会—经济—自然复合生态系统，研究自然力和社会力耦合导致的不同层次复合生态系统特殊的运动规律，是解决当代重大社会问题的关键。"为此，发掘大湾区异质性背景下的最大"公约数"及其可能产生趋同的运动规律是解决问题的重要突破点。

虽然粤港澳三地生态合作由来已久，并且有环境政策的高位推动，但环境治理的外部性则导致了理论上"应该这么干"而实际上利益主体并"没有或不情愿这么干"的问题，因此合作效果并不尽如人意，宏观政策在实施层面上落地不易。其中重要原因之一是价值陈述与粤港澳大湾区现实社会之间存在缺口，文化差异、价值多元化存在是具普遍性的事实。这导致在现实中形成了一系列诸如政府间环保目标差异大、行政协议约束机制不完备、环保成本分摊难、专项法律法规缺乏以及协调保障机制不健全等问题，使跨区域合作困难重重。

以生态价值观念为准则的生态文化体系建设为大湾区破解上述问题指明了方向。习近平总书记在 2018 年全国生态环境保护大会上指出，要加快构建生态文明体系，加快建立健全以生态价值观念为准则的生态文化体系，以产业生态化和生态产业化为主体的生态经济体系，以改善生态环境质量为核心的目标责任体系，以治理体系和治理能力现代化为保障的生态文明制度体系，以生态系统良性循环和环境风险有效防控为重点的生态安全体系。要通过加快构建生态文明体系，确保到 2035 年，生态环境质量实现根本好转，美丽中国目标基本实现。习近平生态文明思想为解决粤港澳大湾区通过绿色经济提升区域竞争力的根本问题指明了方向，即生态价值观是大湾区生态文明体系建设的准则。那么何谓生态价值观？生态文化体系与生态经济体系之间的逻辑关系如何？这是生态文明建设的根本问题和最深层次的问题，既是理论问题也是迫切需要解决的现实问题。对于粤港澳大湾区而言，价值观管理更为突显地成为区域生态环境协同治理的根本问题。

2. 粤港澳大湾区生态价值观共享的必要性

大湾区生态环境合作涉及“一个国家，两种制度、三个关税区域和三种法律体系”的跨境区域协作以及西方资本主义与具有中国特色的社会主义之间的冲突所带来的文化与价值观差异引起的隐形屏蔽效应。如果一味地从调整利益格局出发，势必陷入争议，难以达成共识。而基于生态价值观管理的视角则提供了从容易达成共识的目标出发推进生态文明建设的机会，无疑更具可操作性。

2.1 价值观与生态价值观

价值观是根植于个体内心深处的认知和价值判断体系，体现个体对客观世界的根本看法和评价，对个体行为起到持久且稳定的指导作用。国外学者斯特恩（Stern）提出包括利己价值观（Egoistic Value）、利他价值观（Altruism Value）和生态价值观（Biospheric Value）三个维度的环境价值观体系，指出具有较高生态价值观的人会基于对整个生态系统和生物圈的感知成本和利益而采取绿色行为。

生态价值观是关于自然的价值的观点。在人类思想史上曾出现过生态价值观的三大类型，即自然中心主义、人类中心主义和生态整体主义，其中自然中心主义强调原始的自然状态是最好的，并把保持这种原始自然状态看成是衡量人类行为及社会发展的最高标准和价值尺度；人类中心主义则认为人类在自然界中的地位是至高无上的；生态整体主义的生态价值观则把生态系统看作是由生态环境和人类社会相互联系、相互制约而组成的一个有机整体，主张人类与自然和谐发展，在维护生态系统的平衡中实现生态环境的价值。有关研究主要集中在生态哲学领域和消费学领域。

在国外学者施瓦兹（Schwartz）的原始价值观理论中，生态价值观并没有被确定为一个单独的价值观，而被认为是在环境背景下对其理论的补充。斯特恩扩展了原始价值观理论，提出了包括利己价值观、利他价值观和生态价值观三个维度的价值观体系，其分类以个人对于绿色行为的感知成本和收益为依据，多被用于与环保态度、意向和行为等相关的研究，而被看作环境价值观。持有环境价值观的个体在特定情况下都会产生环境关心和采取亲环境行为。其中生态价值观不仅与普世主义价值观有所区别，也是环境价值观三维度中对亲环境行为预测能力最强的价值观，包括诸如保护环境、与自然统一、尊重地球和防止污染等价值观。因此，生态价值观作为价值观的一个类别，对人们的态度、规范、观点和行为有引导和决定作用。

2.2 基于习近平生态文明思想的新时代生态价值观

“人与自然是生命共同体”是习近平生态文明思想对人与自然关系最清晰的系统表述。习近平在十九大报告中深刻地指出，“人类只有遵循自然规律才能有效防止在开发利用自然上走弯路，人类对大自然的伤害最终会伤及人类自身，这是无法抗拒的规律”。习近平生态文明思想是习近平新时代中国特色社会主义思想的重要组成部分和核心内涵，集中体现为“生态兴则文明兴”的深邃历史观、“人与自然和谐共生”的科学自然观、“绿水青山就是金山银山”的绿色发展观、“良好生态环境是最普惠的民生福祉”的基本民生观、“山水林田湖草是生命共同体”的整体系统观、“实行最严格生态环境保护制度”的严密法治观、“共同建设美丽中国”的全民行动观、“共谋全球生态文明建设之路”的共赢全球观。习近平生态文明思想为研究新时代的生态价值观提供了坚实的理论指导，中国情境下的生态价值观内涵及其表征是有待进一步深入研究的重要问题。

第一，人类的价值主张始终是支持人类具体行动的深层力量。生态价值观作为价值观的一个类别，对人们的态度、规范、观点和行为具有引导和决定作用，生态价值观是个体环境态度最重要的预测因子；负责任的环境行为是基于个体责任感和价值观而有意识实施的行为，从而避免或有助于解决环境问题。

第二，价值观管理具有复杂问题的简化、指引和获取承诺的重要作用。对于涉及“一个国家，两种制度、三个关税区域和三种法律体系”的大湾区跨境协同治理起到尤为核心的作用，也是关乎大湾区生态治理前景的关键问题。

第三，从构成全球治理的三个界面——价值基础、规制保证与治理操作来看，价值基础具有制约治理观念导向的作用。粤港澳大湾区作为我国开放程度最高、经济活力最强的区域，其所具有的特殊性，不仅是全球治理中的有形缩影，更对全球生态治理的理论和实践具有重要的风向标意义。

第四，从生态治理的价值基础所显现的实际状态来看，由于边界的显性屏蔽效应和一些诸如心理、意识和价值观等方面的隐性屏蔽效应而导致的区域隔阂和合作壁垒，大湾区生态治理远远还没有建立起与之相适应的价值共识。如何在大湾区各区域自有渊源的文化价值基础上超越湾区自我辨认的边界意识，达成生态价值观的共识和共享就变得十分必要和迫切。

3. 生态文化体系与生态经济体系之间的逻辑关系

以生态价值观念为准则的生态文化体系建设为解决粤港澳大湾区通过绿色经济提升区域竞争力的根本问题指明了方向，习近平总书记在 2018 年全国生态环境保护大会上指出，要加快构建生态文明体系，加快建立健全以生态价值观念为准则的生态文化体系，以产业生态化和生态产业化为主体的生态经济体系。生态文化体系与生态经济体系之间的内在逻辑关系及作用机理是粤港澳大湾区生态文明建设的深层次问题。

3.1 生态价值观共享

价值观共享是指由社会全体成员共同享有、支持并遵从的价值观念体系。价值观共享源于价值观共识的形成。共识对共享的形成具有中介机制和关键作用。生态价值观共享是指在特定时空背景下社会成员所共享的观念和社会共识，具有价值观念和实践系统双重功能，是指引个体行为从意识层面向社会实践层面转化的具有社会意义的符号或系统。

3.2 共生与绿色 GDP 共创

共生理论的核心是“双赢”和“共存”，而实现共生的前提是相互之间存在依赖关系。粤港澳大湾区作为一个完整的地域单元，存在不同层面的依赖关系。首先，粤港澳三地各地域单元之间通过基础设施共建、区域资源共同开发等为共生合作提供基础界面，其次，三地产业关联优势互补，联系紧密，尤其体现在港澳的服务业和珠三角的制造业之间，日益形成一种产业协同发展的新态势。当然，最为本质的共生关系，还是企业与生态环境之间的相互依赖。粤港澳大湾区作为一个多元主体的共生系统，其利益相关者的共生关系格局如何？利益主体之间以及与生态环境的共生界面之间具有什么特征？对这些问题的探索是实现绿色 GDP 共创的基础。

绿色 GDP 是指从传统 GDP 中扣除自然资源消耗和环境污染等生态资源损耗价值后，剩余的国内生产总值，即：绿色 GDP= 传统 GDP- 自然资源耗减价值 - 环境污染价值。

“绿水青山就是金山银山”。绿色 GDP 是将自然资源和环境纳入国民经济核算体系，综合反映一个国家或地区在考虑了自然资源与环境因素之后经济活动的最终成果。如何协调“经济价值”与“环境价值”的矛盾，是一个具有普遍性的问题，更是粤港澳大湾区面临的突出问题。价值共创是粤港澳大湾区生态经济体系建设之根本路径。

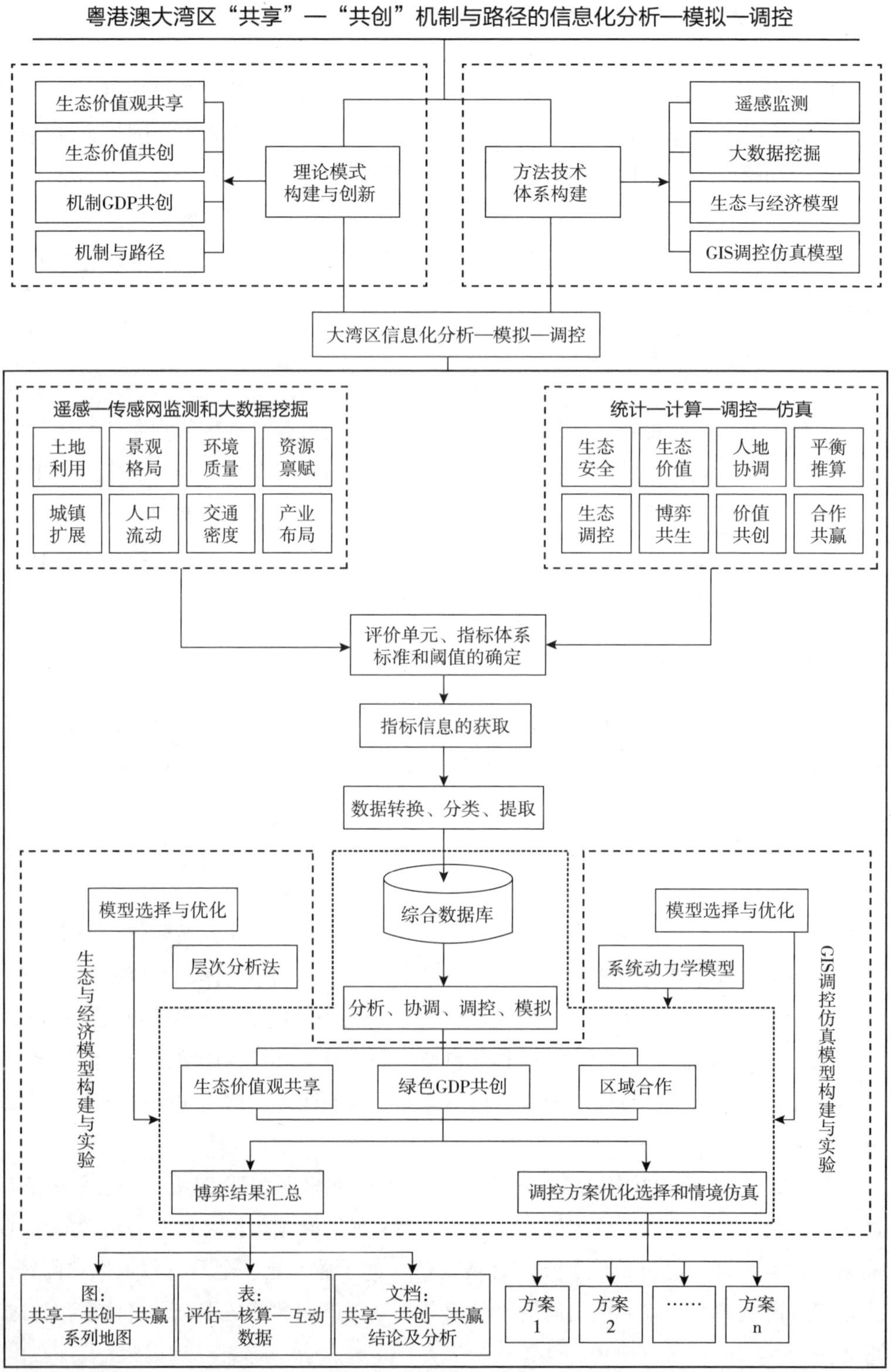
粤港澳大湾区“共享”—“共创”机制与路径的信息化分析—模拟—调控
生态价值观共享
生态价值共创
机制GDP共创
机制与路径
理论模式构建与创新
方法技术体系构建
遥感监测
大数据挖掘
生态与经济模型
GIS调控仿真模型
大湾区信息化分析—模拟—调控
遥感—传感网监测和大数据挖掘
土地利用
景观格局
环境质量
资源禀赋
城镇扩展
人口流动
交通密度
产业布局
统计—计算—调控—仿真
生态安全
生态价值
人地协调
平衡推算
生态调控
博弈共生
价值共创
合作共赢
评价单元、指标体系标准和阈值的确定
指标信息的获取
数据转换、分类、提取
模型选择与优化
层次分析法
生态与经济模型构建与实验
综合数据库
分析、协调、调控、模拟
模型选择与优化
系统动力学模型
GIS调控仿真模型构建与实验
生态价值观共享
绿色GDP共创
区域合作
博弈结果汇总
调控方案优化选择和情境仿真
图：共享—共创—共赢系列地图
表：评估—核算—互动数据
文档：共享—共创—共赢结论及分析
方案1
方案2
……
方案n

价值共创理论为区域间绿色 GDP 共创提供了理论依据。绿色 GDP 共创是指环境价值和经济价值双重维度的共创行为，具体指企业与环境之间的环境价值共创行为，企业与企业之间的经济价值共创行为。那么双重维度的价值共创动因是什么？有哪些行为表征？目前仍存在很多研究空间，需要基于价值共创理论进行探索研究。粤港澳大湾区作为我国民营企业最活跃、数量最多的区域，是关键利益主体之一。如何从生态价值观层面促进民营企业的自律，在生态价值观共享的基础上构建绿色产业链，实现生态产业化和产业生态化，是粤港澳大湾区实现绿色 GDP 共创的重要路径。

为此，本研究根据粤港澳大湾区共享—共创—信息分析—模拟—调控总体方案（见上页图），重点从三方面展开。

第一，理论构建与创新。通过开发生态价值观量表和生态价值观共享的行为量表，将其作为解释变量融入多主体建模与仿真技术中，研究生态价值观作为解释变量的解释力度和影响绿色 GDP 共创的关键因子和演进路径，进行生态价值观共享和绿色 GDP 共创的理论构建。

第二，方法和技术体系构建。包括遥感监测、大数据挖掘以及生态与经济模型和 GIS 调控仿真模型（包括系统动力学模型）的构建。

第三，大湾区的信息化分析、模拟和调控的实证研究。通过对生态价值观共享和绿色 GDP 共创博弈结果的汇总和调控方案的优化选择和情境仿真，形成有关合作机制和制度安排的调控方案。

综上所述，从生态价值观共享到绿色 GDP 共创，是一个从意识“因”到行为“果”的演进过程，其结果具有明显的滞后性。如何通过预测，实现对于演进过程中行为及结果的动态评估、反馈、激励或约束，形成促进生态价值观共享到绿色 GDP 共创有效演进的机制至关重要，也是避免管理滞后的关键环节。

参考文献

[1] Corraliza J A, Berenguer J. Environmental values, beliefs, and actions: A situational approach[J]. Environment and Behavior, 2000, 32(6): 832-848.

[2] Dietz T, Fitzgerald A, Shwom R. Environmental values[J]. Annual Review of Environment & Resources, 2005, 30(30): 335-372.

[3] Dietz T, Stern P C, Guagnano G A. Social Structural and Social Psychological Bases of Environmental Concern[J]. Environment and Behavior, 1998, 30(4): 450-471.

[4] Hiratsuka J, Perlaviciute G, Jay K. Application of the extended VBN theory to

understand consumers’ decisions about green hotels[J]. International Journal of Hospitality Management, 2015(51): 87-95.

[5] Hustvedt G, Dickson M A. Consumer likelihood of purchasing organic cotton apparel:Influence of attitudes and self-identity[J]. Journal of Fashion Marketing & Management, 2009, 13(1): 49-65.

[6] Schwartz S H. Universals in the content and structure of values: Theoretical advances and empirical tests in 20 countries[J]. Advances in Experimental Social Psychology, 1992: 1-65.

[7] Schwartz S H． Are there universal aspects in the structure and contents of human values?[J].Journal of Social Issues, 1994, 50(4): 19-45.

[8] Soyez K. How national cultural values affect pro-environmental consumer behavior[J]. International Marketing Review, 2012, 29(6): 623-646.

[9] Stern P C, Dietz T, Kalof L. Value orientations, gender, and environmental concern.[J]. Environment and Behavior, 1993: 322-348.

[10] 陈朝萌 . 粤港澳大湾区港口群定位格局实证分析 [J]. 深圳大学学报 (人文社会科学版), 2016,33(4): 32-35.

[11] 陈学明 . 习近平生态文明思想对马克思主义基本理论的继承和发展 [J]. 探索 , 2019(4): 32-4.

[12] 程雨燕 . 粤港澳大湾区跨界环境影响评价制度适用研究 [J]. 华侨大学学报 (哲学社会科学版), 2019(05): 92-98.

[13] 范丹 , 王明旭 . 国际三大湾区环境保护对粤港澳大湾区的经验启示 [J]. 环境科学与管理 , 2019, 44(4): 17-20.

[14] 李玲 . 整合生态价值观与计划行为理论预测顾客绿色饭店消费意向 [J]. 生态经济 , 2016,32(7): 153-157.

[15] 廖明球 . 国民经济核算中绿色 GDP 测算探讨 [J]. 统计研究 , 2000(6): 17-21.

[16] 林娅 . 环境哲学概论 [M]. 北京 : 中国政法大学出版社 , 2000.

[17] 罗德里克・弗雷泽・纳什 . 大自然的权利 [M](2 版). 杨通进 , 译 . 青岛 : 青岛出版社 , 2005.

[18] 钱俊生 , 彭定友 . 生态价值观的哲学意蕴 [J]. 自然辩证法研究 , 2002,(10): 13-15.

[19] 任剑涛 . 在一致与歧见之间 : 全球治理的价值共识问题 [J]. 厦门大学学报 (哲学社会科学版), 2004,(4): 253-265.

[20] 沈湘平 . 价值共识是否及如何可能 [J]. 哲学研究 , 2007,(2): 107-111.

[21] 涂小雨 . 转型期共享价值观的确立与执政党社会整合 [J]. 求实 , 2009,(5): 17-19.

[22] 王玉明 . 粤港澳大湾区环境治理合作的回顾与展望 [J]. 哈尔滨工业大学学报 (社会科学版), 2018,20(1): 117-126.

[23] 尹伟华 , 张焕明 . 绿色 GDP 核算研究综述 [J]. 农村经济与科技 , 2007(6): 89-90.

[24] 余谋昌 . 生态哲学 [M]. 西安 : 陕西人民教育出版社 , 2000.

[25] 张光南 , 黎叶子 , 伍俐斌 . 粤港澳服务贸易自由化“负面清单”管理的问题与对策 [J]. 港澳研究 , 2016(2): 60-67,95.

[26] 张颖 . 粤港澳大湾区城市群区域治理机制的架构思考 : 从政府治理权出发 [J]. 上海对外经贸大学学报 , 2020, 27(2): 103-110.

旅游目的地的文化创意营销

沈　涵[①]

摘要：旅游，是人们现代生活不可或缺的部分。信息传播方式及技术的发展使得旅游信息的获取更加便捷，旅游产品也日益多样化。当今的旅游竞争模式已经由单一的产品竞争转变为旅游目的地竞争。因此，采取有效的营销策略是目的地吸引客源、扩大市场的有力武器。本研究立足于目的地的文化创意营销，结合相关案例，提出了运用虚拟技术、全产业链合作、影视营销、内容营销、精准营销和体验营销等一系列全方位的营销建议，以期能够为旅游目的地提供具有借鉴意义的营销策略。

关键词：旅游目的地；营销；创意

1. 前言：信息传播方式的转变

有效的信息传播是社会得以顺畅运行的重要条件。基于其重要性，从古至今信息传播的内涵和外延都在不断变化。以我国为例，古代的信息传播主要分为平民传播和精英传播。平民传播主要包括口头说唱形式和纸帛书信形式，如《诗经》《乐府诗》等；精英传播主要包括甲骨卜辞、口头说唱、题壁以及各种形式的文学作品，如题扇、题画、雕刻、抄写、印刷等。进入现代社会后，随着科学技术的发展，开始了从纸张通信传输，如书信、报纸等到有线通信传输，如电话、传真、电视等，到无线通信传输，如移动电话、收音机等，再到数字通信传输，如互联网，数字电视等的转变。这一系列的转变促使信息传播方式逐渐丰富，信息传播质量逐渐优化、信息传播效率逐渐提升。

而旅游行业，作为重要的服务行业，其对信息传播的需求不言而喻。对于旅游服务提供者来说，传播好自身产品的相关信息是吸引潜在用户的重要前提；对于旅游目的地来说，传播好目的地品牌的相关信息是提升目的地知名度的重要方式。

① 沈涵：复旦大学旅游学系教授、博士生导师，兼任国际旅游学会常务副秘书长。

2. 虚拟技术提升旅游目的地营销体验

进入科技 4.0 时代，新兴的虚拟技术如 VR、AR、全息投影、区块链等为旅游目的地营销提供了新思路和新可能。

2.1 超越传统信息形式，连接用户感知和旅游决策

新兴的虚拟技术一方面丰富了空间维度信息，以突破时空限制的优势有效地优化了用户的行前决策；另一方面实现了高精度的生动性和互动性，唤醒游客兴奋点，促使游客为超出预期值的旅游体验买单。北京颐和园在此方面做出了标杆式的成绩。

案例：北京颐和园智慧旅游实景导览

早在 2013 年，北京颐和园就开启了 360 度全景实景导览，为颐和园景区培养了一批潜在游客，也使得颐和园向智慧旅游迈出了一大步。作为北京首批 22 个"智慧旅游"景区试点之一的颐和园，在当时就已经实施了智能游客统计、四季花讯实时更新、实景导览等多个项目。

2.2 创造鲜活互动体验，开启沉浸式营销模式

新兴的虚拟技术还在优化用户体验方面发挥了重要作用。一方面打造了实时体验，把数字营销带入"沉浸式营销"的时代；另一方面满足了不同人群的体验需求，最大化地挖掘了用户的潜在消费欲望。上海 TeamLab 无界美术馆是很好的沉浸式营销的案例。

案例：上海 teamLab 无界美术馆

上海 teamLab 无界美术馆共使用了 47 万余台 EPSON 激光工程投影机。整个美术馆以光为染料，结合 3LCD 投影技术，呈现出清晰、生动的作品细节，从而呼应美术馆主题，打造模糊梦境与现实的界限。

2.3 政府与机构合作，连接科技推动目的地建设

在推动目的地建设方面，政府可与专业的技术公司或机构合作，协力打造精美的 VR 等广告作品。同时，政府部门还可以通过提供必要的资金支持与政策福利，来升级旅游目的地的设施，改变目的地建设的模式和方法

案例：腾讯与敦煌研究院签订战略合作协议开发数字敦煌

2017 年 12 月，腾讯与敦煌研究院签订战略合作协议，双方计划就腾讯最新科技文化娱乐生态与敦煌研究院科研成果达成合作。一方面，让更多人从多方面体验

到敦煌之美，进一步扩大敦煌石窟文化的影响力；另一方面，让更多敦煌 IP 在数字经济时代大放光彩。

此次合作后，游客能够通过 AR 导览深入了解莫高窟的历史与艺术价值。同时，腾讯作为全球领先的云计算服务商，将为敦煌研究院提供私有云存储解决方案，帮助其从传统存储模式向云端存储模式转变，助力“数字敦煌”建设，为文化行业的数字化保护提供新模式。

3. 全产业链合作，打造目的地联合营销模式

全产业链合作营销、目的地联合营销，是指多个利益主体通力协作，共同开展目的地营销和促销，主要具有以下三个方面的优势：

3.1 产业链内外连接，实现营销效果最大化

全产业链合作实施的主体可以是不同的旅游目的地之间、同一旅游目的地不同部门之间、旅游目的地的上下游供应链环节之间、线上媒体和线下现场活动之间等，形态丰富，提供了诸多可能性。

3.2 线上线下连接整合，推动旅游目的地粉丝流量转化

线上线下的连接可以表现为整合电台、报纸、网络等传统媒体，同时连接线下现场活动进行多渠道立体营销，从而形成粉丝经济，完成消费转化。

案例：张家港旅游局与美团集团合作打造旅游美食文化系列活动

张家港旅游局与美团集团联合举办的“2018 张家港旅游美食文化系列活动”于 2018 年 4 月在张家港市启动。此次旅游美食文化系列活动将以张家港美食为亮点，串起目的地食、住、行、游、购、娱六大要素活动，打造张家港美食旅游新名片，从而助力张家港市旅游业持续、健康发展。

3.3 建立目的地营销组织，提升形象与抗风险能力

目的地营销需要激发全社会的积极性，促进文化和旅游部及其他公共部门（大学、研究机构等）、民间组织（非营利的基金会等）、商业企业和个人等的合作，以提升目的地形象与抗风险能力。

案例：“三场一村”项目——冬奥会助力京冀协同发展

《2022 年北京冬奥会和冬残奥会遗产战略计划》提出，在北京冬奥会结束后，张家口赛区“三场一村”将作为奥运遗产永久保留，成为奥林匹克公园。“三场一

村”是北京冬奥会张家口赛区主要赛事场馆，其中“三场”是指跳台滑雪场、越野滑雪场和冬季两项场，“一村”指冬奥会运动员村。该计划提出，冬奥会结束后，跳台滑雪场将被打造成集高端会议、休闲体验于一体的商务旅游特色区域；滑道部分在冬季将保留原有滑雪功能，在夏季将种上草，设置与滑草相关的娱乐项目；越野滑雪场赛后将重新利用场地，以打造成“山地公园”和“户外冰上娱乐中心”。同时，冬奥会运动员村也将保留作商用。

4. 影视营销提高目的地的感知和情感记忆

影视营销一方面是指企业利用电影的植入式广告、赞助等方式来展开营销活动；另一方面是指影视自身的营销，即影片在拍摄和制作过程中需要进行定位，利用营销的思维来运作。旅游目的地影视营销是旅游目的地利用电影电视的制作地点、环境、过程、节事活动，经过营销策划宣传，将旅游目的地推向市场，以取得旅游需求满足和旅游目的地利益相一致的一种新的营销类型。

4.1 挖掘影视剧标志，实现目的地与剧情高度连接

影视营销的植入方式主要包括对白植入、故事情节植入、场景植入三种。目的地通过灵活运用多种植入方式，将其特性融入整个剧情中，让观众在观看时产生熟悉感，对目的地产生兴趣，游览之时又能有情节代入。

案例：线上——打造影视剧《长安十二时辰》

《长安十二时辰》曾风靡一时，备受好评。该剧紧张刺激的虚构故事剧情中，始终穿插着一些真实的时代背景、历史人物和地方风物。很多细节的打造为目的地奠定了一定的品牌基础，如剧中的建筑背景基本是遵循唐代式样构建的，主角所报菜名也是经过严格考证的。

4.2 借助情感移入，连接旅游者行为和目的地消费

在影视剧中增强目的地临场感，能够使游客移入情感，刺激游客产生去影视剧拍摄地旅游的欲望。同时，在游览中引领目的地消费、传达旅游地信息等，能够满足消费者追求流行时尚的需求。

4.3 连接剧情与观众共鸣点，开发相关旅游商品

在开发相关文创旅游产品时，需要紧扣影视剧中能够引起观众共鸣的关键点，让文创产品成为影视剧的延长产业链。

案例：《从你的全世界路过》的影视营销打造情侣必去旅游目的地——稻城亚丁

在电影《从你的全世界路过》中，邓超饰演的电台 DJ 陈末说：一定要和最心爱的人，一起去稻城，在稻城冰雪融化的早晨，在布满星辰斑斓的黄昏。该经典台词引起了诸多情侣的共鸣，从而吸引了很多情侣相约前往稻城亚丁旅行。

5. 视频和内容营销提升目的地情感形象

内容营销是指创建一个与消费者相关的、有价值的、有吸引力的内容，并把这些内容分享给目标受众，通过内容来吸引新顾客购买，或吸引老顾客再次购买。内容营销被认为是创造产品价值的重要方式。视频创作就是其中重要的表现形式。

5.1 借助优质内容和大数据，连接旅游细分市场

将内容营销与 IP 进行有效结合，借助大数据对粉丝进行精准画像，利用“旅游+”的细分市场新模式，挖掘目的地旅游新潜力。同时，集合粉丝群体，主攻新媒体平台，适时制造事件，宣传造势。

案例：文创助力故宫打造旅游 IP

近年来，故宫博物院在 IP 打造和跨界营销上颇为成功，是业界的标杆。故宫借助特有 IP 的充分挖掘推出了文创产品，结合其接地气的宣传手段，达到了近 20 亿元的文创收入。《清明上河图》和“紫禁城里过大年”是故宫的两大重要 IP，故宫将这两大文化 IP 成功复制到了诸多业态，充分融入人们的生活中。此外，故宫淘宝店也是重要的 IP 产品之一。据统计，故宫淘宝店共销售 140 余种文化创意产品，形态丰富，内容多样，广为消费者追捧。

5.2 短视频与原创内容相连接，实现自传播式病毒营销

短视频以其兼具内容入口与社交的基因开辟了旅游产品营销的新模式。营销者可以通过借势热点话题和平台，以精准营销的方式获得易感人群，从而形成病毒式传播，迅速制造热点话题。

案例：《风味人间》掀起美食热潮

《风味人间》是以“追溯食物本源”为主题的纪录片。该片覆盖了全球六大洲的二十多个国家和地区的美食，它的热播掀起了观众对美食行业的关注，是对各地特色菜肴的一次色香味俱全的全方位、多角度的营销。

5.3 旅游直播营销，造就网红旅游目的地

旅游直播营销能够打破时空限制，及时收集用户反馈，全方位实时互动。同时，营销者还可以利用名人效应实现二次营销，形成口碑传播。

案例：抖音视频西安摔碗酒成为网红

抖音是当前极受欢迎的短视频软件。西安的一家酒馆借助抖音平台发布了顾客喝完酒后的摔碗视频，该视频在抖音上火了起来。很多人去西安旅游时，都在寻找这家酒馆，为酒馆带来了极其火爆的生意，旺季时酒馆一天可以卖出 1000 碗酒。同时，摔碗酒的意外走红也为西安旅游带来了热点和人气。

6. 精准营销增强目的地营销效果和转化率

精准营销是在精准定位的基础上，依托现代信息技术手段建立个性化的顾客沟通服务体系，实现可度量的低成本扩张之路，是有态度的网络营销理念中的核心观点之一。精准营销能够通过可量化的精确市场定位技术突破传统营销定位只能定性的局限；能够借助先进的数据库技术、网络通信技术及现代高度分散物流等手段保障和顾客的长期个性化沟通，使营销达到可度量、可调控等精准要求。精准营销摆脱了传统广告沟通的高成本束缚，使企业低成本快速增长成为可能。根据精准营销的理念，针对旅游目的地的文化创意营销可以采取以下措施：

6.1 精准定位和沟通相连接，促进目的地产品和服务创新

通过精准定位、精准沟通找到并“唤醒”大量的、差异化的需求。

案例：澳门酒店和新浪旅游合作进行精准营销

2016 年 5 月，澳门威尼斯人酒店曾推出“11 天星际热卖”大促活动。这是澳门威尼斯人酒店与新浪旅游合作的活动之一。新浪旅游通过定向挖掘对澳门威尼斯人酒店感兴趣的潜在用户，进行相关数据筛选，从而进行大数据个性化精准推送，最终实现流量转化。新浪旅游为活动定制了话题“威尼斯人限时六折”，并在话题页上设置了优质广告位，帮助用户在参与微博话题页面讨论时，获取相关大促信息，从而点击及购买相关产品。

6.2 定制个性化旅游产品，提高游客让渡价值

追求个性化是用户潜在的心理需求。服务提供者通过个性化设计、制造或提供产品、服务，能够最大限度满足目标客户的有效需求。

案例：三里屯“有间国潮馆”

“有间国潮馆”坐落在三里屯商圈，该店铺围绕国货、国艺、国乐、国学、国漫等5大内容设计了流光溢彩、人间乐事、国色天香、诗情画意、古今奇观、天工开物六大创意展区。场馆通过丰富多样的创意互动与主题演出，全方位阐述了“中国造，正当潮”的理念，以创意方式讲好中国品牌故事，让观众通过沉浸式参观和深度互动感受中国品牌发展。六大创意展区之外，馆内还特别设置了互动专区“不潮急诊室”。该急诊室以中国传统色彩、妆容为蓝本，结合现代技术，围绕日常生活中的“潮范儿”打造，为观众带来兼具趣味性与科学性的潮流色彩诊断等体验。

6.3 依托现代信息技术，改善游客与目的地的连接质量

通过丰富多样的现代化信息传播工具与旅游者进行直接沟通，并且层层过滤，最终找出真正的消费者，引导他们的信息寻找行为。

案例：美团旅行与杭州旅游发展委员会携手，利用大数据实现精准营销

美团旅行曾与杭州旅游发展委员会达成战略合作。根据战略合作协议，美团旅行将通过数据挖掘、数据整合分析等方式，探究游客行为偏好，帮助杭州完善旅游公共服务体系，提升智慧营销能力，为游客提供更好的旅行体验。

7. 体验营销深化目的地要素构成和产业组合

体验，从本质上来说，就是人们以个性化的方式度过一段时间，并从中获得一系列值得回忆的事情。1970年，阿尔文·托夫勒（Alvin Toffler）在《未来的冲击》（*Future Shock*）一书中提出了“体验经济”的概念。而体验营销是伴随着体验经济而生成的一种新型营销方式，即企业通过为消费者提供体验来创造价值。旅游是人们享受生活、放松心情的重要体验活动，旅游过程中，游客需求的不一定是物质结果，可能是一种不同寻常的经历或者感受，即旅游体验。

旅游体验营销是指根据游客情感需求的特点，结合旅游产品、服务的属性，策划有特定氛围的营销活动，让游客参与并获得美好而深刻的体验，满足其情感需求，从而扩大旅游产品和服务销售的新型营销活动方式。

传统营销与旅游体验营销的区别

传统营销（F&B Marketing）	旅游体验营销
专注于产品特色与功能	专注于消费者体验

续表

传统营销（F&B Marketing）	旅游体验营销
把消费者的决策看成一个解决问题的过程，非常理性地分析、评估，最后决策购买	认为消费者既是理性的也是感性的，消费者因理智和因为追求乐趣、刺激等一时冲动而购买的概率是相同的
关注产品的分类和在竞争中的营销定位	关注产品在广泛的社会文化背景中的消费情景

7.1 关注个性化需求，赋予目的地营销情感色彩

目的地营销需要摆脱思维定式，通过采用差异化服务来满足不同游客的需求；同时，为实现个性化需求，需要打造具有仪式感的活动，以回应旅游者个性化的情感诉求。

案例：拈花湾打造禅意旅游 IP

无锡的拈花湾小镇是中国旅游 IP 打造的经典案例。拈花湾小镇主要以禅修为主题，打造了一种惬意、自在的生活方式。“禅”文化是近年兴起的传统文化，拈花湾用它的“一山一水，一草一木，一石一叶，一门一窗，一桌一灯，一杯一盏，乃至鸟叫蛙鸣，彩云薄雾，烛光暗香，晨钟暮鼓，渔火晚唱……”为游客创造了一个禅意生活的现实样本，从而吸引了一大批追求文艺、追求体验的游客。如今的拈花湾，已经成为复活“禅意”的超级 IP。

7.2 特色内容连接主题形象，打造目的地深层互动体验

营销者需要将旅游场景主题化，将特色内容与主题相连接，让游客融入整个营销环节中，从而进行深层次的互动沟通。

案例：浙江彩虹村（被誉为中国的“圣托里尼”——小箬村）

小箬村是温岭石塘半岛西南部的一个小渔村，居民为该村庄打造了“彩虹”主题。游客在这里随意拍张照片就有其独特韵味，令人心旷神怡。小箬村原先都是石屋，后来进行大范围修建，破坏了石屋的建筑风貌。于是当地人集思广益，在保护原有石屋的基础上对其进行了外墙粉漆，就形成了今天的七彩小岛。该小岛以鲜艳的色彩和与大海交相辉映的别致景观吸引了许多游客。

7.3 设计虚拟旅游项目，促进目的地信息化建设

虚拟旅游单元的设计也是旅游目的地信息化建设的重点之一。在国外，虚拟网

站的发展相对成熟。统计显示，有 45% 的美国网民体验过虚拟旅游这一网络旅游方式。著名的虚拟世界网站“第二人生”就是采用三维图形技术模拟出一个大型虚拟世界，吸引了多达 460 万名会员。在国内，虚拟旅游也并不新鲜。此前，国内多家网站开通了北京、西安、郑州、成都、三亚等城市的虚拟旅游服务，满足了宅人“在家看世界”的愿望。

案例：故宫“穿越时空”虚拟旅游

北京故宫博物院此前曾推出一个名为“超越时空”的虚拟旅游项目。该项目利用 3D 技术，让一时无法亲临紫禁城的游客也能够穿越时空一睹皇宫风采。该虚拟旅游项目不仅有“网络导游”指路，还为网友提供了多种虚拟身份，无论是过把皇帝瘾、公主瘾还是当个侍从悉听尊变，都成为可能。此外，如果网友对其中某个景点感兴趣，还可以通过点击鼠标让网络中的虚拟“自我”在景点前拍照留念。这种形式为故宫培养了大批潜在游客。

参考文献

[1] Alamäki A, Pesonen J, Dirin A. Triggering effects of mobile video marketing in nature tourism: Media richness perspective[J]. Information Processing & Management, 2019,56(3): 756-770.

[2] Doolin B, Burgess L, Cooper J. Evaluating the use of the Web for tourism marketing: a case study from New Zealand[J]. Tourism management, 2002,23(5): 557-561.

[3] Énalan D, Soteriades M. Tourism destination marketing: approaches improving effectiveness and efficiency[J]. Journal of Hospitality and Tourism Technology, 2012.

[4] Huang Y C, Backman K F, Backman S J, et al. Exploring the implications of virtual reality technology in tourism marketing: An integrated research framework[J]. International Journal of Tourism Research, 2016,18(2): 116-128.

[5] Loureiro S M C, Guerreiro J, Ali F. 20 years of research on virtual reality and augmented reality in tourism context: A text-mining approach[J]. Tourism Management, 2020(77): 104+028.

[6] Müller-Lankenau C, Wehmeyer K, Klein S. Strategic channel alignment: an analysis of the configuration of physical and virtual marketing channels[J]. Information Systems and e-Business Management, 2006,4(2): 187-216.

[7] Palmer A, Bejou D. Tourism destination marketing alliances[J]. Annals of tourism research, 1995,22(3): 616-629.

[8] Schmitt B. Experiential marketing[J]. Journal of marketing management, 1999,15(1-3): 53-67.

[9] Zhu G, Gao, X. Precision retail marketing strategy based on digital marketing model[J]. Science Journal of Business and Management, 2019,7(1): 33-37.

[10] 当个太阳 .《从你的全世界路过》取景地 [EB/OL]. https://baijiahao.baidu.com/s?id=1653087565456963037&wfr=spider&for=pc, 2019-12-16.

[11] 候鸟公社 . 从微博大数据看旅游精准营销 [EB/OL]. https://www.sohu.com/a/87037924_298622, 2016-06-29.

[12] 交城旅游 . IP 是旅游产品打造的最高境 [EB/OL]. https://www.sohu.com/a/191336220_99936216, 2017-09-11.

[13] 李丹 . 打造世界旅游目的地！张家口“三场一村”将成为奥林匹克公园 [EB/OL]. http://report.hebei.com.cn/system/2019/02/21/019462841.shtml, 2019-02-21.

[14] 罗毅 . 2018 张家港旅游美食文化系列活动正式开启 [EB/OL]. http://js.cri.cn/20180423/29fd7b13-7049-bc7e-6270-beeedddcfc9f.html, 2018-04-23.

[15] 迷影人生 .《长安十二时辰》：国产电视剧的另一种打开方式 [EB/OL]. https://baijiahao.baidu.com/s?id=1641072603517830237&wfr=spider&for=pc, 2019-08-06.

[16] 腾讯科技 . 腾讯与敦煌研究院达成战略合作 携手共建“数字丝路”[EB/OL]. https://tech.qq.com/a/20171229/025487.htm,2017-12-29.

[17] 喜剧有态度 . 美食纪录片千人一面，这部《风味人间》却万中无一，感受真正美食 [EB/OL]. https://baijiahao.baidu.com/s?id=1615737948278212641&wfr=spider&for=pc, 2018-10-30.

[18] 向征 , 丁于思 , 黎孁 . 信息技术与旅游：从数字化到信息加速时代 [J]. 旅游学刊 , 2020,35(01): 11-12.

[19] 佚名 .“有间国潮馆”5.10 三里屯开馆 让中国风撞上时尚潮 [EB/OL]. http://www.citure.net/info/2019510/2019510135939.shtml, 2019-05-10.

[20] 佚名 . 美团旅行牵手旅游智库 大数据助力城市精准营销 [EB/OL].https://stock.qq.com/a/20180517/035239.htm, 2018-05-17.

[21] 佚名 . 虚拟旅游 将穿越进行到底 [EB/OL]. http://roll.sohu.com/20111125/n326892462.shtml, 2011-11-25.

[22] 佚名 . 故宫的大文创之路：以文化 IP 促进产业融合 [EB/OL]. http://www.wjyt-china.org/qiye/103179.html, 2019-04-09.

故事与故乡：乡村文创与地方创生的思考与实践

向　勇[①]

乡村文创是一种新时代乡村振兴与城乡营造的新模式。乡村文创以连接、赋能和共生为功能主导。所谓乡村文创的连接功能，指通过举办各种活动，以作为各类乡村创客的"人"为中心，对外部和内部进行自上而下、自下而上的连接；乡村文创的赋能功能，指通过文创手段对当地的农特产品、自然资源、人文民俗和历史传统进行赋能；乡村文创的共生功能，指让当地的民众通过活动的参与和各类服务的提供，共同参与地方的乡村文创。乡村文创坚持新福利主义与新市场主义的平衡，采取有利于乡民的利益分配机制，最大限度地调动乡民参与的积极性。

1. 创意旅游视野下的乡土故事与地方资源

故事是重要的乡土资源。故事是人之所以为人的意义所在，是促使文旅融合的内在动力。文化和旅游的融合创新是新时代推动文化产业高质量发展和旅游产业优质升级的重大现实需要。旅游消费包括了物质意义上的功能消费，也包括精神意义上的文化消费，而根本上是一种文化消费。从某种程度来说，旅游模式就是一种文化模式，社会文明程度越高，就越要关注休闲和旅游。文化与旅游息息相关，密不可分。1999 年 10 月，古迹遗址国际理事会（ICOMOS）在墨西哥通过了国际文化旅游宪章，指出"旅游本身已经成为一个日益复杂的现象，纵横政治、经济、生物、物理、生态和美学的各个领域"，"文化遗产被视为日常生活、社会进步和变化的一个生动的参照点……国内和国际的旅游是文化交流的最重要的途径之一……可以捕捉到文化资源带来的经济效益"。文化和旅游的融合要坚持"宜融则融、能融尽融、因地制宜"的原则，"找准文化和旅游工作的最大公约数、最佳连接点"。文化资源是发展旅游产业的基础性资源，旅游产业是彰显文化内涵的重要载体。文化和旅游的融合发展，有利于推动城乡统筹、乡村振兴以及地方发展的可持续增长。

---

① 向勇：北京大学艺术学院教授、博士生导师，北京大学文化产业研究院副院长。

文化旅游的经验发生在一个特定的“地方”。作为一个人文地理学和文化社会学的概念，地方是一个被赋予特定意义和价值的地理空间，包括集体信仰、地方认同、文化想象、区域发展和产业开发等地方性感知和地方性生产等范畴。“地方创生（Place Making）”是乡村振兴、城乡统筹和社区营造等社会行动进入到新时代的新理念和新实践。地方创生包括了“人—文—地—景—产”等多维度的综合概念，是以实现资源节约、环境优化和绿色发展为目的的新增长模式。“地方创生”源于2014年9月日本首相安倍晋三提出的“激励地方小经济圈再生”政策，2014年日本国会的主题就定位为“地方创生国会”。2016年中国台湾地区提出“设计翻转、地方创生”计划，并将2019年确定为“台湾地方创生元年”，希望通过整合设计人力资源、盘点区域特色资产、统合跨界合作平台和创生能量国际化四项策略，规划了“创意型创生计划、创新型创生计划、创业型创生计划和复合型创生计划”四种地方创生计划，以挖掘在地文化底蕴，培育地方性的特色产业。“地方创生”不仅要重视地方水利、交通等基础设施的硬件建设，也不能忽略文化艺术、生活美学、服务设计和活化地方产业等软件建设。

旅游业可以将地方极富特色的人文历史、地理地貌、特色农作、工艺传承等区域资源进行创意再生，以地方创生关注“地、产、人”的审视视角，透过地域、产业与人才的多元互动，以“创意、创新、创业”为创生手段，引导优质人才服务地方乡土，开拓独具特色的地方感资源，发掘深具地方内涵的地方性产业。旅游产品也是一种象征产品，旅游业作为一种体验经济的产业形态，也是一种符号经济和文化经济形态。文化产业领域的创意转向推动了创意旅游的新兴发展。

创意旅游（Creative Tourism）作为一种可持续的新型旅游形态，是文化和旅游融合的创新产物，其概念最早出现于20世纪90年代中期。新西兰学者格雷·理查德（Grey Richards）与克里斯宾·雷蒙德（Crispin Raymond）强调，旅游者在旅游过程中积极参与地方文化，主动学习地方手工技巧，体验地方文化氛围，激发自身创意潜能，实现自我的创新提升。创意旅游是2004年联合国教科文组织发起的“创意城市网络”倡议的产业实践，希望旅游者积极参与地方文化，感受地方传统。2008年9月，首届创意旅游国际会议在圣达菲召开。创意旅游强调通过对艺术、遗产和地方特色的身心感知，营造出具有参与感和原真性的旅游体验。创意旅游就是文化产业的“文化加值、创意赋能”的创意管理手段在文化旅游业中的综合应用。地方型创意旅游包括了自然景观型、观光农业型、乡村度假型、生态教育型、民俗节庆型和文化旅游型等不同旅游形态，不同的旅游形态吸引了不同的旅游者，产生了不同的旅游体验。

创意旅游的内容强调文化旅游开发中对文化资源的开发、文化旅游产品研发中对文化内涵的挖掘。习近平总书记指出，“青山绿水就是金山银山”，就是我们要以创意旅游的休闲之眼和审美之镜来审视和观看地方资源。地方文化包括农业生产文化、农村生活文化和农民娱乐文化，地方作为生活空间、生产场域和生态地景，既包括自然生态、地理景观、风土民俗、民间工艺、历史传说和人文遗迹等主体性旅游资源，也包括居家住宿、餐饮美食和车船交通等辅助性旅游资源。创意旅游开发的地方资源对象包含了有形物质资源、非物质文化资源和人力资源，是一种综合资源总体开发观。其中，创意旅游应以地方文化为根本，其核心是文化价值的开发。创意旅游是文化和旅游融合的高级阶段，注重审美性文旅产品的消费体验。格雷·理查德指出，创意旅游推动了旅游资源从有形资源（历史建筑、博物馆、纪念物、海滩、山林）向无形资源（形象、符号、生活方式、氛围、故事叙事、创意和媒介）的转换。文化资产不仅能展示地方文化，而且也是文化旅游重要的吸引力。象征经济已成为文化旅游消费的重要形式，创意旅游设法运用地方文化资产，创造独特的地方文化风格，促进社会、经济和文化的发展。

创意旅游的过程强调文化旅游一个体验性、参与性的互动过程。拉斯罗·普兹克（Laszlo Puczko）等认为，文化资源在创意旅游开发中具有独特的资源优势：文化资源的开发投资规模小，有利于旅游资源在时间和空间上的均匀分布，可以促进过去未妥善利用资源的有效开发，以满足特殊旅游者的特殊需求。创意旅游促使了地方高雅文化旅游（以古迹、博物馆、艺术、音乐等为目的的旅游）向地方娱乐文化旅游（以娱乐、休闲、宗教、生态、节庆、活动等为目的的旅游）和地方日常文化旅游（以习俗、养生、生活方式、手工艺等为目的的旅游）的转向，增强了文化的体验价值，开拓了文化旅游的蓝海市场。旅游消费也从被动式消费转向主动型消费模式。创意旅游的形式也基于学习、任务、参观和购买等消费行为，以手艺工坊、开放性工作室、游学路线和画廊展示等体验型活动形式展开。地方创生的创意旅游是一种深度旅游，其体验过程即以地方为“舞台”，以文化旅游产品和服务为“载体”，经过独特的行为体验和精神体验，创造出鲍德里亚所谓“流动的私藏”的情感回忆。

创意旅游的结果强调旅游者对于地方价值的分享和情感的连接。创意旅游强化了旅游者的地方感，增强了旅游者对地方的主观理解、内心感受和心理描述，这是旅游者在文化旅游过程中与地方建立起的特殊联结，在此基础上形成一种独特的感受、信念、态度、行为、思维模式和生活方式，最终达成旅游者的地方认同、地方依恋、地方依附。创意旅游实现了旅游者自身的审美超越和精神升华，超越了日常生活经验的具体感知，在审美意义上体味人生的意义感、价值感和宇宙感。创意旅游所生发的审美活动，可以引导人们有高远的精神追求，进而提升人的人生境界。

2. 地方创生的参与机制与主导模式

地方创生的实施路径是地方赋权（Place Empowerment），即赋予当地人以自我发展、自我再生的能力和权力。齐默曼（Marc A. Zimmerman）等认为赋权是一种让人们有能力主宰环境和做决策的过程，也是一种获得更多自主权和参与感的结果。地方创生网络中有两种力量在支配：自上而下的政府力量和自下而上的社会力量、地方创生的内生力量和外在力量。地方创生的利益相关者由在地居民、各级政府、外来旅游者、各类经营者等。其中，经营者包括个体经营者和团体经营者，而团体经营者具有营利企业、非营利组织和社会企业等不同形式。地方赋权是一个地方能量不断累积的过程，是地方创生的能力从无到有的动态过程。

地方创生的关键在于引导地方居民的自主性参与。作为日本地方创生的典范，越后妻有大地艺术节开创了一种地方赋权的艺术介入新模式，策展人、艺术家、地方官员充分调动自下而上的地方居民参与，让地方居民成为地方创生的主人。创意旅游不仅让地方居民成为文化旅游产品和服务的供给者，而且要让在地居民重塑地方自信，建立地方生活的未来想象。因此，地方创生的主体力量需要在地养成，需要地方创生的专业团队对在地的主导力量有一段时间的慢慢陪伴。

地方创生的运营组织逐渐从非营利组织过渡到社会企业。社会企业因特别社会事业、特殊社会群体的现实需要，不同于在公益价值或商业营利之间偏执一端的公益组织或营利企业，避免政府失策或市场失灵，将使命感、利他精神和商业经营、永续发展融合起来，强调通过企业经营和商业模式的手段解决社会问题，旨在平衡好社会价值与经济价值。社会企业的核心竞争力是社会资本，即透过社会资本将经济资本和文化资本进行融合转化。创意旅游的社会企业追求“经营获利”和“社会公益”的双重价值，是马克斯韦伯所谓“工具理性”与“价值理性”的双重调和。

社会企业着眼于地方性产业。在中国企业和社会组织管理的法律框架下，推动地方创生、发展创意旅游的社会企业，可以表现为集体所有制、合作社组织和公益组织附属企业。社会企业经营的地方产业目标是建立“一地一品”（又称之为“一村一品”、“一镇一品”或“一区一品”，英文是 One Town One Product，简称OTOP），包括食品加工、特色工艺、创意生活、节庆会展、休憩服务、在地美食等地方性特色产业。这些地方性产业一定要融合地方文化、民间艺术和历史背景等地方元素，提供独特、优质、特色、手工、限量的产品或服务。社会企业经营的地方性产业是小而美的，是富有人情味的。社会企业发展创意旅游，可以有效整合地方的乡土文物、民俗活动、地方物产、文化庆典、民间工艺等相关产业的活化创生。这些地方性产业具有社会公益性和商业微利性，符合社会企业的发展理念和经营模式。当然，社会企业做了这样的目标设定，政府和社会对此都有更高的期待和更严的监督，这也加大了社会企业自身的经营风险。

地方创生是一种可持续的地方发展策略，需要平衡经济、社区、文化和环境等不同方面的发展需求，需要平衡政府、居民、旅游者、经营者等不同主体的利益诉求。全球可持续旅游委员会制定的创意旅游可持续发展指标包括目的地可持续运营，当地社区经济利益最大化与负面影响最小化，社区特色性保护、游客体验、文化传承效益最大化与负面影响最小化，环境效益最大化与负面影响最小化等四大一级指标。其中，经济指标包括经济效益检测、当地居民就业机会、公众参与机制、当地社区满意、当地居民进入与访问权利、旅游意识宣传与教育、反对剥削、支持社区发展、扶持当地企业主与支持公平贸易等二级指标。创意旅游的发展需要尽可能平衡这些可持续发展指标，区分不同的文化旅游资源，优化不同的创意旅游发展模式。

面对互联网的技术冲击和社会变革，创意旅游驱动下的地方创生，关键在于如何调动地方治理的积极性和自主性，包括内部协同与外部共生。徐勇认为，中国的地方治理可部分借鉴日本模式，中央政府将地方管理权下沉至地方基层政府；基层政府转化为服务型政府，专注于地方公共产品的提供；地方非营利组织和社会企业发挥地方居民日常生活的服务功能，形成地方服务与地方治理的双重运行机制。这是一种互惠共生的地方治理机制，为地方创生的持续健康发展提供机制保障。

构建协同共生型地方治理模式，是一种基于个人主义和集体主义、地方主义和国家主义、自由主义和福利主义之间的动态关系而实施的制度设计和平衡机制。站在现实主义立场来看，这更像是一种理想主义的机制设计。地方创生是一个涉及主体多元、价值多元、利益多元等复杂要素的总体营造的生态系统，创意旅游需要在产业实践中对这些多元要素进行动态协同，追求“互为主体、资源共通、价值共创、利益共享”，实现地方主体的协同效率和多赢共生。

3. 白马花田间的乡村文创实践

作为一名乡建实践的探路者，笔者几年来一直在四川达州宣汉白马持续推动乡村文创建设。2015 年 9 月，父辈嘱托笔者与家弟对老家废弃多年的老屋稍做修葺，我们把家族父辈的嘱托和家族内的私人行动，变成我们返乡援乡、建乡支乡的公益计划和社会行动，进而长期深入地参与家乡的脱贫攻坚和乡村振兴。我们的乡村文创分为空间营造、活动营造和文化营造等不同的实践活动。

空间营造表现为对祖屋进行翻修，把向家院子改建成一个可以承载生活居住、寄托游子乡愁、立足国际视野的公共空间，建设成为国际乡村创客营地，为新时代的新乡贤、新农人、新村民和新创客服务。宣汉县是四川盆地东北边缘大巴山的一个国家级贫困县，土家族人口占总人口的 60% 以上。通过对自居的天地系统的适应，宣汉土家族形成了绚丽多彩、特色鲜明的土家族文化，宣汉土家族还是距罗家坝巴人文化遗址最近的土家族聚集区。据考证，现在的土家族就是巴人后裔，土家族文化就是巴人文化的延续。巴文化是中国古代西南及中南地区巴国王族和巴地各族所共同创造的全部物质文化、精神文化及其社会结构的总和。“巴”的地域范围大体界定在重庆全境北起汉水、南至鄂西清江流域、东至宜昌、西达川东的地区。白马镇是大巴山腹地一个静谧安详的小镇，当地的森林覆盖率达到了 60% 以上，是省级森林小镇。毕城村是白马镇下属的一个小小村庄，白马河流淌而过，周边是绵延的青山，林木繁茂。

花田间国际乡村创客营地坐落在毕城村下河坝。这是一座屹立于青山脚下、清河之滨的古朴建筑，整栋建筑融合传统民居式样与民国建筑风格，院子与周围的川东民居相协调，同时又具有北京大学燕南园建筑风格，与周围的山水、村庄、田园相呼应。营地共分为三层，一楼为活动和展示空间，由花田喜食、花田物语、花田美术馆、花田工坊和生活记忆馆等馆室构成。花田喜食既是餐厅，又可以用来举办公共活动；花田工坊可以用来上课，孵化当地的艺术家和设计师；花田美术馆里不时会进行摄影展、文创展等艺术展示活动。二楼主要是营地的生活和创作空间，共有十二个房间，以中国传统的十二花神命名，九间客房分别名为“金菊初开”“相思落桂”“牡丹和露”“疏梅寒香”“杏花天幔”“灼灼花桃”“玉珪绛榴”“一庭闲葵”“菡萏修影”，还有会议室“芙蓉微醉”、茶室“水中大仙”、书房“雪染茶花”。三楼是一个静谧的舒适阁楼，为营地的研学和修习空间，有用于研学修习的多功能厅和书咖区“向上书堂”；有用于休息生活的空间“六艺书舍”，包括礼舍、乐舍、射舍、御舍、诗舍、书舍和道舍七间书舍，表达“六艺问道”的精神追求；还有专门的禅修空间。作为立足国际视野的乡村创客营地，建筑空间的内部设计和空间布局充满了艺术格调。沙发、茶几、吊灯、地板、桌椅等家居陈设都十分别致，摆设十分讲究。居住在花田间，能够充分感受到建筑、人文与自然的魅力，感受大山深处“家”的氛围。

花田间国际乡村创客营地的使命就是要带领乡民一起发展，院子建成之后首先要做的就是聚集人心。在这一过程中，一是要拓展村民们的视野，增加白马人对自己这块土地的认知和文化自信；二是要解决乡村创客在内的“新乡民”如何与本村村民融合、新思维和生产模式如何与原有农村的生产方式融合的问题。活动营造包括花田创客、花田课堂、智能花田和花田农夫等系列花田营造活动计划，希望以活动的开展实现与在地乡民的情感连接。营地地处四川东北的大山深处，这个地方是一处典型的隐世偏乡。从前，这里的交通非常不便，山路过了一道梁还有一道弯，似乎看不到尽头。无论多壮实的小伙子，在这里坐车都会晕车呕吐。当然，现在的交通大为改善。大山里老百姓最大的心愿就是想让自己的孩子用功学习，考取城里的大学，能够离开这个地方。这些渐渐减弱了他们对故土乡里的身份认同和情感连接。我们组织了很多活动，希望能唤醒当地老百姓对自己生活的土地的再认识，能够对土地心生感恩之心，对这片土地产生地方依恋和地方自信，也就是我们强调的文化自信。在乡亲们的眼中，我们也算是有所成就的后生，取得了一定的社会成功。那我们为什么要返乡？我们在家乡做什么？他们刚开始在围观，在议论，然后我们邀请他们参与，他们在慢慢改变。随着营地的认知度越来越高，前来参观的人越来越多，村民们在同县里其他乡镇村庄的人说起来的时候，变得很有几分自豪。参加我们各类活动的志愿者朋友，也受营地活动的影响。乡民们将房前屋后都打扫得很干净，对外来人也非常热情，很愿意向外来人介绍这个地方，言谈中充满了几分自信。在这几年开展活动的过程中，我们确实看到了乡民们的变化。

宣汉白马地处巴文化分布的核心区位，地理位置得天独厚，又浸淫于古老巴文化的千年滋养，有着深厚的文化底蕴。民间记忆、故事传说、手工造物、民俗节事、创意美食、田园休闲和环境整饰等巴风乡土都是宣汉白马独特的资源和宝藏。文化营造定位为对这个地方独特的大巴山历史文化、自然生态文化、土家族民俗文化，以及家族耕读文化等文化资源的研究、创作和开发。我们组织艺术家进行摄影、美术创作和歌谣采风，结合了白马山水人文、风情民俗的地域特点和国内外乡村文创的发展趋势，为乡镇和村庄的发展编制发展规划，出版了以这个地方为研究对象的论文和论著。我们注重文脉整理、资源研究和系统规划的学理主导。我们希望将宣汉白马打造成一个具有国际声誉的乡村文创小镇，作为巴文化民俗体验区，与巴山大峡谷（巴文化自然风景区）、罗家坝遗址（巴文化历史遗址区）形成三足鼎立的格局，共同向世人呈现独特而悠久的巴人文化魅力。

2019 年 8 月 20 日—9 月 20 日，在大巴山稻谷成熟的丰年庆收之际，首届大巴山花田艺穗节在花田间国际乡村创客营地举行。花田艺穗节是中国第一个乡村艺穗节，以“乡村动员与地方共生”为主题，所有受邀的艺术家和文创家以热爱乡土的虔敬情怀，运用不同的艺术作品和文创产品来表达“讴歌泥土生命”的艺术观念与文创理想。花田艺穗节设立了国际乡村创客大会、花田大地艺术作品创意展、大巴山地方创生花田影像展、花田错沉浸演出、花田乡愁电影展映、花田喜市文创市集和向上惜物生活展等丰富的展演内容，引起社会的广泛关注和主流媒体的持续报道，产生了很好的影响。

为了保障花田间国际乡村创客营地的可持续化运营以及乡村发展和文化振兴计划的顺利推进，我们发起成立了宣汉文化创意发展促进会。宣汉文化创意发展促进会以花田间国际乡村创客营地为实践基地，分设“花田间营地工作群 ”及“花田间文创工作群”，共同推进相关计划，具体事务由七个部分协同完成，与四川大学、重庆大学、韩国国立安东大学等诸多高校、机构建立乡村文创实践基地合作协议，在当地和外地有核心的会员与志愿者团体，充分调动社会力量为乡村建设贡献力量。

文旅融合发展的概念与逻辑

张凌云[①]

1. 文化与旅游关系的早期理论研究及其实践

已故著名学者于光远，早在20世纪80年代初，曾对旅游与文化的关系，说过如下的名言："旅游是经济性很强的文化事业，又是文化性很强的经济事业。"即旅游具有经济和文化的双重属性。

1985年由《中国旅游报》发起并组织全国人民经过半年多的评比，于当年9月9日评选出中国十大名胜古迹：万里长城、桂林山水、北京故宫、杭州西湖、苏州园林、安徽黄山、长江三峡、台湾日月潭、承德避暑山庄、西安秦兵马俑。这十个景区分布于祖国的东西南北各个区域，包括自然景观、历史建筑，人文景观和文物古迹等，其中大多数是文化旅游资源和文化旅游吸引物，也是我国改革开放后，第一代入境旅游的热销产品，这些名胜古迹所在的城市，也是当时来华游客首选的热点旅游城市。

2. 文化的定义

美国著名文化学专家克罗伯（A.L.Kroeber）和克拉克洪（D.Kluekhohn）著有《文化：一个概念定义的考评》一书，这本书共收集了166条文化的定义，比较有代表性的有：

泰勒（1871）关于文化的定义：文化或文明是一个复杂的整体，它包括知识、信仰、艺术、法律、伦理道德、风俗和作为社会成员的人通过学习而获得的任何其他能力和习惯。(属描述性的定义)

亨廷顿（E.V. Huntington，1945）关于文化的定义：文化是指人类生产或创造

① 张凌云：北京第二外国语学院教授、博士生导师，《旅游学科》执行主编，北京联合大学特聘教授。

的，而后传给其他人，特别是传给下一代人的每一件物品、习惯、观念、制度、思维模式和行为模式。（属遗传性的定义）

3. 文化概念的讨论

文化的分类：物质文化（衣食住行）、社会文化（艺术、民俗、宗教、制度、法律等）、哲学文化（包括社会和生活观念、审美观念）。

狭义的文化是指各类艺术：造型艺术（绘画、雕塑、书法、摄影、建筑、工艺美术）、表演艺术（音乐、舞蹈、曲艺、杂技）、综合艺术（电影、电视、戏剧、戏曲）、文学艺术（小说、散文、诗词、歌赋）、数字艺术（动漫、电游、3D/4D、VR/AR）等。

4. 旅游的定义

旅游是一个人离开其惯常环境 24 小时以上，不超过一年，并在到访地不从事报酬的活动。

——世界旅游组织，国际旅游：全球化前景，1999

5. 文旅融合的两个维度

文旅融合主要体现在两个维度上：文化旅游和旅游文化。

文化旅游是与自然旅游相对应的一种旅游形式。文化旅游的兴起，主要是与社会经济不断发展、居民生活水平日益提升、旅游者对精神文化产品需求持续增加、市场对文化的关注度大幅提高有关。文化旅游是旅游产品和旅游产业优化升级的重要途径。

广义地看，文化资源作为一种旅游吸引物，可以贯穿到整个旅游过程，包括旅游活动、旅游方式。如物质和非物质文化遗产、主题乐（公）园、旅游演艺、旅游纪念品等。

《国际文化旅游宪章》（*International Cultural Tourism Charter*，2002 年 12 月）中对文化旅游的定义是：

文化旅游主要指将重点放在文化和文化环境上的旅游，文化环境包括目的地的景观、价值和生活方式、遗产与表演艺术、工业、传统和当地居民或东道主社区的休闲活动。它可以包括出席文化活动、参观博物馆和古迹遗址并与当地人民融洽交流。……包括所有游客在该地点经历的、在他们本身生活环境中不曾经历过的感受。

旅游文化是一种现代消费文化，是旅游活动所形成的文化属性，属于文化的一种类型。旅游文化涉及旅游者、旅游投资者、旅游经营者、旅游管理者、旅游目的地政府和居民等多个相关利益方，是社会文明进步的标志。旅游文化是我国文化建设中的重要组成部分。

旅游作为一种文化现象，体现传承与发展、创意与创新、时尚与流行，以及国民素质教育与良好行为养成、传播与交流、学习与互鉴、包容与理解。

文化是旅游（旅游产品 / 产业）的灵魂，旅游（旅游活动 / 现象）是文化的载体。

6. 旅游文化交流和传播功能

文明旅游是一种旅游文化的体现，文明旅游不仅仅是游客文明出行，还包括营造文明的旅游环境，如对于外来游客友好友善、市场竞争井然有序、交易各方诚实守信、接待设施人性化和提供无障碍环境，以及对传统文化的尊重和对生态资源的保护和重视生态文明等。

旅游是主客面对面、人与人之间的直接交流和双向沟通。中国既是旅游目的国，又是旅游客源国，不仅仅是让世界听到“中国故事”，而且还要能让世界体验到“中国故事”，将“中国故事”变成外国游客能够触摸到、体验到的社会现实，这是一个涉及面更广、更复杂的社会文化系统工程，是一个国家软实力和巧实力的综合体现。

7. 文化与旅游关系：文旅资源、文旅产品

二者关系见下图所示：

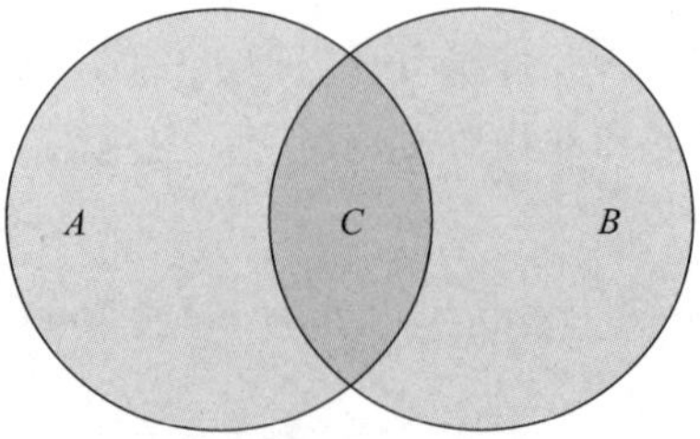

$C = A \cap B$

A=文化旅游（产品） B=自然旅游（产品） C=文化与自然旅游

8. 文化与旅游关系：文旅产业

依据《国民经济行业分类》(GB/T 4754—2017)，与文化与旅游业相关的分类有：住宿和餐饮业；文化、体育和娱乐业。

国家统计局《文化及相关产业分类（2018）》中指出：

——文化核心领域：新闻信息服务、内容创作生产、创意设计服务、文化传播渠道、文化投资运营、文化娱乐休闲服务；

——文化相关领域：文化辅助生产和中介服务、文化装备生产、文化消费终端生产。

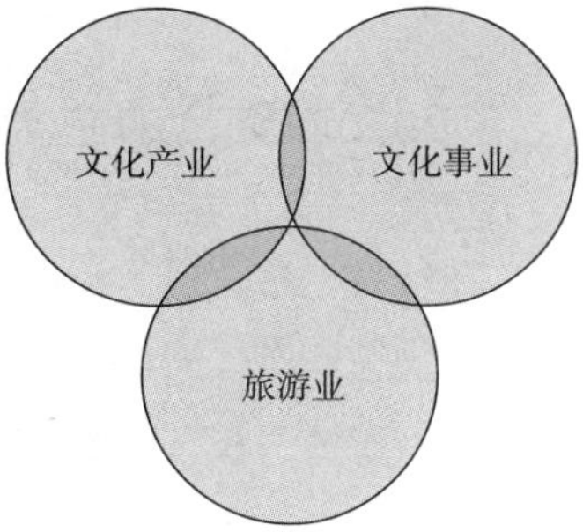

国家统计局《国家旅游及相关产业统计分类（2018）明确表示》：

旅游业包括旅游出行、旅游住宿、旅游餐饮、旅游游览、旅游购物、旅游娱乐、旅游综合服务、政府旅游管理服务等几个大类。

9. 文旅融合（狭义融合）

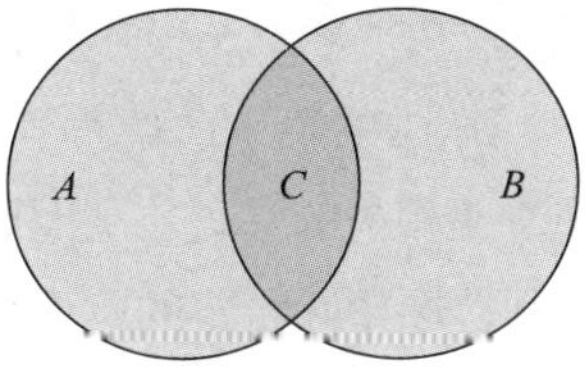

$C=A\cap B$

A=文化产业，狭义的文化概念　B=旅游产业　C=文化产业与旅游产业融合，文旅产业

10. 文旅融合（广义融合）

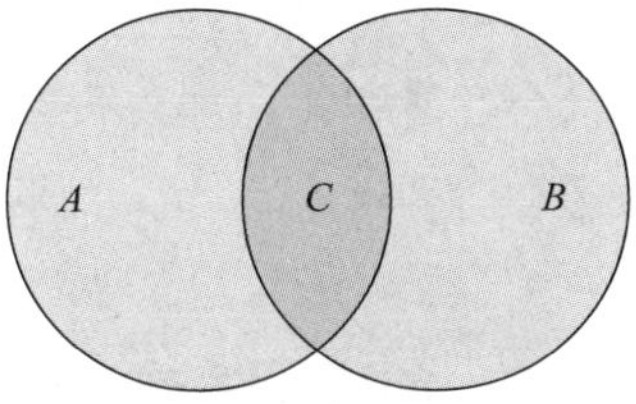

$C=A\cap B$

A=文化产业，广义的文化概念　B=旅游产业　C=文化产业与旅游产业融合，文旅产业

11. 文化旅游的文化功能

国际著名旅游学者贾法·贾法利（Jafar Jafari）认为：通过发展遗产旅游可以抢救濒临消失的文化（物质遗产和非物质遗产），旅游成为对遗址遗产进行保护性利用和传承非物质文化遗产的一种有效途径，给予文化传承人应有的市场价值。

遗产遗址的发掘发现，传统文化的继承发扬，时尚文化的创新创造，以及文化的交流传播，都可以通过发展旅游来实现。

12. 文旅融合的主要领域

现行文旅融合最为活跃的主要领域有：主题乐园、文化创意园区；红色旅游景区；博物馆旅游、遗产旅游、名人故居；建筑遗址、工业遗址和农业遗址旅游；文化古城、古镇和古村旅游；旅游演艺、山水实景演出；非物质文化遗产旅游。

13. 非物质文化遗产与旅游业的影响

联合国教科文组织（UNESCO）《保护非物质遗产公约》基本文件——《实施〈保护非物质遗产公约〉的业务指南》，在“VI 2.3 旅游业对非物质文化遗产的影响及非物质文化遗产对旅游业的影响”一章中的第 187 条款写明：缔约国应努力确保国家、公共或私营机构承接的任何与旅游业相关的活动应全面展现对其领土内非物质文化遗产和对相关社区、群体和个人权利、愿望和希望的尊重。为此，鼓励缔约各国：

（1）概括或具体评估非物质文化遗产对可持续发展旅游业的潜在作用及旅游业对非物质文化遗产及相关社区、团体和个人可持续发展的影响，重点关注在活动发起前的预测其潜在影响；

（2）采取适当的法律、技术、行政和金融措施：

①确保相关社区、团体和个人是任何与非物质文化遗产相关旅游业的主要受益人，同时促进其在旅游业管理中的重要作用；

②确保文化遗产的活性、社会功能和文化含义不会因旅游业消减或受到威胁；

③指导干预旅游业相关人士和游客行为。

14. 文旅深度融合的思考：创建国家文化公园

目前的“国家公园”是以自然资源为主，其实就是国家自然公园，主要是借鉴美国的。中国作为一个世界文明古国还应有展示文化资源的“国家文化公园”。

国家文化公园应是文旅深度融合的示范区。

建议文化和旅游部设立国家文化公园体系，推进文旅融合的体制机制创新。

国家文化公园应包括（但不限于）：考古遗址博物馆、资料文献和数据中心、研究（研学）中心、体验中心（体验馆）、文创中心（文创馆、产业园区）等。

建议重构我国的国家公园体系（National Park System，NPS）。

我国的国家公园体系可以分为国家自然公园（National Natural Park）和国家文化公园（National Cultural Park）两大系列，分别由自然资源部及文化和旅游部归口管理。

创建国家文化公园是文化和旅游部成立后，文旅深度融合的创新之举，是继5A级旅游景区、国家级旅游度假区、全域旅游示范区之后，推出的一项国家级文旅产业综合体示范项目，是国家5A级旅游景区的转型升级版。

国家文化公园的建设应不同于传统的遗址公园和考古博物馆，应该体现文化和旅游的深度融合，实现四大转变：

从解读到解说（从学术研究到科普推广）；

从展示到叙事（从展品解释到系统阐述）；

从浏览到体验（从走马观花到身临其境）；

从追忆到想象（从考古复原到文化创意）。

15. 结语与展望

（1）旅游活动具有天然的文化属性；

（2）文化与旅游的融合具有文化旅游和旅游文化两个维度；

（3）文化旅游具有三个层面：资源、产品和产业；

（4）旅游文化贯穿于整个旅游活动、旅游产业和旅游市场，涉及旅游者、旅游开发商、旅游经营者、旅游管理者、旅游目的地政府、旅游院校等各相关利益方，是商业文明和社会文明进步的具体体现；

（5）文旅融合最为活跃的领域主要有主题乐园、文化创意园区、各类遗产（含非物质文化）遗址旅游、博物馆旅游、旅游演艺、山水实景演出等；

（6）建议创建国家文化公园，为文旅深度融合打造一个新标杆。

民宿学：民宿实践呼唤学术研究

张晓军[①]

衷心感谢林教授的邀请！

我极为看重参加2019第二届中国旅游三十人论坛的难得机会。不仅因为我是参加本次论坛的两位企业家之一，更重要的，我是带着民宿行业的困惑和对产业的期盼来的。我是来陈情的！我是来请教的！！我是来求助的！！！

我国的民宿历经十余年的发展，由2018年开始，结束了以往的单一市场主导，进入了政府与市场双主导的新时代。文化和旅游部2018年11月30日召开的安吉会议、2019年7月28日召开的成都会议，堪称全国民宿发展的“两会”，明确了乡村民宿既方兴未艾大有可为，更要规范发展。2019年9月16日，习近平总书记视察河南省信阳市新县乡村民宿“老家寒舍”，对浙江慢村民宿团队指出要立足当地特色，把外面先进的理念带进来，把这里好的东西带出去，为民宿的发展指明了方向。

中国旅游协会民宿客栈与精品酒店分会在2019年11月13日召开了第五届全国民宿大会，发布了《2019年全国民宿产业发展研究报告》，对我国民宿产业发展现状进行了全面总结。

过去的十年，是民宿行业“摸着石头过河”自然成长的十年，是缺乏理论研究和学术指导的十年。十年的野蛮生长，是实践，更是创新；是探索，更是冒险。收获了经验和成就，也产生和积累了矛盾、隐患。当自发的实践和行动层面的人才创新、理念创新、产品和服务创新、地方政府的制度创新带给民宿的发展动力逐渐衰减、面临枯竭时，唯有理论研究才能为民宿行业指点迷津，以开启第二个黄金十年。

我们观察到，生动丰富的民宿实践事实上孕育了相关研究。由中国知网（CNKI）数据可知，截至2019年8月18日，共有公开发表的民宿相关文献3846

---

① 张晓军：中国旅游协会民宿客栈与精品酒店分会会长，唐人文旅智库首席专家，唐乡新乡居生活社区创始人。

篇，其中期刊文章 2725 篇，硕博论文 488 篇，会议文章 61 篇，报纸文章 572 篇。2015 年开始，民宿文献呈现爆发式增长。2015 年发文数量历史上第一次突破三位数。2018 更是突破四位数，达到历史新高 1272 篇。虽然文献总体数量在快速增长，但令人担忧的是，其中最具有科研价值的硕博论文数量在 2013 年至 2017 年呈现快速增长并于 2017 年达到峰值 200 篇后，2018 年骤降至 24 篇，2019 年也难掩颓势。

如果说，民宿已经成为行业热点、社会焦点，已经成为具有巨大增长空间的新型消费领域和各地政府着力培育的新兴产业，那么，上述文献所代表的民宿学术研究水平，不论是数量（总量和变化）还是水平（领域和深度），都是不能与民宿发展的实践水平相匹配的，更无法对民宿的发展起到科学指引。

回顾十年来民宿发展轨迹，我们不难发现，民宿是一个十分复杂的事物。它不仅是经济现象，更是社会现象。它不仅是改革开放的受益者，更是改革开放的推动者。它不仅是传统文化的保护传承，更是新型文化的创意创新。它不仅是生意和商业，更讲责任和情怀。它不仅是城乡融合，更是乡村振兴。它不仅是闲置资产盘活赋能，更是生活方式创新共享。它不仅是住宿业态，更是小而美的文化旅游产品。它不仅是精准扶贫的产业选择，还是幸福生活的全新呈现。它不仅是实体经济，还天生具有互联网经济的基因。

如此生动、多元、复杂的民宿，用已有某个学科或单一领域的专业知识和理论都是不能给出全面、准确的把握的。民宿学的建立，是行业发展的期盼，是学术建设的必然。

在民宿学建立初期，民宿发展有如下九大主要问题需要学界格外关注、重点研究、率先破题，

1. 民宿概念，包括其文化起源、性质界定等

有学者认为，民宿起源于中国，浩如烟海的中华文化典籍中记录了古人先贤们丰富而生动的乡居生活。我带领一个研究团队，从 2018 年开始一个课题研究，就是“唐诗宋词鉴民宿”，试图从经典中找寻唐宋时期的民宿文化脉络，为当今的民宿提供传统营养。吴必虎老师多年前的论文《中国山地景区的文化沉积研究》中，就对诸多典籍中记录的古代山地聚落形态进行了详细的统计分析。我认为，现代民宿起源于欧洲的法国或者英国，然后传播到美国，“二战”结束后传播到日本，然后是我们的宝岛台湾，十年前也就是 2009 年前后传播到浙江莫干山。

2. 民宿促进与管理制度研究

作为民宿发展的先行区，浙江省的大胆创新实践为全国其他地区提供了启发、样板和示范。随着国家层面促进民宿发展的宏观政策密集出台，2018 年以来海南、广东以《管理办法》等形式，通过制度创新，破解消防、特行等市场准入障碍，推动民宿发展。但是无论是城市民宿还是乡村民宿，都缺乏国家层面的制度安排。开展民宿领域的立法研究迫在眉睫。

3. 民宿价值尤其是社会价值评估

从经济学角度考量民宿的投资与产出，会发现其是典型的微投资（一般而言，单体民宿的投资额度在百万级）、小产出，即使是自 2018 年以来出现的“民宿集群”发展模式，与其他行业的投资规模和经济产出相比较而言，也是微不足道的。那为什么即使如此，民宿仍成为国家和地方大力支持和积极培育的新型产业呢？其中最为重要的原因，就是民宿具有的强大社会建设功能和由此产生的显著社会效益。民宿行业，是典型的社会责任型产业。民宿投资与运营实践中丰富的案例，已经说明了民宿在精准扶贫、传统村落保护、历史街区再生、城乡融合发展、创业创新等诸多领域的价值，需要学界对其进行准确的描述和科学的评价。

4. 民宿产业要素供给机制

土地、人才、资金是民宿发展的主要产业要素，其中最为关键的是土地供应。莫干山乃至浙江省之所以成为全国民宿先行区和当代民宿发源地，最为主要的原因就是地方政府在土地供应上进行了大胆的改革创新。随着新《土地管理法》的颁布实施，民宿获得土地的途径将由以往单一的租赁转为购买、合作等多种形式。

5. 民宿与社区营造

民宿的魅力来源也就是核心竞争力的构成，是“民”。一般理解，这个“民”是民宅的“民”，也就是城乡居民。换言之，所谓民宿，就是城乡居民利用自己住宅中闲置空间（或者闲置住宅），开办的住宿服务。主（居民）客（消费者）共享，构成了民宿生产与服务最基本也是最主要的互动关系。但是在民宿丰富而生动的实践中，我们发现，影响甚至决定民宿开发与经营的人际关系，除了主客关系之外，还有民宿主人与民宿所处社区其他居民的关系、民宿客人与民宿所处社区其他居民的关系、客人与客人之间的关系等多种关系。这些关系，错综复杂地交织在一起，相互影响、相互作用，决定着民宿的生存和发展。因此，民宿不是关上院门（乡村民宿）或者房门（城市民宿）的内向型封闭式自我存在，民宿是社区的组成部分，民宿经营的物理对象绝对不仅仅是民宿主人（或者投资者）拥有物权的住宅空间，更是该住宅所处社区的全部，包括生态空间、基础设施、公用设施、公共空间、物业管理（服务）等。从这个意义上来讲，民宿经营者，必须要把上述民宿的外部因素的使用成本纳入经营成本中，并且必须要把经营收益的一部分与其所处社区的居民分享。不仅如此，能否在一个社区里开办民宿，也应该征求社区居民的意见，取得社区居民同意和支持。这就是五年来，我一直倡导的民宿开发与经营的“社区共商、共建、共享”原则。因为在北大受过社会学训练，我的唐乡，就是“唐人打造的乡村社区再造项目”，简称“唐乡”。如果能够接受并且践行“民宿是社区再造”的理念，那么 2018 年在重庆和成都出现的城市社区居民阻拦、驱逐民宿经营者的极端事件就可以减少甚至不再发生，乡村社区的民宿开发与经营也可以从最基本的制度安排上得以长治久安。

6. 民宿企业的经营管理

民宿的本质决定了民宿企业的小微属性。虽然投资、收益、用工等都是小规模，但是民宿企业的经营，既要遵循企业的一般法则、规律（所谓麻雀虽小五脏俱全），也有其独有的特点和内容，比如民宿企业都是社会责任型企业，要强调社会公民建设；比如民宿企业都具有移动互联网基因，要有产品（服务）的爆款，要做好粉丝经济，要懂得并用自媒体营销；比如民宿企业的异地（异国）扩张中自带 IP 与在地文化融合的渠道与方式；比如民宿企业轻资产发展等。

7. 民宿人才的培养

人才，是事业发展和产业进步的关键。毛泽东同志曾经说过，当路线政策确定了，起关键作用的就是干部了。民宿人才，是一个体系，包括民宿主人带领的包括管家、房娘（客房服务员）、厨娘（厨师）等在内的经营管理人才团队，以及民宿投融资人才、民宿规划设计人才、民宿营销人才、民宿行业管理人才、民宿社团管理人才、民宿人才培养的师资等。民宿之所以完全不同于以往的住宿业态，其中核心原因就在于民宿的主人和因其生活生产而形成的独特主人文化。主人无法复制，因此通过连锁形式实现民宿的外延式规模化拓展，就成为一个难以逾越的障碍。因此，民宿主人的培养，既包括通过适当的途径、方式养成更多的民宿主人，也包括通过在职教育提升民宿主人素质、素养和能力。近年来，已经有浙江大学、上海交大开办了民宿 MBA 培养，柳州学院、泰州学院等开办民宿大专、高职教育。中国旅游协会民宿客栈与精品酒店分会已于 2017 年召开了全国首届民宿教育培训座谈会，对加强民宿人才队伍建设发出倡议。各地政府也支持成立了一批民宿学院，如河南信阳新县大别山民宿学院、北京延庆北方民宿学院等。北京中瑞酒店管理学院、河南焦作云台山干部学院等也在准备进入民宿人才培养领域。如何按照民宿发展规律，符合民宿企业和民宿行业需要，通过编制教材、培养师资、设立基地、线上线下结合等方式培养适用、实用的民宿人才，破解人才瓶颈，是当下和今后相当一段时间旅游教育行业的挑战和机遇。

8. 国内外民宿发展的比较研究

2017 年以来，我带队到欧洲的德国、奥地利、瑞士和亚洲的日本、韩国等国家及我国台湾地区进行了民宿考察。通过考察，我们发现，我国的民宿发展，既与现代民宿起源地的欧洲呈现完全不同的特质，与我们的近邻日本、韩国比较也各有特色，同宝岛台湾相比更是青出于蓝而胜于蓝。民宿的跨地区、跨国比较研究，目前还是空白。以国际化的视角、思维和语言，开展这方面的研究，既可以通过学术交流，形成我国在此领域的学术话语权，还可借他山之石以攻玉，为我国民宿业的科学发展提供国际智慧。

9. 逆城市化与民宿发展

2018 年全国两会期间，习近平总书记在出席广东省代表团审议政府工作报告的会议上指出，逆城镇化和城镇化同等重要。毫无疑问，乡村民宿既是逆城市化发展的产物，更是逆城市化发展的推手。乡村是未来的奢侈品。全国政协原主席贾庆林同志 2014 年 9 月 11 日视察我的第一个唐乡——位于河北省承德市滦平县两间房乡苇塘村的金山岭，视察后给予唐乡高度评价。唐乡是新型城镇化背景下就地就近城镇化的模式创新，唐乡是城市居民与乡村居民高度融合共同打造的全新乡村生活社区。近十年来，以媒体人、设计师为主的城市精英到乡村开办“情怀民宿”，从而引领了社会现象级的民宿热潮。乡村民宿对于城乡融合发展和乡村振兴的重要作用和独特角色，需要学界基于国家战略和产业实践，进行个案研究和系统总结。

昨天，是厦门大学百年校庆500天倒计时第一天。厦门大学，是一所伟大的学校。二十年前，我个人的命运因为厦门而改变，从此我以企业家的身份，践行我的旅游发展理念。我希望，本届论坛能成为中国民宿学的发端。民宿发展，从此走上学术指导的科学之路。中国民宿的命运，因为厦门大学而改变！

谢谢！

文旅悸动、创意融合

郑天明[①]

"文"显其境、潜移默化
"旅"人体验、共同创造
"融"入新意、创意靠谱
"合"于地方、营造共好

如果，"文化是旅游悸动的推力"；那么，"创意就是文旅悸动的拉力"。旅游为跨越疆域的行为，文化则是跨域视野的享受，文旅融合共创跨域视足（视野与行为）的飨宴。飨宴是否丰富，关键在"创意"，其在游客体验中，扮演着画龙点睛的角色。文化是钉，创意是槌，创意槌入（融合）文化，让文旅不断激发出新的活力与悸动。基此概念，本篇思路的"起、承、转、合"分别为：起于"天、地、人"概念；承于"文旅共创，旅游悸动"；转于"创意融合，文旅悸动"；合于"案例实践、课题与策略"。让"创意文旅"，成为激发游客悸动与文旅地品牌之生命力。

1."起"：天地人与文旅之关系

"天为着地，地为着人，生活于地，习惯成型，化为风俗，形成文化，产生符号，互动生趣，产业生根，小区依恋，彰显于地，成为意象，氛围感染，营造品牌"，此乃描绘出一幅地方与文旅关系的图画（见图 1）。

这幅美丽的风情画，乃由文化彰显，文化如风，徐徐吹出在地内涵与特色。那么，文化是什么呢？文化是在地生活的总合，亦是符号互动之结果，其由生活、产业、小区与风俗民情等所交错形成。一方面文化是物质现象，另一方面文化是心理效果，二者融合形成地方的风俗民情，隐含着自然景观、历史故事、古迹文物、建筑特色、产业特色与生活现象等，它们交错形成专属于地方的符号传递与印象。

① 郑天明：嘉义大学营销与旅游管理学系特聘教授，博士生导师。

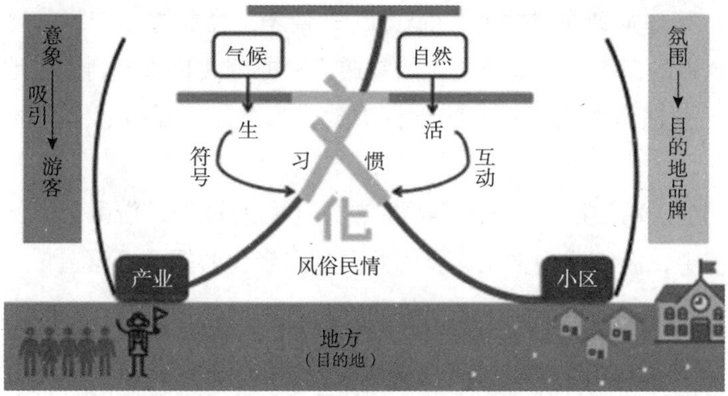

图 1　天地人与文旅之关系

2.“承”：文旅共创，旅游悸动

文化与旅游原属分立，依据边界理论（Border Theory）之概念，两者间产生过境（Border Crossing）效应，文化资本与旅游发展产生渗透（Permeability）性，形成文旅融合的新境域（见图 2）。易言之，文旅并非“文化加旅游”，两者非线性关系，而是一种跨境融合后的“聚变”关系。

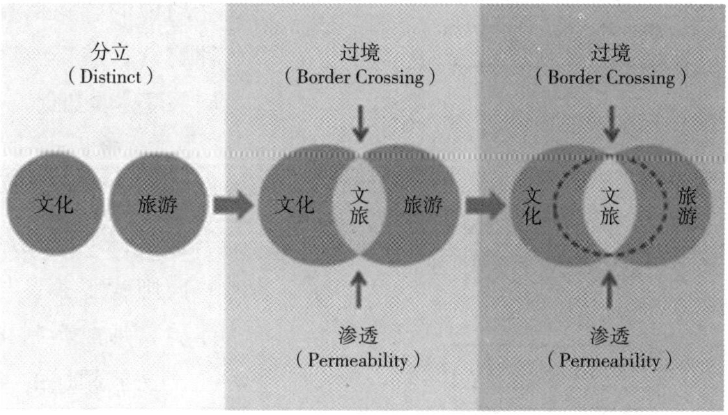

图 2　文化与旅游的边界效应

此关系建立在游客对旅游体验本质的“觉变”，亦即游客从“感觉走向知觉”，再走向“感觉与知觉交错”的觉变。知觉与感觉间差异在于，感觉反映的是旅游事物的个别属性，而知觉反映的是旅游事物的整体属性。旅游知觉仍是以旅游感觉为基础，但并非“感觉”的简单相加，而是对旅游体验中大量感觉的信息，进行有意义的转换与定义后，形成解读性的整体观。在文旅概念中，其所创造的感觉在“情境”的融入，其知觉则在“共创”的程度。“情境”意指文化与目的地所融合之场景氛围，其氛围的感染力取决于文化的渗透力，亦即文化渗透到旅游地中的各个环节与过程中，营造游客在视觉、味觉、听觉、嗅觉、触觉等感官上的文旅体验和转换。

“共创”乃指文旅服务者与游客共同创造体验的过程，借由合作伙伴在共同参与和互动过程中，游客成为文旅体验的共同创造者。其概念乃营造“一同启发共同生产”之动力，除了创造属于游客的体验价值，同时构建了双方互惠互利的体验桥梁。此概念的理论基础源自“服务主导逻辑（Service-Dominant）”，其被认定为服务科学和服务系统研究的基础理论框架，体验的游客将从原本的被动角色转换为主动且积极参与之角色。如此，每次的文旅体验皆建立在共同创造活动的基础下，游客与服务者的互动都是不同的，因此没有任何游客会经历相同活动的附加价值，代表着每位游客在共创体验后，所产生的价值知觉皆是独一无二的。

文旅的共创体验通过三个过程产生。第一，共同生产（Co-production）：游客主动参与，和文旅服务者实际互动，产生物理性交流；第二，投入（Engagement）：让游客专注于互动体验中，产生情感投入与认知投入；第三，个性化（Personalization）：借由游客与文旅服务提供商互动交流，提供技术指导，量身定制体验。具体而言，“文旅共创”乃是通过游客与文旅服务提供商共同创造体验，游客即会拥有大量的互动中的感觉信息，产生各种解读，获得游客专属的文旅深度体验知觉。

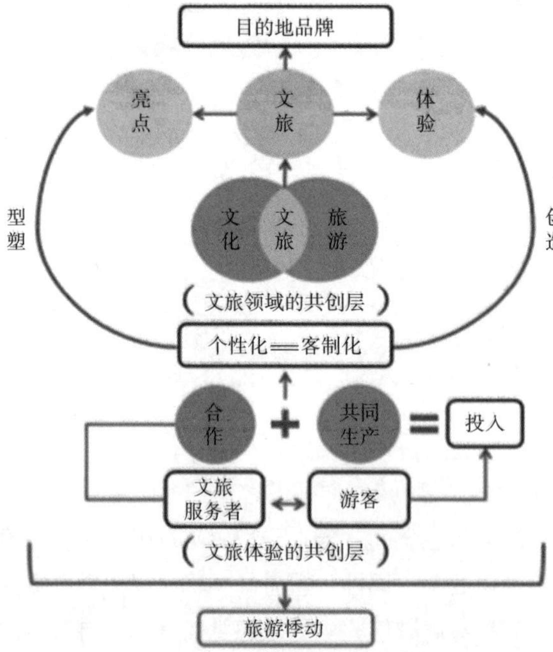

图3 文旅共创与文旅地品牌间关系

“文旅共创”亦具二面一体，一面系指文化与旅游共创融合，形成文旅新境；另一面则为服务者与游客共创体验，形成客制化的体验内涵。文旅领域的共创层面与文旅体验的共创层面，融合形成文旅共创的一体，即目的地之文旅品牌效应，彼等关系如图 3 所示。文旅领域的共创层，着重于旅游地文化渗入旅游所产生的氛围体验；文旅体验的共创层着重在互动体验的过程，通过服务者与游客共同合作，创造体验价值，并非单向度由文旅方提出什么“菜（产品）”，游客就仅能被动式接受这样的“菜（产品）”。文旅目的地需要“双层融合”，营造游客共鸣，文旅领域的共创层，让游客因感受到文旅融合的氛围而感动。若再融合文旅体验的共创层，让游客因着和文旅服务者共同生产，合作创造体验，通过共创体验更为融入文旅氛围，达到“文旅共创，旅游悸动”的旅游真实性知觉的新境。

3.“转”：创意融合，文旅悸动

“创意深化文旅，悸动油然而生”，创意能创造新颖、有价值及令人惊讶等效果，其内涵包括：新奇度（原创性、启发性）、问题解决度（适切性、实用性、价值性）及精进度（吸引力、精致性、表达性、巧妙性），由此内涵建构具“新颖性与美学性”的差异化文旅创意模型。

创意融合文旅，包含四个面向的做法：培养有创意的人（Creative Person）、彰显创意过程（Creative Process）、开发创意产品（Creative Product）和营造创意环境（Creative Environment）。例如：设计文旅创意区或市集营造当地文化创意环境；借由旅游作家、部落客或画家以欣赏创意作品；利用精心设计之创意活动，以了解创作历程并接触创意阶层里各式各样之创作人；借由创意环境与创意群聚（Creative Clusters）相互链接，创意产品将可作为文旅吸引力。创意的弹性与创新，让文旅地能相对快速推出旅游产品，创意的稀少性及不可模仿性则易于增加价值，促使文旅地拥有竞争力的优势。

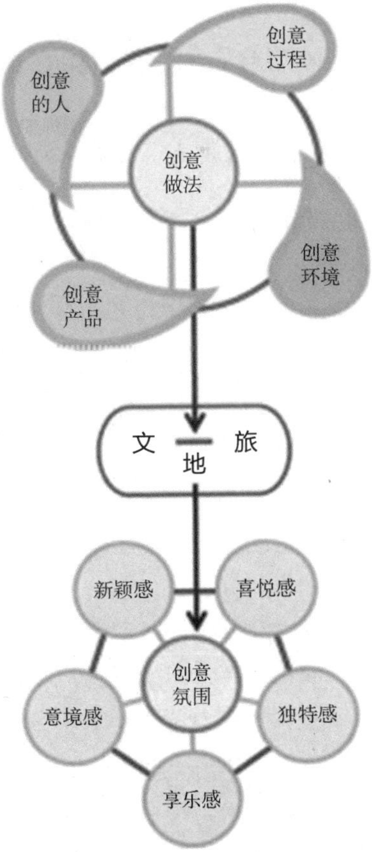

图 4　创意文旅之做法与氛围关系

“创意融合，文旅悸动”，主要乃透过“创意氛围”来彰显文旅悸动，文旅地可以让游客悸动的五个氛围有：新颖感、喜悦感、意境感、享乐感与独特感。“新颖感”，着重指游客知觉到环绕在文旅地周边的创作气息，而产生新奇、新鲜等感觉；“喜悦感”，则指游客感受到文旅地中的创意点子，而产生欣喜、兴奋及鼓舞等感觉，文旅地供给者为因应此种体验需求，需要不断地透过点子的开发、创意的设计创造独特动人的元素，引发游客欣喜、激励等情绪；“意境感”，系指游客感受到建筑外貌与内部装潢所展现出的美学创意，而产生温馨、朴实及浪漫等感觉；当文旅经营管理单位能有效规划与设计出美学意境，并通过光线、色彩、空间布置刺激游客的感官，使旅游地能营造出不同的意境氛围，不仅能使游客在旅程中感受到惊艳之感，亦可吸引游客再度前来。

“享乐感”，是指游客感受到文旅经营者所提供的创意表现，而产生满足、愉悦及欢乐等情绪，经常是通过互动、学习及DIY的参与模式，能更真实并贴近于文旅地的文化体验；“独特感”，重点在让游客知觉到文旅地的独特性，而产生独一无二的、原创的及不平凡等的感觉。创意融合文旅强调利用创意加值，通过创意元素展现独特卖点，并结合在地资源与文化呈现出具精致品味的旅游产品，不仅创造就业率，同时也提升地方生活质量，亦可增加游客之旅游满足感，有助于为文旅地打造一个永续发展的环境。

4.“合”：创意文旅在台湾地区特色小区旅游之实践案例

4.1 实践案例分析

案例一：“创意人与农人”共创农村自然美学：土沟美术馆

“土沟”土的美，“自然”成画布
“创意”靠艺人，“农夫”靠情感
“艺术”融场域，“共创”美风情

土沟美术馆位于台湾地区台南市后壁区土沟里，它并不是一座馆，而是一个小村。经济产业以水稻、洋香瓜、莲花为主。全村为517户（2018年），人口约1500人，因现代农村的价值瓦解，乡村不易留住年轻人，使得原本传统地方产业渐渐没落，当地的文化特质和历史遗产渐渐消失。当地居民为解决此问题，2002年开始推动小区工作，由土沟村主任发起成立台南市土沟农村文化营造协会，以小区内最后一头水牛作为小区营造精神象征，动员居民拿起锄头打扫家园，试图颠覆农村没落、农田荒瘠、产业凋零之悲情印象。

土沟小区以艺术作为小区经营方向，2005年台南艺术大学进驻，展开一场88对话（88年学子与80岁农夫），过程中发生许多酸甜苦辣的碰撞与妥协的画面，他们共同将艺术与在地生活、文化结合，展开艺术农村营造之路。2006年实际将艺术导入农村生活，提倡“艺术即生活，生活即艺术”，企图将艺术与农村融合共创新意象。居民将艺术作为传递对土地的情感与伦理精神的媒介，打破实体艺术作品与场馆的形式，将废弃房舍改造成文化学堂，将房舍视为展场，将农田视为画布，农产品是艺术品，农人是艺术家，提供当地小区导览和营造课程的开设，借以发展创意文旅的小区旅游新境域。

土沟小区利用了艺术创作概念，通过彩绘与装置艺术的手法，营造出交织着文化与艺术氛围的环境，创造了第一座农村美术馆。现今，共有22件艺术家及当地创作团队的作品散落于土沟小区的各个角落，多位艺术创作者与小区规划师进驻，每年更举办土沟美术馆之展览活动，让游客充分享受到身历其境的参与感。此外，借由游程设计之概念，包装土沟美术馆一日体验之行程，通过单车漫游、茶布屋植物敲染体验、碾米厂与晒藕场农村文化学习、咖啡午茶体验等活动，结合文化、艺术、美学、创作，强调在地农村文化的融入，为旅游产品赋予文化新意并提供与游客互动之多元或新颖的体验，创造旅程愉悦之价值。

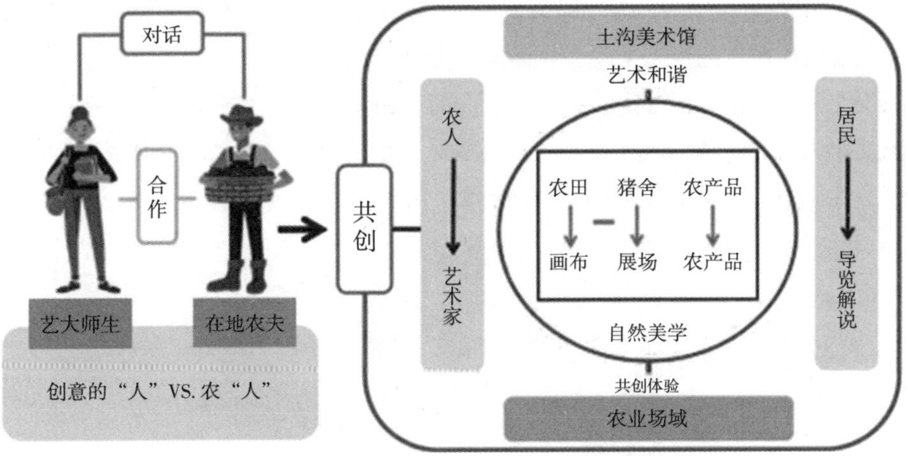

图5　双人枕头：“创意人与农人”共创文旅实践模式

案例二：生活图腾共创体验的文旅社区：白米小区

“白米”得矿藏，“树材”添绿意

“艺术”来活化，“木屐”成佳话

“游客”融场域，“共创”客制化

白米小区，地处苏澳镇西南、白米桥南侧，三面环山并有白米溪贯穿小区于苏澳港入海。白米小区开发的年代相当早，旧地名为“白米瓮”。日据时期，白米地区因富有矿藏，日本人便极力推动石粉、石灰石等加工业，并设置了水泥工厂，造就矿石工业兴盛，奠定了聚落的形成。此外，白米小区盛产着制作木屐的树材——江某树，因而促使该小区得以发展木屐产业。然而，曾因矿石业兴盛、木屐业而繁荣的白米小区，却也抵不过环境的破坏而逐渐没落。

1994 年开始，居民为了找回小区新生命，展开了“人、文、地、景、产”的资源调查，并开始注重环保与小区环境美化，强调居民的参与与共同创造。1999 年至 2003 年，小区居民进行小区空间的改造与利用，重新定位小区废弃空间的功能，建置了木屐展示馆。为了让过去的木屐产业重新出发，制作木屐的老师傅开始投入木屐样式的创造，如按摩木屐、罚站木屐、减肥木屐、跳舞木屐、裹脚木屐等，并加入皮革艺术的开发，使得木屐文化得以加值、产业结合创意得以活化。白米小区推动小区总体营造 20 多年来，成功让木屐艺术化、生活化、精致化，并转化为创意商品，也让初步制作过程可以被游客参与，从而成功转型为旅游小镇，并带动周边旅游发展。

白米小区将木屐从一件生活日用品，转化为一种展现文化艺术的手工艺品，结合创意在木屐上做各种彩绘、DIY，同时研发琳琅满目的各种木屐吊饰、音乐舞蹈编排，让游客共同生产个性化的专属吊饰。借由小区导览让游客体验木屐的产业文化，以及山林溪流的生态文化，让游客在参观时能学习并了解更多当地的技能、专业知识、传统文化与地方的独特特色。同时，白米小区的文旅产业发展在提供当地居民就业机会与改善小区环境之外，更塑造了小区的文化形象，带动旅游发展，成为台湾其他小区发展创意文旅的参考典范。

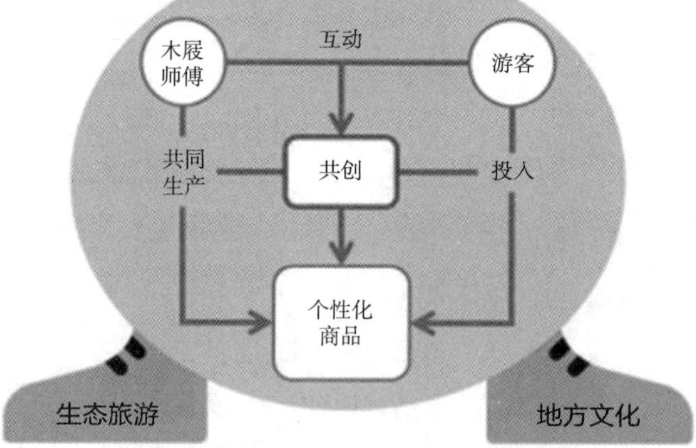

图 6　生活图腾共创体验文旅实践模式

案例三：天摇地动后，文旅再现风华：桃米生态村

“桃米”遇强震，“小区”陷危机

“生态”成主角，“青蛙”变救星

“创意”再深化，“共创”显游戏

桃米生态村位于南投县埔里镇，面积约为18平方公里，埔里镇户政事务所调查指出全村为480户（2018年），人口约1157人，村落所在地海拔介于420至800米之间，是中潭公路往日月潭必经之地，因此拥有得天独厚的地理位置，有多彩多姿、复杂而多样性的森林、河川、湿地及农业生态区，野生动植物及原野景观丰沛，孕育出丰富的生态样貌。

历经1999年“九二一”大地震，桃米小区受创惨重，然而经过公共部门及民间单位的协助，着手开始以小区为基础的架构，逐渐重建桃米原有面貌，陆续完成小区生态资源调查、小区环境绿化、成立自主营造工班、建造原生苗圃湿地、生态导览解说人才培训、民宿经营专业认证、小区文史记录、小区民意调查及召开小区会议等工作项目，使小区朝兼顾生态保育与观光休闲的农村区域产业活化的方向发展。此外，桃米在以生态村为主轴的发展模式下，积极寻找生态物种的特殊性，借由特有生物研究保育中心的调查，发现桃米的两生类物种便在台湾29种中占了23种之多，因此，两生类物种即成为桃米生态发展的重点。

2002年小区通过邻里公共空间改造竞赛、竹编童玩技艺传承、老照片搜集与展览、小区居民做大饼、桃米平安灯节等多项活动方案，深化居民认同，并将地方产业结合于小区生态旅游之中，研发拼布艺术与生态雕塑两类创意产品，以代表小区丰富生物多样性的青蛙与蜻蜓模型作为代表图腾，强调地方特色、在地研发，同时导入地方生态体验游程，提升文化创意产品的附加价值。桃米已发展成为推动小区营造理念的最佳实务交流平台与学习场域，除了经常举办之研讨分享会与生态参访活动外，2008年更注入纸教堂的创新元素，延伸而来的效益及成长不容忽视，桃米着实从传统农村转换为生态村，成为台湾地区各小区营造争相模仿及学习的楷模（如下图所示）。

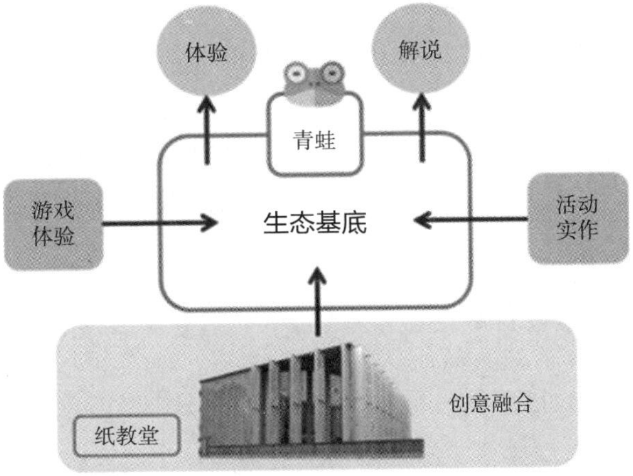

图7 生态融创意共创游戏体验文旅实践模式

4.2 三个实践案例之特色分析

前述三个案例皆属应用与营造“创意人才、创意过程、创意产品和创意环境”的模式来发展“创意文旅”。通过创意点子发想导入许多创意体验活动，强调旅游中应着重“共创体验与学习”，借由事件、伙伴、网络与企业家作为发展创意文旅的媒介。本文以“创作者、活动、环境及媒介”四个面向，胪列分析比较三案例之特色如表 1 所示。

表 1 创意文旅三案例实践特色分析

创意旅游方式＼小区	土沟美术馆	白米小区	桃米生态村
创作者	◆艺术家创作者 ◆小区规划师 ◆农民	◆木屐技艺师傅	◆导览解说人员
活动	◆单车漫游 ◆茶布屋植物敲染 ◆咖啡午茶 ◆教学体验	◆木屐 DIY 活动 ◆体验木屐 ◆产业观摩	◆竹编童玩 ◆拼布艺术 ◆生态雕塑 ◆生态参访（生态工坊） ◆研讨会
环境	◆彩绘小区 ◆碾米厂 ◆晒藕场	◆小区空间改造 ◆山林溪流生态	◆小区空间改造 ◆生态保育 ◆纸教堂
媒介	◆小区营造协会 ◆台南艺术大学	◆小区发展协会	◆小区发展协会

5. 当前台湾文旅发展过程中所面临之课题分析

目前文旅发展存有许多隐忧性之课题，主要是地方资源类似导致旅游活动同构型高，资源分配存有竞合特征，小区都长得很像，缺乏美学概念，传产人做创意事，思维与行为有落差。具体面临的课题论述如下：

5.1 文旅发展脉络属性“同构型过高”，导致产品差异化明显不足

台湾小区文旅的发展历程主要为“小区生活化—小区产业化—小区旅游化—小区旅游产业化”，此发展脉络产生几个现象，第一，小区资源属性同质；第二，生活现象类似；第三，同一小区中之产业差异性低；第四，小区导览解说内容与技巧

同构型过高。前述现象是造成文旅发展同构型的重要原因之一。但另一个原因主要是同构型带进复制性，例如：当一个小区开发出新的文旅产品或体验的创意方式，很快就会被模仿，因为资源特性类似，模仿是最快的策略。唯有“仿中求变、变中求新”与“新意引新念、创意带创新”，方能让地方文旅走出产品差异化不足之困境。

5.2 地方文旅中之相关协会“角色重叠”，导致小区中各协会具有竞合性

小区在“生活化”与“产业化”的阶段，主要是以安“居”乐“业”的形态，居与业同于小区之中。此阶段小区中的协会建立在小区事务协调与情感交流上，但进入“小区观光化”阶段，“小区”成为“观光产业”的场域，小区协会的角色从执行单纯的公共事务，渐转为小区营造、观光推动、公部门补助案申请与执行等。由于“小区”本身成为“旅游产业”，因应不同的需求，所以小区中的协会日益增多（例如：小区发展协会、小区旅游推动委员会、小区民宿协会、小区导览解说协会等），再加上，居民变民宿业者，居民经营餐厅，居民经营体验活动，居民成为导览解说员，许多居民即业者，同时又存在于协会中，除了角色冲突之外，不同协会间亦存有竞合关系。

5.3 地方文旅环境“色调齐一性”过高，缺乏美学情境的塑造，重游吸引力不足

小区是生活场域，生活场域则属生活情境，具有朴实与生活氛围，存有齐一性特征。若小区成为观光场域，观光场域则属商业情境，具有活泼与美学氛围，存有色彩缤纷的特征。近年来小区旅游从生活场域迈入观光场域，甚至应该说目前发展状况属于生活与观光场域共生共存现象，若从观光客角度来看，生活场域的重游吸引力似乎是不足，因为生活色调的齐一度过高，反而是创造亮点在小区中重游吸引力相对较高，例如：桃米小区的纸教堂。因此，旅游亮点与美学情境的塑造是小区发展文旅之重要课题。

5.4 地方人能显传统，但难以成创意人，导致文旅发展“缺乏创意与创作人才”

过往小区人从生活到生产，均偏向初级产业（农林渔牧业），生活与生产联结度高。小区人成为旅游业者，初级产业思维需转换至三级产业的服务思维，已非易事。如今，为因应市场需求，希望当年的小区人能成为创意人，让小区观光发展导入更多的创意活力，实属难事。此亦为未来小区观光发展中之重要课题。

6. 台湾发展创意文旅实践策略之微观思维

台湾地方文旅的发展，逐步走向以“三生（生活—生产—生态）小区观光”为基底，“创意旅游”的概念融入其中，迈向“创意导向的小区文旅”阶段。创意的地方文旅主要之目的是：(1) 游客进入地方场域以涉入创意为目的；(2) 借由创意展现地方价值与独特性；(3) 让地方成为一个具有创意氛围的场所；(4) 重建与复苏地方资源。本文实践思路将以地方发展为经，创意文旅概念为纬，提出实践策略微观思维。

6.1 地方创意商品发展策略：规划联结地方属性的创意商品

“创意”并非推翻过往的资源与思维，重新建构一个新东西，而是在现有资源基础之上，用创意设计手法打造具品牌个性的小区属性创意商品。换言之，“创意导向的小区观光”的概念，主要为“地方是场域，文化是接口，创意是价值，旅游是元素”。而创意的价值乃在创造具新颖的、有价值的及令人惊讶的商品设计。但是地方文旅中的创意商品的开发，还需从两个面向思考：(1) 在现有地方资源下来展现创意，地方文旅中之创意商品规划需与地方资源与意象联结；(2) 地方文旅之相关商品创意设计可以独特、新奇与活泼，但需留意其是否具有故事性，最佳乃是能与小区或地方中的人事物间具有故事效果之联结。

6.2 地方环境发展策略：地方文旅美学情境之营造

地方创意文旅让“小区”成为“文旅场域”，旅游是三美产业，“一美是人美：美学素养；二美是域美：环境美学；三美是境美：氛围之美”。所以文旅地营造旅游美学情境相当重要，首要是服务者需要有美学素养，包含：穿着、装扮以及肢体美学。再者，“境美”就是用创意营造小区美学的环境，例如：艺术创意导入、彩绘小区、美学装置等，“境美”除了创意所营造的之外，还包含干净之雅、精细之致所带来的雅致之美。最后，文旅地中美学环境之营造，若能与导览解说的内容情境联结，甚至具有故事美学之意，将会营造出“境美”的氛围之美。如此，“人美＋域美＋境美”之整体氛围，将会营造出具有地方或小区（镇）个性的旅游美学情境。

6.3 创作人聚集于地方创作策略：导入创作人才深耕地方

“创意人”是创意的根，地方人非创意人，引进“创意人”是创意文旅之重要课题。具体的建议有：(1) 开放闲置空间让艺术家等创意人进驻，产生群聚力；(2) 让游客听取旅游作家、部落客或画家说明创意作品理念与想法；(3) 举办创意坊（例如：旅游美学、大师开讲），让游客了解创作历程并接触创意阶层里各式各样之创作人；(4) 将公共部门资源引进小区，举办创意庆典活动，让创作人聚集，渐渐形成创意街区的概念；(5) 与大学设计、艺术学系合作，让学生长期进驻小区，提供闲置场域供其发挥，每年可在小区举办毕业展。

6.4 共创体验导入地方文旅活动：诱发创意点子创造体验价值

目前许多文旅地的体验活动，多属“我放你收”式的体验模式，亦即偏向单向度解说、参观、骑自行车等，在地方中之生态旅游可能会有双向度的体验活动，但亦尚无共创体验模式导入。共创体验具有寓教于乐的性质，同时兼具教育与自我实现的功能。共创体验的概念主要是运用创意点子设计具共创体验的活动，经营者或小区人导入创意设计体验活动，但需要游客在参与过程中共同完成，换言之，游客同时也必须提供创意想法方能完成体验活动，例如：桃米的生态工坊。此种共创体验活动由于是双向度且隐含着创意设计的概念，较能增加其参与度与趣味性。

7. 结语：创意文旅、共创体验

“文”意显无形、“旅”出有形感
“悸”情于文旅、“动”静皆有情
“创”造新点子、“意”欲能蔓延
“融”入靠共创、“合”作又共好

“文旅”是旅游中的一个重要发展趋势，但是“文旅”与旅游不能画上等号，旅游科学是一个大范围的应用学科，其所包含的内涵非常广泛，例如：生态学、心理学、管理学、营销学、地理学等。文化旅游是旅游中的一种类型，“文旅”本质上是充实旅游内涵，具有一种营销符号的操作，但绝对不会等同于旅游学科。当今旅游学术圈中，许多相关的词，例如：创意旅游、文创旅游、文化旅游、共创体验等，均与本篇文稿内容有关，在旅游学术研究中，多半分别进行研究，主要的原因是研究中难以对多重概念做同时探讨，难以聚焦。但旅游实务运作上，却非如此，这些概念并非独立，而是共存，甚至共融，差异仅在文旅地所欲表现的比例问题。简言之，文旅的“一带一路”，即为“文化来带，创意导路”，若要显出差异化，“参与”与“真实性”两个元素，必须融合，游客参与需有共创体验方能体现文化，借由互动与共营突显文旅地的差异性；真实性除了需要文化的渗透外，创意点子发想融入体验设计中，营造出“文旅悸动、创意融合、共创参与、符号真实”，最终期望塑造文旅地的品牌魅力，让游客在文旅过程中“一路涉足、一路留恋、一路回望”，依依不舍，留下难忘的旅游回忆。

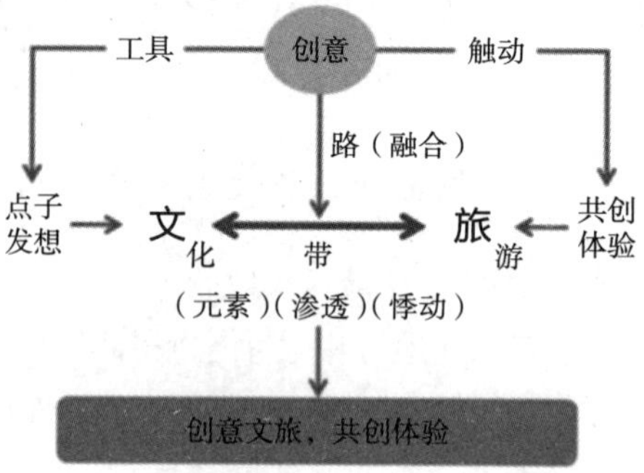

图 8　创意文旅、共创体验关系图

文化旅游的故事算法

李　忠①

现在，中国已经进入了文化旅游的新时代。文化旅游不仅是中国迈入旅游大国后的新趋势和新命题，也已经成为世界旅游发展的新趋势。当前，国家大力倡导文旅融合，树立旅游发展新优势。2018 年 4 月 8 日，文化和旅游部正式挂牌，提出“宜融则融，能融尽融，以文促旅，以旅彰文”。在这个逻辑之下，各地区纷纷发力，各地方政府相继出台了文化旅游的新举措，大力推进文旅融合建设。

但是，我要说一个事儿，就是文化旅游和“文化和旅游”之间，并不是一个必然的关系。简单点说，并不是每一种文化都能形成旅游的。旅游有很多种定义，我觉得最实用的就是——旅游就是从你住腻歪的地方，到别人住腻歪的地方去玩一玩。

我们今天有一个很时髦的词，叫诗与远方。你在家里读书，是“神游”，或者叫“心动”，是不需要行动的。但是，如果要旅游，那是需要行动的，叫“身游”。有句广告词叫“心动不如行动”，就是说心动很容易，行动是比较难的。我想说，在这个网络时代，从“神游”到“身游”，从“心动”到“行动”，并不是一件容易的事。

为什么？

因为，从文化到旅游，需要完成“惊险的一跃”！

马克思在《资本论》中说，把商品变成货币并不容易，只有生产者的商品符合购买者的需要，适销对路，才能顺利实现从商品到货币的“跳跃”。同理，当文化资源作为一种“商品”，想要转换成群众乐于消费购买的旅游产品，实现从文化到旅游的“惊险一跃”，同样不容易。

备注：商品到货币，是一次惊险的跳跃。如果掉下去，那么摔碎的不仅是商品，而是商品的所有者。——马克思《资本论》

也就是说，不是每一种文化都适合做成旅游产品。文化与旅游，其实是一种

---

① 李忠：华高莱斯国际地产顾问（北京）有限公司董事长兼总经理。

交集关系，它们有交集，但不重合。文化中，有很多是纯文化的，跟旅游没什么关系。比如说，考古和考据，很多是仅限于学者的，它就是文化。旅游中，也有很多东西没什么文化，比如过山车，尽管我们可以把它做成龙的形状，但它跟“龙文化”没关系，就是好玩。

但是，在文化和旅游中，也有相当部分是重合的，这部分就是我们今天说的文旅融合的部分。然而，并不是说，文化价值越高，旅游就能发展得越好。一个地区的旅游产品固然与当地文化价值的高低相关联，但最终旅游发展成功与否却往往不是由当地的文化基础所决定的。

许多地区文化底蕴深厚，却不一定能把旅游发展好；而很多旅游发展好的地区，其文化价值未必高。我以有着深厚的文化底蕴的河北张家口为例——现在北京人最喜欢去的，是崇礼滑雪场，因为冬奥会在这里举办；其次是张北草原天路，这个地方其实没太多文化底蕴，但是这里特别入画。截至 2019 年 7 月，草原天路接待游客近百万；2019 年十八届中国崇礼国际滑雪节期间，崇礼各大雪场接待游客也接近百万人次。但我们反过来看一些有着文化底蕴的景点，“百年古城”堡子里，“中国万里长城中四大关口之一”大境门，这些地方旅游都相对冷清。尤其是离北京更近、承载着中华五千年的文明史的涿鹿，就是黄帝、炎帝大战蚩尤的地方，因为没有太多遗存，现在很少有人去。

所以，我认为旅游很重要的事儿就是——你不要告诉我有没有文化，你要告诉我有没有看头。著名旅游经济和管理专家魏小安老师曾经说过一句话：“中国五千年的历史，哪一个地方都有很多名人，都有很多有名的事件，所以一说起来滔滔不绝。我说打住，我就问一句，现在能让我看到什么？玩更没的玩了。”我觉得魏老师的话很到位，我们现在很多地方很有说头、很少看头、很没玩头。

但是，我要说的是，这件事本身有没有看头，很大程度取决于这个地方能不能从文化到旅游，实现“惊险的一跃”。这“一跃”就是文化必须有宣教，文化旅游必须从受众的需求出发，将文化转化成为群众可以消费的“旅游产品”。如果文化没有宣教，那就形成不了大众旅游。

举个例子，西湖旁边有个景点叫于谦祠，20 多年前我去的时候，根本没人。但现在你去西湖就会发现，于谦祠已经是西湖边上一个热门景点了。道理很简单，因为当年明月写了一套书，叫《明朝那些事儿》，这套书非常生动，把枯燥的明史讲成了生动的故事，让现在的年轻人都知道了明朝的历史。所以，你到那里就会看到，全都是 80 后、90 后的小伙子带着女朋友或是太太，到这里讲于谦的故事。我站在那里听了半个小时，发现大家讲的版本都是一模一样的，完全按照当年明月写的逻辑。这就是宣教的作用，这里对他们来说，就是景点。

所以，在完成“惊险一跃”中，我想说，文旅融合的“破壁”关键，就是学会讲故事！讲好中国故事！

什么叫故事呢？故事，是让人快速接受真理的最佳途径，故事思维，是每个人的底层思考方式。在很多领域，都把“讲故事”作为一种重要的能力。

在古老的《NAKED TRUTH》书里，有一段叫“为真理穿上衣服”（Dressing Up the Naked Truth）的故事：“一丝不挂的真理来到村庄，饥寒交迫，但她的赤裸让人们不寒而栗，村里没人肯收留她。寓言发现了真理，用‘故事’这件外衣把真理装扮起来，待她暖和过来，将她送出门外。身披故事的真理，再次叩响了村民的大门。人们见她不再赤裸，马上将她热情地迎进门，并且丰盛招待。”

这个事儿，相当于我们中国有一个词，叫“文以载道”。这个词反过来说，叫“道载以文”——如果没有文，道理是讲不出去的。就如同中国很多人讲抽象哲理的时候，都喜欢用成语，因为每个成语背后是有成语故事的。所以，必须学会讲好故事。

故事的逻辑是什么？

我这里说一个新故事，再说一个旧故事。

先说新故事。不知道大家有没有看过《盗墓笔记》这本书，书中有这样一个十年之约：“2015，长白山下。青铜门开，静候灵归。”作者南派三叔曾说，要在这天给《盗墓笔记》一个真正的结局。虽然这是一个故事情节，但是就因为书中这样一句话和南派三叔的承诺，《盗墓笔记》的粉丝“稻米”们几近“疯狂”。在2015年8月16、17日，有近十万粉丝从全国各地涌入吉林长白山，欲见证“张起灵回归”的时刻，导致景区不堪重负，民宿爆满。即便是南派三叔与当地景区轮番发文警示，也没能阻止“稻米”们的脚步。还有媒体报道，受《盗墓笔记》的影响，长白山游客量飙升50%，大多是《盗墓笔记》死忠粉，其中90后占比高达七成。

备注：所谓十年之约，是南派三叔在《盗墓笔记8》中留下的一个尾巴，按照书中所述，“十年之约”是小说中主角吴邪和张起灵的约定。和吴邪有深厚感情的张起灵，决定代替吴邪承担守护青铜门后的秘密，并且约定十年之后，吴邪来长白山青铜门接替张起灵的守门任务。2015年8月17日，就是“灵邪”十年约满，张起灵回归之时，作者南派三叔曾说，要在这天给《盗墓笔记》一个真正的结局。8月17日零点，南派三叔如约在微博上发表《盗墓笔记》的最后结局。

我们再来看老故事。尽管西湖有很多的景点，但是客流量最大，人气第一旺的景点，永远是《白蛇传》中许仙与白娘子相会的断桥。这就告诉我们一个事儿，为什么有旅游演绎和主题演出的《印象刘三姐》和《印象西湖》是成功的，而花重金打造的《汉秀》，却没能大获成功呢？

备注：汉秀取意汉族、楚汉、武汉文化精粹之意，是万达集团与国际顶尖舞台艺术制作公司弗兰克·德贡娱乐集团联袂打造的舞台节目。汉秀剧场被视为万达转型的标志性作品。剧场拥有2000个可移动座席，是世界上第一座采用移动\升降座椅的水秀剧场。在演出开始时，前区旋转座椅处于闭合状态，在演出过程中旋转座椅转动打开、后区升降座椅垂直降下，整体座椅呈现开启状态，围合在座席中间的区域是演出水池。

其实道理很简单。大家有没有想过，为什么一部电影的最短时间是一个半小时呢？因为要从头到尾讲完一个新故事，至少需要一个半小时左右。而旅游演出时长大多在一个小时以内，要想讲个新故事，是非常困难的。我们看，《印象刘三姐》讲述的是刘三姐的故事，《印象西湖》讲的是许仙和白娘子的故事，而《汉秀》讲的是全新编写的故事。所以，任何户外情景演出，绝对不能讲新故事，一定要从我们耳熟能详的老故事里，截取一个片段，用新的手法演绎出来。

习总书记在讲话中提出，要提升我国软实力，讲好中国故事，做好对外宣传，还特别提到要建设讲好中国故事的队伍。

在讲故事这个事儿上，西方人做得很成功。我给大家推荐一本书，是德裔美籍学者艾伯华所著的《中国民间故事类型》。他收集和研究了许多中国故事，在这本书里，收录了正格故事类型275个，滑稽故事类型31个。作者还尽可能地指出了这些类型所涉及的古代典籍或其他出处，并发表了许多对中国民间故事各方面事项的见解。

备注：艾伯华（1901—1989），德裔美籍社会人类学家、民俗学家、东方语言学家，著有《中国民间故事类型》一书，在国际学术界有较大影响。这是一部西方学者研究中国民间故事的早期著作，也是一种学术工具书。它使用了国际通用的AT分类法，但主要是按照中国故事的特点对中国的故事类型进行了归纳和概括。

除了这本《中国民间故事类型》，咱们的前人留下了大量的类书，记载了各种异彩纷呈的故事，比如《世说新语》《太平广记》《聊斋志异》《阅微草堂笔记》……都是可以利用的丰富的故事资源。

但是，咱们很多人对国外的历史，却缺乏起码的理解。我说一个例子："一带一路"中有个重要的合作伙伴——匈牙利。有一次，匈牙利的代表团来中国进行文化交流，听说他们喜欢书法艺术，咱们就请书法大师挥毫泼墨。结果书法作品一递过去，匈牙利人脸上就挂不住了——因为咱们写了一首《满江红》送给他们。大家都知道，匈牙利人认为他们是欧洲人里面唯一的有色人种，是匈奴人的后代，咱们写上"壮志饥餐胡虏肉，笑谈渴饮匈奴血"送过去，这是很不合适的。就这件事我想说，讲故事不是用传播学的逻辑，不是你想说什么，就说什么；你要用接受学这个逻辑，对方想听什么，能听懂什么，就说什么！

备注：2004 年，2500 名匈牙利人要求政府承认他们是匈奴族，虽然这个申请被匈牙利议会驳回，但许多匈牙利人仍然坚持认为自己是匈奴的后代。在《匈奴帝国》一书中，提出了有利于两者一致的证据：亚洲匈奴人和欧洲匈人的名称发音相似；血统上都是黄色人种，都是游牧民族；在地理上西迁是有可能的，因为蒙古高原、中西伯利亚高原、西西伯利亚平原和东欧平原，对于游牧民族而言，地理上没有什么阻隔；据语言学家研究，两者语言上有一定的联系。

在这个逻辑之下，我想说，文旅融合破壁的关键，是利用本地文化讲好故事。具体怎么做呢？讲好文旅故事，不同城市、不同文旅资源，需要不同的故事算法。在这里，我讲讲故事的三种算法。

1. 影视算法——有历史故事，有现实遗存

讲故事的核心是“唤醒”——再现历史，沉浸体验。有历史故事，有现实遗存的地方，我们可以通过影视算法把它重新激活，情景再现。因为，影视算法的主要表现手法就是情景再现和沉浸体验。影视剧最能打动人之处就在于情景再现，让原本消失的现场，真实般地再现在观众面前，使得影片内容更加丰富。比如说，告诉你某种东西好吃，是没多少人有深刻体会的，但我们拍成《舌尖上的中国》，通过高清镜头，观众对好吃的食物就有了非常直观的感受。据说很多网友看了《舌尖上的中国》之后，纷纷在微博上表示：“每一寸土地都不能交给别人，谁明白那上头能长出啥好吃的。”

另外，观众容易被一波三折的故事吸引。影视剧中往往利用矛盾冲突，进行笑点、悬念、省略、兴奋点等技巧设置，对素材进行故事化处理，这些真实的细节可以为观众带来沉浸式的体验。例如，《舌尖上的中国》中，村民为了找到松茸，要在凌晨三点前往森林，到了地方，还要在泥泞的山路中步行 20 公里，即使这样，也不一定能找到松茸。这就是利用了影视算法中的困境与转折的手法，让故事更吸引人的眼球。

我来说两个拍摄得非常好的案例，第一个是奥斯卡获奖的电影《地心引力》，它用几经波折的剧情紧抓观众的注意力。但拍得更好的是《唐顿庄园》，拍摄中，它特别强调细节，以高度还原的场景、超真实的细节为观众带来沉浸式观感。《唐顿庄园》每集的制作费超过 100 万英镑，从演员到服装、场景、剧情、制作，精致到无可挑剔。

对于旅游文化来说，文化要做成旅游，非常重要的一项功夫叫“考据”——

保证文化是真实的、经得起推敲的；而一旦展示为影视，特别重要的两个字叫“全息”。全息的反面叫穿帮，一旦穿帮影响就挺大了。咱们现在很多人根本不重视全息，比如你看一部电视，发现汉朝就出现玉米了。你上网查查就知道，关于玉米的最早记载是明朝嘉靖三十四年（1555 年）成书的《巩县志》，所以说，这就是缺少最基本的常识。

备注：玉米，原产于拉丁美洲的墨西哥和秘鲁沿安第斯山麓一带，是印第安人培育的主要粮食作物，原本是体形很小的草，喜高温，经美洲原住民培育多代后才出现较大型的玉米。1492 年哥伦布在古巴发现玉米，以后直到整个南北美洲都有栽培，1494 年把玉米带回西班牙后，逐渐传至世界各地，成为最重要的粮食作物之一。16 世纪时玉米传入中国，最早记载见于明朝嘉靖三十四年（1555 年）成书的《巩县志》，称其为“玉麦”，其后嘉靖三十九年（1560 年）《平凉府志》中称作“番麦”和“西天麦”。

影视算法，我给大家分享两个案例。

1.1 案例 1：英国的提普顿的黑乡生活博物馆

这里被戏称为“黑乡”，是当时英国最丑的小镇。它是工业文明时期留下来的，因为煤炭工业造成了巨大的环境破坏，这里一天到晚烟尘弥漫，建筑没有特色、街道没有魅力、城市缺乏生气。但是，这个小镇有两个优点，第一个，因为它是工业文明时期遗留下来的，所以没有任何杂音，非常好地保留了当时风貌；第二个，正是由于它不发达，周围没有任何高楼大厦。换句话说，你在这儿看到的，是典型的历史的天空，是没有杂音的，是全息的。正是这样，小镇成了好资源。

如果有人和我一样喜欢看纪录片，就一定知道，BBC 的历史纪录片代表了世界纪录片的最高标准，是做得非常到位的。其中，关于工业文明时期的每一个场景再现，几乎都是在提普顿拍摄的。BBC 曾报道：“如果你想体验 19 世纪的英国，又不想沾染噪声、烟雾和粉尘，那么去‘黑乡生活博物馆’是最好的选择。”

备注：英国广播公司（英文简称：BBC；英文全称：British Broadcasting Corporation）成立于 1922 年，总部位于英国伦敦，前身为 British Broadcasting Company，是英国最大的新闻广播机构，也是世界最大的新闻广播机构之一。BBC 于 1936 年开始提供电视服务，是世界上第一家电视台。1967 年，BBC 首次采用彩色信号播报温布尔登网球公开赛，从而开启了彩色电视时代。今天 BBC 除了是一家在全球拥有高知名度和广泛信誉的媒体，还经营着其他业务，包括 BBC Proms 音乐会、英语教学、交响乐团等。

现在，你漫步在黑乡生活博物馆的街头，随时都可能和你最喜爱的电视节目偶遇，行走在黑乡，就像是行走在电视电影场景中一样。黑乡生活博物馆不但为电视剧集提供了场地，而影视也为黑乡生活博物馆做了宣传，极大地提升了知名度。

为什么能做到这样呢？因为小镇做了三件事儿。

第一件事儿：历史风貌唤醒——打造“穿越历史”的小镇画面。

从各处收集来的 19 世纪的工业旧物、历史机械原件，在镇里进行有机组合；复古商街修旧如旧，工矿画面以旧修旧，做得和当时是一样的，包括它的肌理，完美还原了 19—20 世纪黑乡最经典画面——独具风格的维多利亚建筑构成的街巷和工业文明时期最具特色的工业器械。可以这么说，这里除了时间不是真的，一切都是真的。

第二件事儿：生活场景唤醒——细腻再现复古感观的小镇生活。

这里还原了黑乡时期小镇生活的衣、食、住、行、学、购、娱 7 大经典场景，再现小镇风俗民情，打造全方位复古感观的小镇生活场景。也就是说，这里每个细节都是有故事的，而且故事都具备相当高的历史真实性。比如说，这里的工作人员，都穿着传统服饰，用浓厚历史口音还原历史生活场景，有开小差的女工、门口闲聊的老街坊、遛弯的老夫妻，这些人个个都是有人格化身的。这里卖的东西，都是跟当地当时一样的。并且，每个人都是有自己的性格的，更重要的是，这些性格都讲出了当时的历史背景。比如说，一个彪悍的马夫，旁边是一个非常重要的卖马具的店。那么，大家会觉得，卖马具的有这么神气吗？我说一个著名的品牌，过去就是做马具出身，它就是大家熟悉的爱马仕，过去是马具店。

备注：1837 年，蒂埃利·爱马仕（Thierry Hermes）在繁华的 Madeleine 地区的 Basse-du-Rempart 街上开设了第一间马具专营店。1879 年，蒂埃利的儿子查理·爱马仕（Charles-Emile Hermes）将家族企业扩大，他不但把爱马仕总店搬往巴黎著名的福宝大道 24 号（24, Faubourg），与当地贵族靠得更近，还让爱马仕走出巴黎，走向欧洲各国。爱马仕制造的高级马具当时深受欧洲贵族们的喜爱，其品牌也成了法国式奢华消费的典型代表。

更重要的是还有颐指气使、凶神恶煞的老司机，街头或停靠或行驶着的老式汽车，带人驶入历史中的黑乡街头。大家可能会奇怪，卖马具的神气，怎么司机也这么特别？大家可能不知道，在那个汽车很少有的年代，连中国都有句老话：“一是权，二是钱，三是听诊器，四是方向盘。”当时司机可是一份非常好的工作。小镇里还有扮演英国老师的，其口音完全是维多利亚时代的。可以说，我们看到的每个人都还原了当时的场景。

第三件事儿：劳作场景唤醒——讲述小镇的工矿生产故事

在这里，你可以体验最真实的提普顿小镇黑乡时期重要文化标签——工业文化，感受最真实的工矿文明。在这里，你可以看到很多有故事的文物，比如说，托马斯·纽可曼发明并为矿区安装了世界上第一台蒸汽机，现在它还可以开动。你还可以在这里进行冶炼体验，全面体验旧工业文明时期打铁匠的辛苦劳作过程；甚至你可以在这里直接拜师，跟着他们学习地道的传统手艺。这就是我们看到的，具有完全穿越感的黑乡。

1.2 案例 2：奥地利巴德伊舍

我想拿这个案例说一说，为什么影视比历史更重要。

巴德伊舍并不是一个很大的地方，当时它刚刚被评为“2024 年欧洲文化之都”。它距离维也纳 200 公里，但是有很多人愿意到这里来看，为什么？

巴德伊舍之所以成功，是采用影视算法，唤醒已有的名人文化。我相信大多数人都看过《茜茜公主》这部电影，其实茜茜公主系列影片分为三部，包括《茜茜公主》、《年轻的皇后》和《皇后的命运》。第一部是轻喜剧，第二部是正剧，第三部接近悲剧。没有太多人愿意看第二部和第三部，大家都更愿意看第一部。

所以巴德伊舍对第一部进行了演绎，演绎了茜茜公主和奥地利国王弗兰茨·约瑟夫邂逅相恋的故事。茜茜出生在巴伐利亚的贵族之家，她美艳动人，性格活泼。姨妈苏菲打算安排自己的儿子，也就是奥地利王位继承人弗兰茨，在他的生日庆典上与茜茜的姐姐海伦订婚。母亲和姐姐带着茜茜赴奥地利参加庆典，调皮的她偷偷溜出去钓鱼，不料却与英俊的国王弗兰茨相遇。茜茜动人的微笑深深击中弗兰茨，让他彻底爱上了天真纯情的茜茜，并不顾一切违背母亲苏菲的旨意，在生日庆典上宣布茜茜才是自己的皇后。

在巴德伊舍，他们对《茜茜公主》这个电影进行了完整的场景再现，细腻重塑人物活动场景，让游客寻梦印证、流连忘返。

这里完全按照场景打造，在这里，你可以前往电影中茜茜公主“钓到”弗兰茨的河边，捕捉浪漫气息；参观皇帝与茜茜公主举行订婚仪式的夏宫，追忆两人在这里的生活画面。这里的行宫是真实的行宫，但是行宫的复原，不是按照历史中的行宫复原，而是按照电影镜头中的行宫复原的。因为大家觉得，镜头里的才是真实的，所以很多影迷到这里去，寻找并感受这些电影中出现的场景。

我想说，在这里你会发现，遵循影视逻辑，其实比遵循历史逻辑更好。为什么呢？

因为我们今天知道的很多所谓“历史”，其实是讲了故事之后大家才知道的。关于茜茜公主和国王的故事，我这里澄清三件事儿：

第一件事儿，过去，奥地利人对茜茜公主的评价并不高，是拍了《茜茜公主》

这部电影以后，大家对她的评价越来越好了。

第二件事儿，其实他们两个人的感情不好，而且是相当不好。不好到什么程度？不好到茜茜公主主动给弗兰茨皇帝介绍女朋友。

备注：凯瑟琳娜·施拉特（Katharina Schratt）是奥地利著名女演员，也是弗兰茨皇帝的红颜知己。弗兰茨皇帝特地在夏宫附近安置了一处豪宅（Villa Schratt）送给她。从夏宫到豪宅，只需通过一条隐藏的小径便能轻松到达。茜茜不仅知道凯瑟琳娜·施拉特的存在，甚至鼓励弗兰茨皇帝与其密切交往，以弥补弗兰茨无法从自己身上得到关怀的缺憾。

第三件事儿，茜茜公主有一个半公开的绯闻男友，这个人物在第二部和第三部中都有登场，他就是匈牙利帝国的安德拉希伯爵——传说中茜茜公主的情人。

备注：1867 年，根据奥地利和匈牙利统治者之间达成的协议，奥匈帝国建立。在 6 月 8 日这一天，匈牙利宰相安德拉希伯爵将一顶王冠戴在了茜茜的头上，匈牙利人选择了她，她从此成为匈牙利女王，在维也纳，她经常受到抨击，而在布达佩斯，她受到的是崇拜。

所以，我们看了这么多世界的故事就会发现，其实故事本身是没有真假的，而真实的历史又有多少人知道？大家记住的都是故事。

正是有了故事，大家会按照电影里的形象装扮成各种样子，重新把这些故事进行一遍遍的演绎，这就是我说的，我们做旅游里的“影视算法”。

影视算法就是通过情景再现、细节还原，让受众沉浸式体验，看看别人的生活是怎么过得；通过营造“困境—转折”的戏剧感，持续吸引受众关注，实现资源的“唤醒”与融合！

2. 游戏算法——有历史故事，但缺少现实遗存

下面我要说的游戏算法是指：游戏化演绎，共同体参与。就是让你自己参与到游戏中，来进行趣味演绎。大家一定要知道一个事儿：为什么这里说游戏呢？现在很多年轻人可以说是玩游戏长大的，而且在游戏中，他们能体会到两种非常不一样的东西——参与感和协作感。

比如说《英雄联盟》，这个游戏规则就给用户一种极强的参与感，会告诉你，你就是英雄，这是属于你的故事；而且是团队协作，各司其职，没你不行，所以年轻人很看重这种协作感。

我们再来看《魔兽世界》。《魔兽世界》中最吸引人的亮点，是玩家为合作而建立的“游戏公会”。游戏公会就是志同道合的玩家结成的联盟，大家可以理解为是

他们游戏中的家庭。公会的魅力所在，就是不仅可以让你的游戏级别快速升级，还能产生在和平年代，最接近战友般的友谊。大家都知道，战友这种友谊是非常可贵的。

这样一来，就能形成游戏化演绎和共同体参与的组合。在这个组合中，我说两个典型案例：

2.1 案例1：日本·男鹿半岛：生剥鬼文化演绎——用游戏化演绎，挽救濒亡的文化传统

男鹿半岛在日本的东北角，是一个相当偏远的地方。这里面积224平方公里，人口只有3万人左右。说实话，除了“生剥鬼”文化，这里很难再挖掘出别的东西。

“生剥鬼”是什么呢？每年除夕，生剥鬼会两三人一组，一边大声吼叫和舞蹈，一边走街串巷，造访各家各户。通常吼叫的内容都是威胁性的语句，比如“哪儿有哭鼻子的小孩儿”，“有没有不听父母话的小孩儿”，“有没有好吃懒做的媳妇”等等。而这个时候呢，被造访的家庭，主人需要身着正装，郑重迎接，一边向生剥鬼解释这一年来家中的日常坏事，一边拿出好酒和年糕好生款待。生剥鬼会答应保佑这家人在新的一年里身体健康、丰衣足食之后，再去别家。

备注：相传生剥鬼是一种类似恶魔的生物，身穿蓑衣和草裙，手持木刀和木桶，二三人一组，一边大声吼叫和跳舞，一边走街串巷，造访各家各户。生剥鬼文化是流传于日本各地的民间传统，多在日本东北地方。秋田县的生剥鬼，是在每年除夕的时候，居民带着红色（女性）与蓝色（男性）面具，扮成生剥鬼的样子，索要酒食，督促家人要勤奋，并且送以祝福。生剥鬼文化是日本国家级重要非物质文化遗产。

这有点像我们小年的祭灶文化，每年小年时节，家家户户贴灶神年画，并配有“上天言好事，回宫降吉祥”的对联。

备注：灶神，民间俗称灶王爷。传说灶王爷原名张生，本是一布衣百姓，其娶妻之后终日花天酒地，败尽家业沦落到上街行乞。一天，他乞讨到了前妻郭丁香家，羞愧难当，一头钻到灶锅底下烧死了。这件事传到了玉帝耳朵里，玉帝认为他能回心转意，还没坏到底，既然死在了锅底，便封他为灶王，上传下达，掌管全家祸福，每年腊月二十三、二十四上天汇报，正月初四日返回人间。百姓们对灶王很是敬重，民间用祭灶“小年”的习俗，祈求来年平安和财运。

但不一样的是，生剥鬼的形象比较炫酷。那生剥鬼是怎么来的呢？关于生剥鬼的来源有几个传说，最多的说法是从中国派生过去的。有的日本人也承认他们当中

的很多人是由中国、朝鲜等亚洲大陆海外移民过来的，他们管这些人叫“渡来人”。

备注：关于生剥鬼的来源，神乎其神的传说——

汉武帝说：相传汉武帝巡访男鹿半岛，每天驱使五个鬼做事，只在正月十五这天把鬼放出来，到村子里翻闹个底朝天，深受困扰的村民用计驱鬼成功，但仍害怕鬼再来报复，于是便演化出款待、安抚鬼的生剥鬼节。

修行者说：古时不断有上山下山的修行者，由他们挨家挨户敲门讨饭吃的场景演化而成。

山神说：古代人们可以看到远处海上的神山，相传生剥鬼是山神的使者。

异邦人说：古代从海上漂流到男鹿的异邦人，因为语言长相不同，被视为鬼。

备注：渡来人广义而言是古倭国（日本的旧称）对朝鲜、中国等亚洲大陆海外移民的称号，这些从外地迁移到倭国的人口被考古学者称为“渡来人”，不过主要仍是代称由东亚迁徙而来的移民，渡来人通常是因国内战争频繁或随文化交流传播而移居日本，这些拥有高度文明的渡来人传入诸如农耕技术、土木建筑技术以及烧制陶器、锻铁、纺织等农业文明。

我说一个例子，大家都知道日本著名影星山口百惠吧，她曾在 2002 年自称是杨贵妃的后裔。

备注：在日本的文学作品中，大都说杨贵妃其实没有死在马嵬坡，而是东渡到了日本，比如南宫博的《杨贵妃别传》和渡边龙策的《杨贵妃复生秘史》。《杨贵妃别传》记载，将军陈元礼在处死杨贵妃时，被其美貌吸引，便杀了一个长得像杨贵妃的宫女诈骗哗变战士，并协助杨贵妃东渡到了日本。而《杨贵妃复生秘史》中则记载，杨贵妃上吊后又康复了，并在遣唐使的协助下，先是到了扬州，随后又到了日本。

我们回过头，再来看男鹿地区。男鹿地区经济一度面临着严重衰退，传统文化也濒临消亡。为了挽救这一局面，男鹿决定挖掘生剥鬼文化，并选择游戏算法，吸引年轻人的注意。

为此，男鹿利用游戏算法，做了三点：活动引人、游客传习和音乐狂欢。

（1）活动引人：组织交流活动，搭建平台，扩大合作。

首先，男鹿市政府组织生剥鬼节活动参与者召开“生剥鬼节研讨会”，确定了生剥鬼文化，并确定了生剥鬼的样子，而且确定了女性戴红色面具、男性戴蓝色面具的固定形象和形式。

其次，男鹿还举办一些如生剥鬼柴灯节等特色节庆，重振传统经典节庆活动，让民众重温过去习俗。

（2）游客传习：向游客系统传授“生剥鬼上门”的仪式文化。

除了召开“生剥鬼节研讨会”，男鹿市还设有生剥鬼博物馆，把生剥鬼在当地的文化形象做了各种展示，游客在生剥鬼馆可以看到最全的生剥鬼形象展示；而且馆内不定期有生剥鬼面具雕刻师石川千秋驻场实演面具的制作工艺，让游客们近距离观摩生剥鬼工艺的精湛之处。馆内还布置了生剥鬼“变身角”，展示生剥鬼的全套服饰与配物，游客可以穿上体验。

备注：石川千秋，64 岁，男鹿的生剥鬼面具工匠大师，从事生剥鬼面具制作 30 年，是日本目前唯一的生剥鬼面具雕刻师，2013 年荣获日本地方传统艺能大奖，完成一件作品通常需要一个月，消耗巨大精力。如今男鹿半岛人们制作的生剥鬼面具唯一对外出售的只有石川千秋。

还有就是重头体验活动，如果你在这里旅游，除了他们表演给你看之外，你也可以参与其中，学习各项传统的生剥鬼习俗，包含生剥鬼造型、生剥鬼太鼓舞以及生剥鬼上门仪式体验等，甚至可以花 1 万~2 万日元，体验“一日生剥鬼”，挨家敲门。

（3）音乐狂欢：传统生剥鬼造型 + 现代摇滚音乐节，吸引年轻人。

但是这还不够。为了吸引年轻人，他们还做了一个事儿。我们都知道，一般玩摇滚的人都喜欢留长头发，他们认为这样甩起头来会很酷。依这个逻辑，那稻草甩起来岂不是更酷？于是，他们就将传统生剥鬼造型和现代摇滚音乐节相结合，举办男鹿生剥鬼摇滚音乐节。而且，这个音乐节举办得非常成功，成功到什么程度呢？2016 年两天的举办时间中，现场到场观众 1.2 万人，相对于只有不到 3 万人口的男鹿市，可谓盛况空前。

并且经过进一步的发展，他们发现生剥鬼盆踊舞配合凶恶的面具和豪迈的舞姿非常适合摇滚音乐节的氛围，于是，他们将这一舞蹈融入现代音乐节中，并成了音乐节的保留项目，这样一来，他们便将地方文化推向全国。

这就是我给大家说的游戏算法的第一个案例。

2.2 案例 2：美国·塞勒姆：女巫文化游戏演绎——从没有女巫的历史审判，到假扮女巫的现代狂欢

塞勒姆小镇在波士顿东北 30 公里的地方，是一座历史悠久且很宁静的海港小镇，但出名却是因为“女巫”。塞勒姆历史上曾发生过一件事——女巫审判。如果大家了解欧美历史就会知道，在医疗、科技不发达的过去，一旦有病，他们会找女巫来治病。女巫如果治好了他们，就会受到尊重；但是一旦发生重大病情，谁都治不好的时候，就会有人把治不好病这事归咎于女巫。当年因为这事，大量无辜的女性被无端指责为“女巫”，被审判，甚至被处死。而塞勒姆这个地方因“女巫审判案”，致使 19 人被处以绞刑，1 人被石头堆压死，5 人死于狱中。

备注：1692年，美国马萨诸塞州塞勒姆镇一个牧师的女儿突然得了一种怪病，随后与她平素形影不离的7个女孩相继出现了同样的症状。从现代医学角度讲，这是“跳舞病”的一种表现。这类症状的病因是一种寄生于黑麦的真菌“麦角菌”。当时人们普遍认为，让孩子们得了怪病的真正原因，是村里的黑人女奴蒂图巴和另一个女乞丐，还有一个孤僻的从来不去教堂的老妇人。人们对这3名女人严刑逼供，“女巫”和“巫师”的数量也一步步增加，先后有20多人死于这起冤案中，另有200多人被逮捕或监禁。1693年5月，在菲普斯大赦所有在押的巫术嫌疑犯并终止所有的审判后，这场悲剧终于结束。至此为止，塞勒姆镇女巫审判案已使得19人被处以绞刑，1人被石头堆压死，5人死于狱中。这就是1692年2月至1693年5月期间，在美国马萨诸塞州塞勒姆发生的大规模女巫审判事件。

现在，女巫已成为欧美文化中的一个特定人文形象留存下来，狂欢节的游行队伍中、文学作品中都会出现她的身影。而那些悲惨的故事也没有被人们忘记，人们还在用各种形式再现这段历史，重忆过去的黑暗。

比如塞勒姆，这里现在已经成为美国女巫文化的狂欢圣地。塞勒姆把女巫文化做得很到位，并且和万圣节文化进行结合，以活动为抓手，吸引女巫文化粉，来小镇一起“嗨”，这是一件很了不起的事儿。

那塞勒姆到底是如何利用游戏算法，对女巫文化进行现代演绎呢？他们主要做了以下三个方面：

（1）丰富展演，震撼传达。

首先，塞勒姆街头设有女巫戏剧表演，随时随地向游客展示塞勒姆和女巫的深厚渊源。其次，游客可以买张联票，注意是联票，去看几个关于审判女巫、关押女巫的博物馆群，从博物馆出来甚至还可以到“断头台”上体验一把“被推向死亡”的感觉。

而且如果你留心的话，你会发现，很多博物馆都会把当时的场景一一演给你看。更有趣的是，你看完了一场后，会发现刚才演戏的演员跟你一样，正急着往下一场赶，而且一定要赶在你前面。为什么？因为那个地方不大，人口不足5万，所以也就那几个演员在反复演这个戏。

（2）粉丝参与，集体狂欢。

在塞勒姆，每年会举办大型女巫主题的化妆活动。活动期间，塞勒姆设有现场化妆服务，你可以化妆成任意喜欢的角色或样貌，各种神仙妖怪、各种怪模怪样的要求，他们都能满足你；只要你愿意，连宠物都可以换副行头，参与到大庆祝活动里；从公共场所到私人建筑都进行万圣节装扮，营造出非常浓厚的鬼节气氛；更重要的是，这里不只限于女巫造型，也允许你随心所欲地装扮。到这里来的人，可以真正感受到什么叫作“天天万圣节”。

(3) 全域协同，处处共振。

在塞勒姆，女巫主题渗透于衣食住行各个方面。这里甚至有女巫酒店，以塞勒姆最有名的女巫酒店——霍桑酒店为例，每年十月，年度通灵展和巫术博览会在霍桑酒店的巫术万圣节大厅举行，届时，会有数百人集聚一堂来“召唤亡灵”，让人难忘。

这就是我说的游戏算法。游戏算法的逻辑和影视算法不同，影视算法是让你看别人的生活，而游戏算法是“创造”自己的生活。

3. 热搜算法：什么都没有，资源平平的项目

热搜算法是什么呢？就是原来没有的资源，你创造出来了。换句话说，就是无中生有，搞大新闻。只要你善于创造，你就能够变成别人关注的“对象”。这里，我也说两个案例。

3.1 案例 1：英国·因弗尼斯：无中生有的故事

一看到“因弗尼斯”这几个字，大家就会联想到尼斯湖湖怪。其实如果你真去看尼斯湖，你会觉得很失望，它其实就是一条狭长的淡水湖。但是大家真的愿意去看，就是因为尼斯湖湖怪。

相信在座的各位，或多或少都听说过尼斯湖湖怪吧。我可以负责地说，从科学角度，我绝对不相信有尼斯湖湖怪；但要是从文化角度说，我倒是很愿意去看看这个尼斯湖，去看看传说中的尼斯湖湖怪。

大家知道，科学和文化是两码事。从科学的角度讲，尼斯湖不可能有湖怪。方舟子曾在自己的专栏里，这样阐释“湖怪说”考据的不科学性：“从生物学的观点看，存在大型‘湖怪’‘水怪’的可能性微乎其微，甚至可以说不可能。体形巨大的动物只能是鱼类、爬行类或哺乳类动物，而这类高等动物是不可能靠少数几头来传宗接代的，必须存在一个至少由数百头个体组成的群体，才能避免因近亲繁殖导致的灭绝的危险。动物是要吃饭的，体形越大吃得越多，一个面积不过几十平方公里的湖泊并不具有长期维持一个数百头大型动物的生态系统。何况，一个地方如果真存在数百头大型动物，就不会那么难以发现。”

方舟子说得很对。任何一个物种的演化，必须得有一定的种群密度。也就是说，为了物种的繁衍，不可能是两只湖怪生孩子的延续逻辑，至少得有数百头湖怪组成的群体，还要避免它们近亲之间的繁殖。这要是有几百头的湖怪在这里出现，

想不发现都难啊！

备注：种群密度：在一定空间范围内同种生物个体同时生活着的个体数量或作为其参数的生物量。

说到这里，我多说一句，中国编的很多故事是缺乏科学文献考据的。前一段时间还有人说长白山天池有水怪。我问大家一个事，长白山是什么山？——休眠火山，据记载，长白山曾于1597年、1668年和1702年喷发过。而长白山天池是在一个火山口上，水温特别低，别说鱼虾，连微生物都很少。这个巨型的水怪是从何而来，又是如何存活的呢？

备注：休眠火山指有史以来曾经喷发过. 但长期以来处于相对静止状态的火山。死火山指史前曾发生过喷发，但有史以来一直未活动过的火山，此类火山已丧失了活动能力。活火山指至今仍在活动的火山。但实际上这三种火山之间并没有严格界限，有时休眠火山和死火山也是会火山喷发的。

但是，从文化角度说，尼斯湖湖怪我觉得是可以有的。尽管每年找出的照片都证明是假的，但是，每年都有人热衷于寻找湖怪。我们来看一组数据：每年有100多万游客因为湖怪参观尼斯湖及其周边地区；每年因为湖怪而产生的旅游经济效益超过3800万美元；截至2017年，由湖怪带来的经济总效益已经超过200亿美元。80多年来，尼斯湖湖怪的IP为当地带来巨大的客流量和经济效益。

那么，在这个逻辑之下，他们是怎么做到的呢？尼斯湖地区利用热搜算法主要做了三件事。

第一件事儿：无中生有，多渠道造势——率先引爆“湖怪探秘”IP。

什么叫无中生有？

首先进行媒体传播——联动广播公司、报刊等知名媒体，进行病毒式传播。有人出来收集各种照片，出各种揭秘寻找湖怪的书籍，甚至会拍摄关于湖怪的纪录片。然后进行例证营销——利用湖怪照片事件吸睛，让这里瞬间名声大噪。比如，1934年医生罗伯特·威尔逊出示了一张尼斯湖湖怪照片，得知消息的英国《每日邮报》迅速派出记者前去采访，并以头版头条的方式刊发，从此，尼斯湖湖怪的新闻在坊间爆红。最后利用悬赏造势——马戏团老板为了“蹭热点”，悬赏2万英镑（相当于现在人民币800万左右）捕捉尼斯湖怪，以至于人们就像是当年的淘金者一样，带着渔网鱼叉，甚至还有炸药，成群结队来到尼斯湖，希望能获得巨额奖赏。

尽管后来湖怪的传说被证明是假的，但是他们会细讲揭秘的经过。这里的政府很清楚一件事：只要我坚持去搜，就总有人认为有找到的希望。

第二件事儿：故弄玄虚，政府持续引导——实现对客群的长期吸引。

政府作为官方机构，保持“摇摆”态度，既不承认之前的证据，也不否认存在的可能。为了长期抓人眼球，他们扶植研究机构，为尼斯湖湖怪设立专职调查机构——尼斯湖现象调查局（LNPIB）；还以科学家做背书，邀请众多享誉全球的科学家加入搜寻行列，提升湖怪存在感；除此之外，当地政府会开展定期侦查，每年都耗资重金，用于尼斯湖湖怪的侦测工作；并且政府积极同赛事举办单位合作，将湖怪形象推广至全世界，甚至当地政府联合索尼影业，合力打造科幻电影——《尼斯湖怪：深水传说》。

折腾了这么久，政府得到的最大收获就是没有任何成果，但是没关系，只要一直折腾，尼斯湖及湖怪就会一直保持曝光率。

备注：尼斯湖现象调查局（LNPIB）成立于1961年，创立者是布莱顿区议员大卫·詹姆斯（David James），这个采取军事化经营的机构以找出湖怪为目标，募集了数十位有志于此的志愿者担任工作人员。为了搜寻湖怪，LNPIB动用了英国皇家空军汰余的探照灯、侦察摄影专用的大型长焦距镜头、一艘亮黄色的袖珍潜艇、水中声呐扫测，还曾试图使用炸药迫使湖怪浮出水面。

第三件事儿：假戏真做，强体验性的湖怪博物馆——强化客群持续导入。

除了多渠道造势、持续引导外，当地还在IP上做了很多工作，比如打造尼斯湖湖怪展览中心，对尼斯湖湖怪感兴趣的游客来说，尼斯湖湖怪展览中心有关于湖怪的一切，满足大家对尼斯湖湖怪的好奇心。博物馆为游客展现了一切有关尼斯湖湖怪的原始数据和资料来重现历史，还保留了20世纪用于考察的设施，强化游客体验的代入感；展览中心模拟出尼斯湖湖底场景供游客体验，以此增加互动感知；而展览中心内设立湖怪观察亭，让游客在了解历史的同时，还可以进行实地观察；这里还进行趣味营销，将凶狠的湖怪形象趣味化改造，以手办的形式售卖，强化IP传播。如果大家去了这个地方就会知道，他们会不断卖给你小东西，而且卖的小东西特别可爱，这些东西都是你愿意买的。

说到这里，我们会发现：虽然尼斯湖湖怪是假的，但是文化创造得特别真实。也就是说，前提绝对荒谬，细节绝对真实，IP绝对生动。

3.2 案例2：芬兰·罗瓦涅米——“抢”占一个大IP，无中生有，做假成真

如果说英国因弗尼斯是“编”出来的成功案例，那我下面要说的芬兰罗瓦涅米案例，就是“抢”过来的。

什么意思？

罗瓦涅米是芬兰北部的拉普兰区的首府，是世界上唯一设在北极圈上的省会

城市。这个地方曾经“一无所有”，可以说是在战后废墟上艰难重生。为了打破这一僵局，他们就想着，“抢”点什么可以把自己的经济振兴起来。于是他们就“抢”了一个老人，这个老人名叫“圣诞老人”。

备注：在遭到战争的毁灭性破坏后，罗瓦涅米在很大程度上依靠联合国儿童基金会（UNICEF）的援助进行重建。在1950年初步重建完成，美国前第一夫人埃莉诺·罗斯福访问罗瓦涅米时，芬兰的北极圈上几乎什么建筑都没有，时任拉普兰省省长在罗瓦涅米市市长的帮助下，在夫人抵达的一周前，在北极圈上建了一个小房子作为接待室。

其实圣诞老人这个IP，每个国家都在做，但是没关系，你们做没关系，我们就硬生生地抢。

说到这里，我多说一句，为什么中国有20多个地方都在争夺董永故里呢？因为这是值得“抢”的！自从有了移动互联网以后，创造名人的代价和困难越来越高了。咱别说董永是“三好男人”了，就山东那个西门大官人，也有好几个地方在抢。

备注：近几年，全国有20多个地方借助《天仙配》所带来的文化效应，争先恐后以“董永故里”之名积极向国家申报非物质文化遗产，争夺董永和七仙女文化“金字招牌”，提高地方竞争的“软实力”。

为了抢“圣诞老人”，他们做了什么呢？

（1）无中生有，抢夺IP。

首先，罗瓦涅米高调宣布，我们这里就是“圣诞老人之乡”！通过抢先喊出口号，先声夺人，“刷新”人们对于这个IP和当地的认知；其次，抢夺官方认证，倔强坚持不退让。直到1995年圣诞节前夕，时任联合国秘书长加利给圣诞老人写信致以节日的问候，这封信寄给罗瓦涅米圣诞老人村的圣诞老人。也因此，罗瓦涅米的圣诞村被认为是世界上唯一被联合国认可的圣诞老人故乡。

（2）假戏真做，弄假成真。

在这个圣诞老人村，设立了专门的“圣诞老人办公室（Santa Claus Office）”。小屋就像圣诞老人本身一样，装点得又温暖又亲切，无论是小孩还是成人，都可以来这里拜访“圣诞老人”。

你要是去拜访过就会知道，这里的圣诞老人是专人专职扮演的，不仅从头到脚的装扮一点破绽都没有，还渗透着圣诞老人的慈祥。在这里，圣诞老人认真倾听人们的心愿，甚至会给孩子们讲故事或唱一两首圣诞颂歌。从这些专职人员的态度中，你会发现，他就是真的圣诞老人，圣诞老人从传说走进现实了。

说到这里，我问大家个事儿，有去过英国伦敦贝克街（BakerSt）221号B的吗？那里有一座福尔摩斯博物馆。那里虽然没有夏洛克·福尔摩斯（Sherlock

Holmes)，但是有福尔摩斯的搭档约翰 ·H· 华生（Dr. John H. Watson）。如果你去到这里，一定要跟华生医生的扮演者聊聊天，这个扮演者不仅扮相像极了华生医生，而且口吻、行动都像。你随便跟他聊阿瑟 · 柯南 · 道尔（Sir Arthur Conan Doyle）写的福尔摩斯的任意一章，他都会告诉你，当年自己跟福尔摩斯是怎么合作的，自己干了啥，福尔摩斯干了啥。其实道理很简单，大家只要看书就会知道，书里福尔摩斯的表述者是华生，是华生在讲福尔摩斯的故事。这就是我说的水平，他们把故事讲得很到位，已经把人物角色活化了。

我们再回到这个圣诞老人之乡。这里不仅活化了圣诞老人，还活化了圣诞仪式，真实还原了多种圣诞传说中的体验环节——比如，开放圣诞老人邮局，让人们真的能收到经圣诞老人之手寄出的明信片；扩展圣诞主题乐园，还原童话世界，引领游客畅游；甚至在这里，不但能和圣诞老人一起打卡北极圈，还可以领取专属证书。这就给大家营造了一种，只要你来到这里，你就会觉得这里就是圣诞老人之乡的氛围。

这就是我给大家说的热搜算法——通过抓住人的本能、抢夺注意力，持续吸引受众的目光，通过无中生有、大胆“搞事情”，快速夺取受众关注，实现快速吸睛，使平平无奇的资源“化腐朽为神奇”！

今天，我给大家讲的就是以上这三个方面。

文旅融合将迎来中国旅游发展新时代！我们要完成从文化到旅游的“惊险一跃”，需要学会讲故事，讲好中国故事！而要想讲好文旅故事，就要明白不同资源需要不同的“故事算法”。以上就是我给大家分享的影视算法、游戏算法、热搜算法。

文旅融合背景下非物质文化遗产的旅游化传承模式研究

王德刚[①]

1. 前言：由市场自觉到体制力量推动的文旅融合

文化和旅游的融合发展，从现代旅游业产生的那一天就开始了，原本发端于民间，是在市场主导下在产品开发、产业发展层面上自下而上进行的。而今天，文旅融合已经由过去市场的自觉行为上升为国家体制力量主导的大趋势。自 2018 年 3 月全国人大在两会上公布机构改革方案以来，好多部门都融合了，但是唯独文化和旅游的融合引起了社会的高度关注，这是因为文旅融合关系到国计民生，是能够被老百姓直接体会到的事情。而且，在我们当前的整个社会发展理念中，要进一步加强优秀传统文化的传承与创新发展，要旅游在文化建设、文化传播中发挥更大的作用，这必然就会引起社会的关注。

文旅融合的范畴非常广泛，从非物质文化遗产保护、传承与发展的角度来说，以往在产业发展、产品开发层面上源自企业和民间的实践，创造了很多成功的案例，但由于是在产业和民间层面自下而上进行的，在融合的理论、技术和路径等问题上并未形成成熟的体系；而当这种融合有了行政力量的推动、并上升为一种国家战略的时候，系统化的理论研究和技术研发便成为重要诉求。

2. 非物质文化遗产（“非遗”）的保护与传承

“非遗”是产生于农耕社会的文化形态，在现代物质文明、科技文明高度发达的今天，“非遗”赖以生存的农耕社会环境、自然环境都发生了很大变化，特别是现代交通技术、传播技术以及大数据、物联网等技术的普及，使全民信息化水平提

① 王德刚：山东大学管理学院教授，山东大学旅游产业研究院院长，兼任中国旅游协会副会长。

高，使许多“非遗”在现代社会中失去了受众基础，逐步被淘汰。但社会的发展是不可逆转的，任何事物的更迭、盛衰、消长都是自然、不可阻挡的。而我们需要探讨的是，在许多“非遗”失去了其存活土壤、环境的今天，如何让那些优秀的“非遗”能够适应变化了的时代和环境，怎样有意识地创造良好的传承环境和再造文化空间，让其在新的环境和土壤里找到生存、发展的新方式，这正是目前“非遗”保护和传承中所面临的根本性问题。

从世界“非遗”保护、传承的实践探索来看，主要有五种模式。

一是政府供养（或补贴传承人）模式。人是“非遗”传承的载体，保护载体——传承人成为最有效的途径之一。在“非遗”保护工作中，政府起着主导作用，尤其是在其他社会力量还未介入到遗产保护中去的时候，政府的资金支持和政策扶持就显得尤为重要。“非遗”传承人中的绝大多数人生活在民间社会的底层，他们自己作为“非遗”的载体，同时通过带徒授业默默地传承着传统文化和民间技艺。把这些“师傅”“供养”起来，从国家财政中每月发给补贴或工资，这样可以让生活困难的传承人不为生活所困，专心致志搞创作，发展自己的事业。

二是教育传承模式。“教育传承”是联合国教科文组织极力倡导的一种模式。2003 年联合国教科文组织通过的《保护非物质文化遗产公约》第十四条指出：各缔约国应竭力采取措施，通过向公众，尤其是向青年进行宣传和传播信息的教育计划，使“非遗”在社会中得到确认、尊重和弘扬。2001 年联合国教科文组织通过的《世界文化多样性宣言》也指出：每个人都有权接受充分尊重其文化特性的优质教育和培训；应该通过教育，培养对文化多样性的积极意义的意识，并为此改进教学计划的制订和师资队伍的培训。

三是原生态保护模式。原生态保护，是指通过复原“非遗”“原始生存的状态”，来达到保护“非遗”的一种模式，强调“非遗”的“原汁原味”。这种模式试图将具有悠久历史、依然鲜活地存在于日常生活中的民俗文化从日常生活的语境中抽离出来加以保护、保存。

四是生产传承模式。许多“非遗”原本就是人们养家糊口的技艺，是一种传统的生产方式。通过“非遗”的创新发展，或给传统“非遗”找到具有现代性的使用价值，让“非遗”产品能够实现量化生产，提高“非遗”的存在价值和发展的基础。

五是旅游化传承模式。旅游化传承，是将“非遗”作为一种旅游资源进行有效利用，开发成可供游客游览、体验、学习和购买的旅游产品，使“非遗”在现代社会中以一种新的方式进行生存和发展的模式。

旅游化传承与生产传承有一定交叉，但本质上还是有很大区别的，这是一种“展示 + 生产”的复合型“非遗”传承模式。

3. 旅游化传承模式的特点

开发“非遗”的现代价值、经济价值是有效保护“非遗”、传承“非遗”的重要手段。而旅游化传承是“非遗”保护、传承的一种重要模式。但由于某些地方在开发的过程中过于功利化，使“非遗”的本真性发生变化，引起了文化学者对旅游化传承模式的质疑，这并不代表这种传承模式的失败。实际上，在对文化遗产的保护和传承方面，许多成功的案例证明了“旅游不需要破坏传统的含义，恰恰相反，文化保护或重新振兴可以从现代旅游所给予的激励中实现”（瑟厄彼德 [美]，2001）。因此，旅游化传承是“非遗”保护、传承最有效的模式之一。这是由这种模式本身的特点所致。

一是时代性。任何事物的生存和发展，都必须符合当代社会的需要。许多“非遗”之所以会逐步走向衰落甚至消亡，就是因为它在现实社会中失去了生存的土壤。因此，对“非遗”的保护无法脱离时代特征，需要根据时代所提供的客观基础，寻找它在当代社会生存和发展的可能性，也只有将文化遗产融入现代生活，为它找到一种新的生存方式，“非遗”才能真正避免走向没落。中国四大木版年画产地（四川绵竹、苏州桃花坞、山东杨家埠、天津杨柳青）在现代社会形态下都已经开始走向衰落，许多老艺人已经收刀多年，年轻人也都不愿意去研学长辈们自己都不愿意坚守的就业。是旅游开发重振了木版年画生产和创作，让这种古老的东方经典艺术重振雄风，如今的杨家埠、杨柳青都已是全国闻名的“非遗”旅游胜地。

二是经济性。从“非遗”的现实价值看，除了文化和社会价值外，也具有经济价值。许多“非遗”原本就是人们赖以生存的经济手段。没有经济效益，就没有了存在基础。因此，经济问题成为“非遗”能否生存下去的关键性因素，而寻找经济出路也往往成为“非遗”保护、传承的主要途径。另外，偏远贫困地区常常是“非遗”十分丰富且保存较为完好的区域，“非遗”和贫困落后的物质生活，经常是交织在一起，成为一对互相制约的矛盾，面对日新月异的外部世界，这些地区的人们也充满了对新生活的渴望。对他们来讲，摆脱贫困，才是当务之急。事实上，蕴藏于民间的“非遗”是一笔巨大的物质财富，在不破坏文化遗产的发展方向、文化内涵的前提下，利用“非遗”进行旅游开发，通过发展旅游业来摆脱贫困和促进文化传承，就成为一种积极有效的方法。近几年来因旅游业的拉动，不少地区的文化遗产保护获得了积极进展，不仅很多民间艺人在经营活动中提高了生活水平，他们的社会地位也得到了很大提高。

三是进步性。随着社会变迁，“非遗”要么发展、要么自生自灭。“非遗”具有活态流变的基本特性，它不可避免地会在与自然、社会、历史的互动中发生变异。这种变异往往有正负两个方向：其负向为畸变——走向扭曲变形，导致自身基因谱系的损伤以至断裂，市场炒作下出现的“伪民俗”即属于传统文化的变异；其正向便是创新——它是“非遗”自身生命在面对新的生存环境时，吐故纳新，顺应同化，自我调节变革的结果，是传统价值观与现代理念交合转化的新生态，尽管外形已有所不同，其内里始终保持着基因谱系的连续性。这种积极创新，促使保护对象得以应时而变，推陈出新，生生不息（王德刚，2006）。我们保护“非遗”的目的，不是要固化某些文化现象，而是要使传统文化在新的文化环境中继续生存和发展。适度、合理的旅游开发就是在不改变其按内在规律自然衍变的生长过程、不影响其未来发展方向的前提下，“非遗”传承和发展和谐互动的良好模式。它不仅使一些失去生存土壤和环境、即将消逝的传统文化得以保护和传承，还能够激发传统文化的新发展——创新性提升，使传统文化这棵根植于农耕社会土壤的“老树”在现代文明的环境中发出“新芽”（王德刚，2006）。例如在丽江古城街道两旁的小店里，随处可以看到用一种特殊的纳西族象形文字——东巴文字制作的各种工艺品在出售。纳西族语言至今仍然是活的语言，东巴文字却是多数纳西人都不会写的象形文字。这种原本依托于东巴教的“世界上唯一活着的象形文字”正面临着消亡的危险。而如今对东巴象形文字的艺术开发，使得这种文字在当代的文化环境中获得了生存和延续的空间。事实上，作为旅游观光内容之一的东巴文字在成为好奇的游客赏玩对象的同时，也使纳西族人找到了文化认同和传承的一种重要符号（吴文科，2005）。

总之，“文化展示与旅游业发展有着内在的联系：游客想参观色彩斑斓的民族服装和丰富多样的风俗习惯，地方的人们既想赚钱又想展示他们自己引以为自豪的文化。因此，民族特色作为一项商品通过服饰、舞蹈、歌曲以及节日获得了新生命”（徐赣丽，2005）。

4.“非遗”旅游化传承模式的类型

从对世界“非遗”保护、传承实践经验的总结来看，“非遗”旅游化传承模式具有四种形态，即：舞台演艺模式、景区化模式、集聚区模式、社区旅游模式。

4.1 舞台演艺模式

舞台演艺模式，是针对游客开发的“非遗”节目，在旅游景区内部或在专门的演绎场所，以舞台表演的形式展示非物质文化的形态和内容。在这一过程中，许多优秀的民族民俗文化被搬上了旅游舞台，例如澳大利亚剪羊毛表演，我国著名导演张艺谋的《印象·刘三姐》等大型实景山水舞台剧，都是“非遗”转型为旅游产品的成功范例。

张艺谋的“印象系列”大型实景舞台剧的成功运作，具有极大的市场示范效应，不仅给阳朔带来了丰厚的经济效益，也带来了巨大的社会效益，更为“非遗”的保护、传承提供了一种成功的新模式。虽然也有学者对此提出批评，认为舞台化表演丧失了文化的“本真性”，特别是在一些模拟民俗村里，缺乏实地背景的依托，完全通过舞台艺术和民族装扮来展演民族文化。但我们并不能因为部分案例因操作过程的失误而完全否定模式本身的合理性。为保持文化的真实性，在舞台化的过程中应尽可能表现文化中最有特色、最本质的部分；表演者不应该是专业演员，而应该是这些文化遗产的继承人，“表演”是他们新的生存方式，并成为他们赖以生存的职业，但表演的内容本身并不虚假，而是他们现实生活的一部分。旅游化传承模式中舞台演艺的操作，就是把当地居民生活中的一部分内容放到前台加以展示，而对后台基本采取封闭的做法（徐赣丽，2005）。这样就是“后台”——居民的真实生活，避开游客的干扰，仍旧过着一如既往的传统生活。而在前台，他们为旅游观众表演的活动是在有限的范围内，这就制造了为游客消费的主体文化的部分，同时，保护了其他部分不被商业化。从这个意义上讲，“舞台”为“非遗”提供了一个特殊的展示空间。

4.2 景区化模式

“非遗”旅游景区是最常见的一种旅游化传承模式，目前国内已经涌现出很多以“非遗园”为代表性载体的、以旅游为主要功能的“非遗”保护、传承项目。这些项目几乎都是以“非遗”保护、传承名义立项，以发展“非遗”旅游为路径，最终达到“非遗”保护、传承的目的。

目前，国内已有华侨城中华民俗文化村、中国（合肥）非物质文化遗产园、济南非遗园（东方神画）等规模较大、社会影响也较大的“非遗园”式旅游景区。另外，杭州宋城、开封清明上河园、西安大唐芙蓉园等，虽然一般会被定性为“主题公园”，但实际上其园内展示的内容也多属于“非遗”项目。另外，还有一些在旅游景区内部设置的“非遗”“园中园”就更具普遍性。

“非遗”景区传承模式，是一种效益相对较好的模式，但也是学者们最担心——容易发生过度商业化、庸俗化和文化变异倾向——的模式。一是因为这种模式本身就是将“非遗”作为一种可以进行商业化利用的资源，开发利用的目的也往往就是追求经济效益，“非遗”保护、传承处于从属地位；二是这种模式往往需要集中很多种类、数量的“非遗”项目，才能形成规模效益，因此必将使入园的“非遗”脱离原本生活、生产的原真环境和原真过程，而使“非遗”展示完全属于“表演”性质；三是在景区内展示“非遗”的人往往只是园区招聘的“工作人员”，而不是“非遗传承人”，他们对“非遗”缺乏真实感情，仅仅把展示“非遗”作为自己的一份工作，因此也缺乏对“非遗”足够的尊重，而使其为追求商业利益而将“非遗”带向庸俗化。

4.3 集聚区模式

集聚区模式是基于文化空间再造理论而将“非遗”进行规模化、集中保护、传承的一种创新模式。

文化空间，亦称文化场所（Culture Place），是指“可集中举行流行和传统文化活动的场所，也可定义为一段通常定期举行特定活动的时间。这一时间和自然空间是因空间中传统文化表现形式的存在而存在的”（联合国教科文组织，1998）。文化空间实际上是社会空间的组成元素或组成部分，它是由文化与一定数量和类型的载体、载体群共同构成的物理空间与文化内涵的融合体，而空间是可以生产和再造的。“空间生产理论从社会空间生产的角度为文化遗产在现代社会的生存提供了新的理论基础，即将文化遗产所依托的具有传统特征的文化空间在现代性、后现代性的社会空间中并存，这就为那些文化空间的全部或主体部分已被损毁的文化遗产在现代性、后现代性的社会空间中谋求生存和发展提供了一个新途径——文化空间再造。”（王德刚，2014）这个途径能够通过物理空间再造、重整文化秩序、整合文化遗产，重塑文化遗产赖以生存的环境，即将“传统性、现代性、后现代性这三个不同时代的东西集中压缩到一个时空之中”（景天魁，2012）。在这一压缩的时空中，把某种特定的传统性元素并存于现代性和后现代性的社会空间中。从操作层面来说，这种模式实际就是集聚足够数量的“非遗”项目，将其融入再造的“非遗”社区中去，使这些被融入再造的、适合“非遗”生存的新空间中去的“非遗”项目，能够通过自己的“非遗”展演、生产、销售，产生一定的经济效益，以形成“非遗”存在、传承和发展的经济基础。

4.4 社区旅游模式

“非遗”是存在于生活过程、不脱离生活的“生活文化”。对其保护首先要立足于恢复它生活样式的本色。而在此基础上发展社区旅游，就成为“非遗”保护和传承的一种模式，不仅保护了“非遗”的自身及其外在形态，更保护了它们所依赖的生存环境，成为这个环境中的“活文化”。同时，从现代发展理念出发，我们更应该尊重这些传统社区里的居民对现代生活的追求，即保护不应该牺牲创造和传承

“非遗”的主体——原住民追求幸福生活的权利。我们既要从整个人类的角度考虑世界文化的多样性发展、民族文化的建设和传统文化遗产的保护；同时也要考虑到作为文化遗产传承人的民众个体的切身利益，他们要求发展，要求享受现代物质文明。社区旅游，既促进了“非遗”的延续和传承，同时也满足了当代旅游者对文化真实性的追求。更为重要的是，它能够使传统地区的社区居民走上富裕，享受到现代物质文明所带来的幸福生活。潍坊市杨家埠木版年画“非遗”旅游是一个非常成功的积极保护案例。

木版年画是一种产生于中国农耕社会的“非遗”艺术，它是作为一种吉祥、祈福、辟邪的象征物，贴在农舍的大门上（门神）、装饰在新人的洞房里（早生贵子）等，而今天农村的房子从建筑格式到内部装饰都发生了巨大变化，单层老屋变成了楼房，内墙贴上了五颜六色的壁纸，“土得掉渣”的年画在“新农村”里已经派不上用场，年画本身也就失去了生存的土壤。杨家埠的木版年画刻板印制和风筝扎制工艺自明初至今已有六百多年的历史。然而，到了 20 世纪七八十年代，在现代物质文明的冲击下，这种曾经作为杨家埠人生存之本的传统工艺却开始衰落了。年轻人不愿再研习这种浸透了他们祖先智慧和灵魂的传统工艺，一些老艺人满身技艺却找不到可以传承的对象，只能面对这个日新月异的社会发出无声的叹息。20 世纪 80 年代，在山东省旅游局的扶持下，杨家埠开始了以旅游复兴传统文化的探索，开展以年画、风筝为主题的“前店后坊”式的“非遗”旅游——游客走进民居作坊、拜访民间艺人、学习印制年画和轧制风筝，使沉寂了多年的民间作坊又兴旺起来，老艺人们重操旧业，古老的民间艺术因为旅游者的到来而获得新生。在旅游者们惊叹和唏嘘的表情中，村民们逐渐意识到传统文化的珍贵和潜在的经济价值，开始重新认识这种古老的艺术，开始重操刻版、印画、扎风筝等行将抛弃的传统行业，年画艺术新的传人出现了，而且，他们能够秉承传统，结合时代，推陈出新，实现了传统文化的艺术流变，创作出为现代大众喜闻乐见而又不失古风遗韵的新作品。如今，杨家埠每年能够接待几十万人次的中外游客，大大小小的年画店、风筝店以前店后坊的形式列满大街小巷。木版年画这门传统的“非遗”艺术在旅游业的推动下，不仅获得了重生，而且跨出国门、走向了世界。

5. 结束语

旅游的文化体验功能和可观的经济效益，是其作为“非遗”保护、传承有效途径的根本原因。而“非遗”正是借助了旅游开发的外部动力才能够得到有效保护和传承。因此，旅游作为“非遗”保护、传承的有效模式，不仅复兴了传统文化，使濒临失传的民间艺术获得新生，而且使当地居民在经营文化遗产的过程中获得了经济实惠，发展和繁荣了地方经济，形成了文化与经济的双赢局面。这种双赢模式最大的优势就是：在由于时代变迁使“非遗”生存环境受到严重威胁的情况下，旅游开发为“非遗”创造了良好的生存环境和发展条件，使传统的“非遗”找到了现代价值；而且，旅游开发这种与经济结合的方式，从整体上增强了公众对“非遗”的保护意识——旅游本质上就是一种文化体验和文化审美的过程，通过旅游使游客认识到了“非遗”的文化、艺术和科学精髓，在一定程度上能激发游客对“非遗”的保护意识。更重要的是，旅游使“非遗”的主体重新定义了自身文化的价值，增强了他们的文化自豪感，从而更加自觉地参与到“非遗”的保护和传承过程中。而从体制机制的角度，由于国家行政体制改革、机构合并而形成的文旅融合的制度力量，正在汇聚成一股自上而下的由理念融合、职能融合到产业融合、市场融合、服务融合的强劲动力，推动着“非遗”的旅游化保护、传承模式进一步向深度和广度发展。

基于 SARAR 空间计量模型的中国区域旅游经济空间效应研究

把多勋[①] 张平保[②]

摘要：本文设定了三种不同的空间权重矩阵，对比检验了 2018 年中国 31 个省市区区域旅游经济的全局与局部空间自相关性，然后选取当地经济发展水平、旅游客流量、国家 5A 级景区数量和国家 4A 级及其以上景区数量作为解释变量，构建 SARAR 空间计量模型，分析了不同空间权重矩阵下中国 31 个省市区区域旅游经济的空间效应与影响因素。结果发现：中国 31 个省市区区域旅游经济存在显著的空间自相关性；空间效应既存在空间滞后效应，同时也存在空间误差效应；空间距离矩阵对区域旅游经济的空间滞后效应更为敏感，0-1 邻接矩阵对区域旅游经济的空间误差效应更为敏感；区域旅游经济的空间滞后项、空间误差项、区域经济发展水平、旅游客流量、5A 级景区数量对区域旅游经济的影响显著，而 4A 级及其以上景区数量未能通过显著性检验。通过以上研究以期为促进区域旅游经济发展、缩小区域旅游经济差异提供理论依据。

关键词：区域旅游经济；SARAR 空间计量模型；空间效应

1. 引言

旅游业作为中国一种新兴经济业态，近年来在国民经济中扮演着越来越重要的角色，然而区域旅游经济差异依然是旅游经济发展中普遍存在的问题。另外，旅游活动与生俱来的空间移动性势必造就区域旅游经济之间的频繁交互。随着 2017 年全域旅游作为国家战略在全国范围内广泛展开，区域旅游经济之间的联系更加紧

① 把多勋（1964—），男，汉族，甘肃兰州人，西北师范大学旅游学院教授，博士生导师，研究方向为区域旅游、旅游经济学。E-mail：baduoxun@126.com

② 张平保（1996—），男，汉族，陕西汉中人，西北师范大学旅游学院硕士研究生。E-mail：hmxjdd@163.com

密，同时也促使旅游经济发展不得不考虑研究对象所处的地理位置等更多空间因素。根据地理学第一定律，“所有事物都与其他事物相关联，但较近的事物比较远的事物更关联”（Tobler，1970）。经济数据大多都涉及一定的空间位置，旅游经济数据也更是如此。因此，研究区域旅游经济的空间差异及其影响因素是中国经济进入新常态下全域旅游研究、缩小区域旅游经济差异的重要课题。

总体来看，国内外学者对旅游经济空间效应的关注是在近十年前才开始的。2013 年以后，有关旅游经济空间效应的研究逐渐增多，截至 2018 年，年发文量已经达到 30 篇左右。经过十年左右的深入研究，学者们已经取得了丰硕的成果。从研究内容上看，可以大致分为三类：第一类，研究区域旅游经济有无空间效应。如把多勋（2005）在提出的区域旅游经济发展战略的研究框架中认为区域旅游产业发展战略目标的实现，首先有赖于对区域旅游产业发展战略实施的“关联区域竞争环境分析”，即在时间空间上、区际地缘关系上对相关区域的旅游产业发展环境进行分析，这表明区域旅游经济存在一定的空间效应；杨友宝（2016）以“空间”视角为切入点，探讨旅游地域系统动态演化的效应问题，并以中国东北老工业地域为区域指向，建构了“旅游地域系统演化—空间效应发挥—区域转型发展”的研究范式；白洋等（2017）根据新经济地理学理论，基于 2001—2014 年“一带一路”省际面板数据，构建空间杜宾模型，实证分析了交通基础设施等因素对区域旅游专业化的空间效应，结果发现“一带一路”旅游专业化的全局变动表现出明显的空间关联特征，区域旅游专业化水平之间具有显著的空间溢出效应，不同形式交通基础设施等因素对区域旅游专业化的直接影响和空间溢出效应存在空间差异。第二类，基于空间效应研究旅游发展与经济增长之间的关系。如刘佳等人（2013）运用全局空间自相关 Moran’s I 指数（莫兰指数）、空间关联局域指标（LISA）分析，考察我国 31 个省级行政区域旅游产业集聚与旅游经济增长的空间相关，对中国旅游产业集聚与旅游经济增长的关系进行了理论分析和实证检验；赵磊等人（2014）利用我国 30 个省份 1999—2009 年面板数据，实证检验了旅游发展与经济增长之间的影响关系，研究表明：旅游发展对经济增长具有显著正向促进作用。第三类，基于空间效应研究旅游经济增长的影响因素。朱海艳等人（2019）选取当地人口、景区质量、客运能力和第三产业水平作为自变量，应用空间滞后模型和地理加权回归模型从“全域”和“局域”空间分析了四个因素对 31 省市国内旅游经济的影响，研究表明：客运能力、第三产业水平和国内旅游经济空间滞后项的影响显著，而当地人口对旅游经济发展没有影响。向艺等人（2012）构建了旅游经济增长影响因素的空间计量模型，并运用 2000—2009 年我国 31 个省、直辖市、自治区的数据进行实证研究，结果发现：在考虑空间效应的影响下，旅游接待设施数量的增加、居民消费水平的提高对旅游经济增长具有显著的促进作用；旅游景区数量的增长对旅游经济的增长作用不显著；而交通里程的增长对旅游经济的增长具有反向作用。从研究方法上看，可大致归为两类：第一类，空间计量分析法。从上述文献可以看出，空间计量分析法是当前旅游经济空间效应研究的一种主要方法，不同的学者根据不同的研究目的在不同程度上又创新了空间计量分析方法。第二类，地理学空间结构理论与社会学社会网络分析等非计量方法。如汪德根等人（2015）运用“核心—边缘”和“板块旅游”空间结构理论，结合京沪高铁线 6 个都市圈基本特征以及高铁旅游流空间网络结构和空间效应特征，最终建构出京沪高铁旅游带；王俊等人（2017）利用 2000—2015 年中国省域旅游经济发展数据，结合修正的万有引力模型和社会网络分析方法，实证分析了中国省际旅游经济发展的空间关联网络结构特征及其效应。结果表明：中国旅游经济发展空间网络结构特征明显，省际关联系数总体在波动中呈上升趋势；中国省域旅游经济关联网络等级度较高。

以上研究都在不同程度上丰富了旅游经济研究与旅游地理研究的理论宝库，同时也加深了对旅游经济空间效应的认识，但仍然在以下几方面存在不足：第一，大多空间计量分析中空间权重矩阵的设定都为基于地理位置相邻关系的二元邻接矩阵，这使得一些重要信息得不到真实反映。第二，仅考虑旅游经济的空间滞后效应或者空间误差效应，几乎没有综合考虑两种效应同时存在时的旅游经济发展水平。第三，对旅游资源禀赋这一影响因素，大多数研究都将其视为一个解释变量，这忽视了旅游资源等级对旅游经济发展的影响。

鉴于此，本文将同时考虑两种空间效应并将资源禀赋划分为两类，通过构建 SARAR 空间计量模型，在三种不同的空间权重矩阵下来研究中国 31 个省市区的区域旅游经济发展的影响因素。

2. 模型构建

2.1 SARAR 空间计量模型

空间效应通常表现为两种形式，一种表现为依赖于其“相邻”区域的被解释变量或解释变量的空间滞后效应，一种表现为依赖其误差项的空间误差效应。对应的空间计量模型有空间自回归模型（SAR）、空间杜宾模型和空间误差模型（SEM）。鉴于关于区域旅游经济差异影响因素的相关研究中多一致强调经济发展水平、旅游资源禀赋、旅游客流量等因素（陆林等，2005；敖荣军等，2006；左冰，2011；林源源，2010；宜国富，2012；唐晓云，2007；毛润泽，2012；王坤等，2016），本文选取全国 31 个省市区 2018 年 GDP、5A 级景区数量、4A 级及以上景区数量、旅游接待人次四个因素作为旅游经济的解释变量，采用带空间自回归误差项的空间自回归模型（SARAR），即 SAR 模型与 SEM 模型的组合模型，来考察中国 31 个省市区旅游经济的空间效应。其中，31 个省市区的 GDP、国内旅游收入、国内旅游接待人次数据均来源于国家统计局，景区数据来源于《中国旅游年鉴 2018 年》。模型构建如下：

$$\mathrm{TR} = \lambda W\mathrm{TR} + \beta_1\mathrm{GDP} + \beta_2\mathrm{A} + \beta_3\mathrm{QTR} + \beta_4\mathrm{TT} + u \tag{1-1}$$

$$u = \rho Mu + \varepsilon, \varepsilon \sim N(0, \sigma^2 I_n) \tag{1-2}$$

公式中，n 为样本容量，TR 为国内旅游收入，衡量该区域旅游经济发展水平，GDP、A、QTR、TT 分别表示对应区域的 GDP、4A 级景区数量、5A 级景区数量以及年旅游接待人次。W 和 M 分别为被解释变量 y 和扰动项 u 的空间权重矩阵，λ、ρ 分别为各自相应的空间自回归系数，ε 为球形扰动项。

2.2 空间权重矩阵设定

空间计量分析的前提是空间权重矩阵的设定，即方程（1-1）与（1-2）当中 W 和 M 的设定，空间权重矩阵的选取关系到对被解释变量真实空间效应的拟合效果。为此，本文选取了三种不同的空间权重矩阵来拟合我国 31 个省、自治区、直辖市（以下简称省市）旅游经济的 w_1、w_2、w_3 空间效应。其中，w_1 为二进制的邻接空间权重矩阵，w_2 为基于 31 个省市省会城市之间的直线距离的空间距离矩阵，w_3 为基于 31 个省市 2018 年区域 GDP 的经济空间矩阵。为在 0-1 邻接矩阵中反映出海南省的空间自相关性，假设广东省与其相邻。矩阵 w_1 记省市 i 与省市 j 之间的空间权重为 w_{ij}，则 w_1、w_2、w_3 的空间权重可分别表示为：

$$w_{ij} = \begin{cases} 1 & \text{当区域 } i \text{ 与区域 } j \text{ 相邻} \\ 0 & \text{当区域 } i \text{ 与区域 } j \text{ 不相邻} \end{cases} \tag{1-3}$$

$$w_{ij} = \frac{1}{d_{ij}}\text{，其中，} d_{ij} \text{ 为区域 } i \text{ 与 } j \text{ 的距离} \tag{1-4}$$

$$w_{ij} = \frac{1}{|g_i - g_j|}\text{，其中，} g_i\text{，} g_j \text{ 为区域 } i \text{ 与 } j \text{ 的 GDP} \tag{1-5}$$

2.3 空间自相关检验

在确定是否使用空间计量方法之前，首先要考察国内 31 省市旅游经济是否存在空间自相关性。本文利用 Moran's I 与 Geary's C 同时对国内旅游收入进行全局与局部空间自相关检验。其中，全局 Moran's I 考察整个空间序列 $\{x_i\}_{i=1}^{n}$ 的空间集聚情况，局部 Moran's I 考察指数区域 i 附近的空间集聚情况，分别表示如下：

$$I = \frac{\sum_{i=1}^{n}\sum_{j=1}^{n} w_{ij}(x_i - \bar{x})(x_j - \bar{x})}{S^2 \sum_{i=1}^{n}\sum_{j=1}^{n} w_{ij}} \tag{1-6}$$

$$I_i = \frac{(x_i - \bar{x})}{S^2} \sum_{j=1}^{n} w_{ij}(x_j - \bar{x}) \tag{1-7}$$

Moran's I 的值域为 [−1,1]，当 I>0，则表示 $\{x_i\}_{i=1}^{n}$ 空间序列正自相关，即高值与高值相邻，低值与低值相邻；当 I<0，则表示 $\{x_i\}_{i=1}^{n}$ 空间序列负自相关，即高值与低值相邻；当 I=0，则不存在空间自相关。局部 Moran's I 与全局 Moran's I 含义相似。Moran's I 并非唯一的空间自相关指标，为增强模型可靠性，引入另一常用指标 Geary's C，其表达式如下：

$$C = \frac{(n-1)\sum_{i=1}^{n}\sum_{j=1}^{n} w_{ij}(x_i - x_j)^2}{2\left(\sum_{i=1}^{n}\sum_{j=1}^{n} w_{ij}\right)\left[\sum_{i=1}^{n}(x_i - \bar{x})^2\right]} \tag{1-8}$$

一般认为，Geary's C 对于局部空间自相关比 Moran's I 更敏感。Geary's C 的值域为 [1,2]（2 不是严格上界），C>1 表示存在空间负相关，C<1 表示存在空间正相关，当 C=1 表示不存在空间自相关。

3. 模型检验

为避免因模型设定不当引起"设定误差"，在进行空间计量分析之前，需要对模型（1-1）进行检验。首先，解释变量个数的选择会影响到模型的解释力与简洁性。此外，数据本身也会对回归结果产生极大影响。如果在解释变量中，有一解释变量可由其他解释变量线性表出，则存在"严格多重共线性"。实际数据中更为常见的是近似的（非严格）多重共线性，多重共线性会致使变量系数估计不准确。

为此，本文利用校正可决系数 $\overline{R^2}$、赤池信息准则（AIC）、贝叶斯信息准则（BIC）来综合确定模型（1-1）的解释变量。采用方差膨胀因子（VIF）来检验各省市国内生产总值 GDP、5A 级景区数量 A、4A 级及以上景区数量 QTR 和旅游接待人次 TT 四个解释变量是否存在多重共线性。

表 1　变量选择与多重共线性检验

Var	$\overline{R^2}$	AIC	BIC	VIF
GDP	0.6514	134.3315	137.1995	
GDP、A	0.6651	134.0057	138.3077	

续表

Var	$\overline{R^2}$	AIC	BIC	VIF
GDP、A、QTR	0.7046	130.9844	136.7204	
GDP、A、QTR、TT	0.8885	101.6039	108.7738	2.97

检验结果显示：当模型（1-1）选取全部解释变量时，校正可决系数$\overline{R^2}$达到最大值（0.8885），表明同时选取变量 GDP、A、QTR、TT 作为对旅游收入 TR 的解释变量时，整个回归方程的拟合优度达到最高。此外，AIC、BIC 值分别在选取全部变量作为解释变量时，同时达到各自的最小值（AIC=101.6039，BIC=108.7738），表明该模型必须至少同时含有这四个解释变量才能保证该模型简洁性与解释力的平衡。最后，当选取全部变量作为解释变量时，方差膨胀因子 VIF 的最大值为 2.97，远远小于 10，故不必担心这四个变量存在多重共线性。通过以上检验，可以确定模型（1-1）对旅游经济具有一定程度的拟合力与解释力，因此，可以利用该模型进行下一步空间分析。

4. 模型求解与结果分析

4.1 0-1 邻接矩阵、空间距离矩阵、经济空间矩阵下旅游经济空间自相关性检验对比分析

第一步是检验空间自相关性，本文设定了三种不同的空间权重矩阵来检验旅游经济的空间自相关性。如表 2 所示，用 0-1 邻接矩阵、空间距离矩阵作为空间权重矩阵时，中国旅游收入的 Moran's I、Geary'C 均强烈拒绝了“无空间自相关”的原假设，且 0-1 邻接矩阵比空间距离矩阵的显著性水平更高，表明中国 31 省市区域旅游经济存在全局空间自相关性，并且 0-1 邻接矩阵下这种空间自相关性更为显著。然而，经济空间矩阵对应的 Moran's I、Geary'C 并未全部通过显著性检验，表明使用经济空间矩阵并不能很好地刻画中国区域旅游经济的空间效应。

总体而言，中国 31 省市区域旅游经济存在全局空间自相关性，使用 0-1 邻接矩阵、空间距离矩阵可以更好地反映这种空间自相关性。且 0-1 邻接矩阵、空间距离对应的 Moran's I 都大于 0，Geary'C 都小于 1，说明中国 31 省市区域旅游经济存在全局空间正自相关，即高旅游收入区域与高旅游收入区域相邻（近），低旅游收入区域与低旅游收入区域相邻（近）。

表2 三种空间权重矩阵下中国31省市旅游经济全局空间自相关性检验对比分析

W	I	C
w_1	0.299*** (0.002)	0.620*** (0.005)
w_2	0.082*** (0.005)	0.817*** (0.009)
w_3	0.144 (0.117)	0.502*** (0.002)

注：*** 表示 p<0.01，** 表示 p<0.05，* 表示 p<0.1。

下面进行局部空间自相关分析，表3列出了三种空间权重矩阵下中国31省市的Moran's I及检验结果。可以看到，使用0-1邻接矩阵时，某些区域存在空间自相关性。其中，新疆、江苏、海南三省区均强烈拒绝了“无空间自相关性”的原假设（显著性水平均低于0.01），山东、甘肃、青海三省的Moran's I在5%水平上显著，表明这些省市的旅游经济与相邻的省市存在较强的空间自相关。此外，新疆、江苏、山东、甘肃、青海都呈现空间正自相关性，唯有海南存在空间负自相关性。

空间距离矩阵作空间权重矩阵时，同样也有一些区域存在空间自相关性，且这些省市基本包括0-1邻接矩阵5%显著性水平以上的省市。除此以外，广东省的Moran's I为正，且在5%水平上显著；海南省依旧呈现空间负自相关；江西、贵州、宁夏三省区也在10%的显著性水平上存在空间自相关性。

经济空间矩阵作空间权重矩阵时，可以明显看到，西藏、宁夏、山东、甘肃、青海、江苏、广东、海南均在1%的显著性水平上存在空间自相关性；浙江和宁夏也分别在5%和10%的显著性水平上存在空间正自相关。但是，需要注意的是，这种空间自相关性仅仅是指在经济空间意义上的空间自相关，即区域旅游收入会与和自己GDP水平接近的区域的旅游收入存在相关性，GDP水平越接近的区域，旅游经济发展水平相关性越强。

表3 三种空间权重矩阵下中国旅游经济局部空间自相关性检验对比分析

省、市、区	w_1	w_2	w_3
北京	0.033 (0.942)	0.286 (0.858)	−1.100 (0.977)
天津	−0.252 (0.892)	−3.501 (0.722)	0.193 (0.871)

续表

省、市、区	w_1	w_2	w_3
上海	−1.409 (0.324)	−6.908 (0.311)	−1.643 (0.929)
重庆	−1.525 (0.505)	−1.936 (0.751)	2.369 (0.667)
内蒙古	2.441 (0.265)	0.436 (0.646)	0.364 (0.903)
新疆	4.474*** (0.005)	0.834** (0.045)	8.935* (0.060)
西藏	0.928 (0.565)	0.099 (0.473)	40.279*** (0.000)
宁夏	3.011* (0.058)	3.480* (0.098)	70.070*** (0.000)
广西	1.878 (0.279)	1.387 (0.404)	−2.064 (0.950)
黑龙江	1.257 (0.331)	1.322 (0.615)	2.960 (0.817)
吉林	1.025 (0.493)	1.922 (0.564)	−11.230 (0.816)
辽宁	0.143 (0.882)	0.417 (0.744)	0.295 (0.879)
河北	0.222 (0.844)	1.407 (0.665)	8.193 (0.825)
河南	2.732 (0.201)	3.159 (0.207)	1.908 (0.181)
山东	4.484** (0.013)	3.006 (0.344)	2.909*** (0.000)
山西	0.091 (0.904)	0.514 (0.741)	−7.534 (0.878)
甘肃	4.350** (0.038)	9.017** (0.029)	16.998*** (0.000)

续表

省、市、区	W_1	W_2	W_3
陕西	0.103 (0.879)	-0.010 (0.737)	0.176 (0.886)
青海	4.208** (0.020)	9.507** (0.024)	66.272*** (0.000)
四川	-3.607 (0.146)	-1.424 (0.788)	3.569 (0.553)
湖北	0.174 (0.865)	0.903 (0.571)	1.262 (0.778)
安徽	1.798 (0.362)	5.057 (0.287)	-1.539 (0.989)
江苏	6.009*** (0.002)	13.584** (0.023)	9.170*** (0.000)
浙江	2.964 (0.125)	8.860 (0.102)	2.199** (0.030)
福建	0.053 (0.925)	0.085 (0.721)	0.498 (0.944)
江西	2.547 (0.210)	4.848* (0.073)	-3.994 (0.775)
湖南	2.325 (0.249)	4.066 (0.104)	8.504 (0.697)
贵州	2.692 (0.161)	5.188* (0.057)	-36.850 (0.344)
云南	0.899 (0.579)	1.656 (0.245)	-23.181 (0.315)
广东	0.461 (0.758)	5.408** (0.016)	8.671*** (0.000)
海南	-2.713*** (0.006)	-9.155*** (0.000)	46.262*** (0.000)

注：*** 表示 $p<0.01$，** 表示 $p<0.05$，* 表示 $p<0.1$。

4.2 SARAR 空间自回归估计与结果分析

表 4 相同空间权重矩阵 SARAR 空间自回归估计对比分析

Var	w_1		w_2		w_3	
	Coef.	Std.Err	Coef.	Std.Err	Coef.	Std.Err
GDP	0.700*** (0.000)	0.091	0.831*** (0.000)	0.135	0.764*** (0.000)	0.121
A	0.132*** (0.007)	0.049	−0.016 (0.833)	0.737	0.057 (0.410)	0.069
QTR	−0.002 (0.516)	0.004	−0.004 (0.397)	0.005	−0.006 (0.235)	0.005
TT	0.714*** (0.000)	0.110	0.818*** (0.000)	0.095	0.732*** (0.000)	0.095
cons	−1.080** (0.029)	0.496	1.244** (0.022)	0.543	−0.235 (0.698)	0.607
lambda	−0.010 (0.471)	0.014	−0.007* (0.067)	0.004	0.002 (0.133)	0.001
rho	0.301*** (0.000)	0.023	−0.032 (0.381)	0.037	0.004 (0.513)	0.005

注：*** 表示 p<0.01，** 表示 p<0.05，* 表示 p<0.1

以上研究发现，中国 31 省市区域旅游经济存在空间自相关性，下面来估计这种空间效应的来源、大小与方向并考察旅游经济的影响因素。在 SARAR 模型中，空间效应来源于两个部分，一个是空间滞后项，另一个是空间误差项。为了探明中国旅游经济空间效应的来源与强弱，本研究分别考虑三种空间权重矩阵依次同时作为空间滞后项权重矩阵 W、空间误差项权重矩阵 M 时，中国 31 省市区域旅游经济的空间效应。

如表 4 所示，当选取 w_1 同时作为空间滞后项权重矩阵 W、空间误差项权重矩阵 M 时，空间自回归系数很不显著（p 值高达 0.471），而空间误差系数（ρ=0.301）非常显著（p=0.000），表明中国 31 省市区域旅游经济的空间效应来源于误差项，而非来源于空间滞后项，即中国旅游经济的空间效应与相邻区域的旅游经济无关。

若选取 w_2 同时作为空间滞后项权重矩阵 W、空间误差项权重矩阵 M，结果与 w_1 相反，空间误差系数并不显著（p=0.381），空间自回归系数 λ=−0.007 在 10% 水平上显著。这说明，以空间距离矩阵 w_2 作空间权重矩阵时，中国 31 省市区域旅游经济的空间效应来源于空间滞后项，与空间误差项无关。

若选取 w_3 作为这两项的空间权重矩阵，空间自回归系数与空间误差系数均不显著。这说明中国区域旅游经济并不存在任何的经济空间效应，这与全局 Moran's I 检验结果相一致。

在旅游经济的影响因素研究中，区域 GDP、年旅游接待人次 TT 的回归系数在三种空间权重矩阵下均显著为正（p 值均为 0.000），5A 级景区数量 A 的回归系数仅在 0–1 邻接矩阵 w_1 下显著为正，而 4A 级及以上景区数量 QTR 在三种空间权重矩阵下均未通过显著性检验。这表明，区域经济发展水平、年旅游接待人次对区域旅游经济存在较为显著的影响，而 4A 级及以上景区数量对区域旅游经济的影响并不显著。

4.3 中国区域旅游经济 OLS 回归与 SARAR 空间自回归估计对比分析

根据 4.2 部分分析结果，接下来选取 0–1 邻接矩阵 w_1 和空间距离矩阵 w_2 分别作为空间误差项矩阵 M 和空间滞后项矩阵 W 代入式（1–1）、式（1–2）中进行最大似然估计，并将其与经典最小二乘法回归（OLS）进行对比分析。

表 5 中国区域旅游经济 OLS 回归与 SARAR 空间自回归估计对比分析

Var	OLS 回归			SARAR 空间自回归		
	Coef.	Std.Err	P–value	Coef.	Std.Err	P–value
GDP	0.727***	0.135	0.000	0.658***	0.087	0.000
A	0.027	0.078	0.733	0.173***	0.050	0.000
QTR	−0.005	0.006	0.387	−0.003	0.003	0.441
TT	0.760***	0.113	0.000	0.679***	0.104	0.000
cons	0.431	0.481	0.378	−2.783***	0.975	0.004
lambda	–	–	–	0.012**	0.006	0.035
rho	–	–	–	0.293***	0.020	0.000

注：*** 表示 p<0.01，** 表示 p<0.05，* 表示 p<0.1。

如表 5 所示，空间自回归系数 $\lambda=0.012$（p=0.035），空间误差系数 $\rho=0.293$（p=0.000）均强烈拒绝了“无空间自相关”的原假设，表明空间距离矩阵 w_2 可以较好地拟合中国 31 省市区域旅游经济的空间滞后效应，0–1 邻接矩阵 w_1 可以较好地拟合中国旅游经济的空间误差效应。换言之，省会城市距离越近的省市，旅游经济空间滞后效应越明显；地理位置相邻的省市，旅游经济空间误差效应越明显。

在区域旅游经济影响因素研究方面，通过将 OLS 回归与 SARAR 空间自回归相比较，本文发现将区域旅游经济的空间效应纳入解释变量后，区域 GDP、年旅游接待人次 TT 的系数均不同程度地减小了，但依然非常显著。另外，4A 级及以上景区数量 QTR 的回归系数在 OLS 回归与 SARAR 回归中均不显著，而 5A 级景区数量的回归系数（β_2=0.173）在 SARAR 模型中变得非常显著（p=0.000）。这再次表明，中国 31 省市区域旅游经济存在空间效应，且国内旅游收入空间滞后项、空间误差项、区域 GDP、年旅游接待人次和 5A 级景区数量对区域旅游经济存在显著影响，而 4A 级及以上景区数量对区域旅游经济的影响水平不显著。常数项系数显著为负，表明在 GDP 水平、5A 级景区数量、旅游接待人次同时为零时，中国旅游经济会以某种形式转移到其他经济发展上，从而导致旅游经济基础水平为负。

5. 结论与展望

为考察中国 31 省市区域旅游经济的空间效应及其影响因素，本文分别采用了 0–1 邻接矩阵、空间距离矩阵、经济空间矩阵三种不同的空间权重矩阵对区域旅游经济进行了全局与局部空间自相关性检验与 SARAR 空间自回归分析，并将回归结果与 OLS 回归进行对比分析。综合以上研究得到如下结论：

（1）中国 31 省市区域旅游经济存在显著的空间自相关性，局部空间自相关性表现为以山东、江苏、浙江、广东等东南省市为中心的高—高聚集，以新疆、青海、甘肃等西北省市为中心的低—低集聚，以海南为中心的高—低聚集。因此，旅游经济发展在整体上应当注重培育旅游经济增长中心，充分发挥国内旅游经济水平较高的省市的扩散作用，促进区域旅游均衡发展。同时在局部上也要注重各个省市的区域差异，依据省情因地制宜发展旅游经济。

（2）中国 31 省市区域旅游经济既存在空间滞后效应，同时也存在空间误差效应，相邻省市、相近省市之间的相互影响不容忽视。旅游经济发展不仅要考虑内部条件，同时也要考虑外部因素，特别是与自己地理位置相邻近的省市的旅游经济发展水平以及相邻近省市其他对旅游经济有影响的因素。

（3）空间距离矩阵对中国 31 省市区域旅游经济的空间滞后效应更为敏感，0–1 邻接矩阵对区域旅游经济的空间误差效应更为敏感。即省市省会城市距离越近的区域，旅游经济越容易受到周围区域旅游经济的相互影响；而地理位置相邻的省市越容易受到不包含在现有解释变量中但对旅游经济有影响的遗漏变量或者不可观测的随机冲击的空间影响。

（4）利用经济空间矩阵对中国区域旅游经济进行空间自相关性检验，发现仅在局部区域具有较强的经济空间自相关性，即只有部分经济发展水平相近的省市，旅游经济发展水平也相近，经济发展水平与旅游经济发展水平具有同步趋同性。可见，旅游经济发展水平并非绝对依赖区域经济发展水平，区域经济发展水平较高的省市，旅游经济发展水平不一定都高；反之，区域经济发展水平较低的省市，旅游经济发展水平也不一定都低。

（5）国内旅游收入空间滞后项、空间误差项、区域 GDP、年旅游接待人次、5A 级景区数量对中国 31 省市区域旅游经济的影响显著，而 4A 级及以上景区数量却未能通过显著性检验。可见，就全国而言，促进区域经济发展水平、拉动旅游客流量增长均可以显著提升区域旅游经济发展水平；另外，旅游资源重数量，但更重质量，相较于 4A 级、5A 级景区总量，5A 级景区在区域旅游经济发展中起着更为重要的支撑引领作用，提升旅游资源等级、打造具有全国影响力的优质旅游景区、增加优质景区数量同样可以促进旅游经济发展。

本文通过 SARAR 空间计量模型初步分析了中国 31 省市区域旅游经济的空间效应及其影响因素，但该模型本身仍然存在不足，下一阶段的研究可以从以下几个方面进行：

（1）基于 2018 年的截面数据难以从时间维度上反映中国 31 省市区域旅游经济的空间效应和影响因素的动态变化。尤其值得注意的是，本文认为 4A 级及以上景区数量对区域旅游经济的影响水平不显著的结论仅仅是出于对比考察 4A、5A 级景区总量和 5A 级景区数量对区域经济的影响差异，在选取 2018 年一年的截面数据下得出的。因此，下一阶段的研究可考虑使用面板数据进行空间计量分析，以期更加清晰地认知 4A 级景区数量、4A 级及以上景区数量等其他相关影响因素的影响水平。

（2）空间权重矩阵的设定直接关乎空间计量分析的结果，因此有必要继续探索能够准确刻画中国区域旅游经济的空间权重矩阵。

（3）本文仅仅选择了 4 个变量作为解释变量，这很难反映各个因素对旅游经济的真实影响作用。旅游经济的影响因素复杂多变，且大多缺乏理论支撑与学理解释。因此，对旅游经济解释变量的选取、遗漏变量的探索也将是本研究下一阶段的重点工作。

参考文献

[1] Tobler W R. A Computer Movie Simulating Urban Growth in the Detroit Region[J]. Economic Geography, 1970, 46(1): 234-240.

[2] 敖荣军，韦燕生．中国区域旅游发展差异影响因素研究：来自 1990—2003 年的经验数据检验 [J]. 财经研究，2006(03): 32-43.

[3] 把多勋．区域旅游产业发展战略研究论纲 [J]. 旅游科学，2005(03): 10-15.

[4] 白洋，艾麦提江・阿布都哈力克，邓峰．中国“一带一路”交通基础设施对旅游专业化的空间效应 [J]. 中国流通经济，2017,31(03): 79-87.

[5] 林源源．中国区域旅游产业经济绩效及其影响因素研究 [D]. 南京：南京航空航天大学，2010.

[6] 刘佳，赵金金，张广海．中国旅游产业集聚与旅游经济增长关系的空间计量分析 [J]. 经济地理，2013,33(04): 186-192.

[7] 陆林，余凤龙．中国旅游经济差异的空间特征分析 [J]. 经济地理，2005(03): 406-410.

[8] 毛润泽．中国区域旅游经济发展影响因素的实证分析 [J]. 经济问题探索，2012(08): 48-53.

[9] 唐晓云．中国旅游经济增长因素的理论与实证研究 [D]. 天津：天津大学，2007.

[10] 汪德根，牛玉，陈田，陆林，唐承财．高铁驱动下大尺度区域都市圈旅游空间结构优化：以京沪高铁为例 [J]. 资源科学，2015,37(03): 581-592.

[11] 王俊，徐金海，夏杰长．中国区域旅游经济空间关联结构及其效应研究：基于社会网络分析 [J]. 旅游学刊，2017,32(07): 15-26.

[12] 王坤，黄震方，曹芳东，余凤龙，汤傅佳．泛长江三角洲城市旅游绩效空间格局演变及其影响因素 [J]. 自然资源学报，2016,31(07): 1149-1163.

[13] 向艺，郑林，王成璋．旅游经济增长因素的空间计量研究 [J]. 经济地理，2012,32(06): 162-166.

[14] 宣国富．中国入境旅游规模结构的省际差异及影响因素 [J]. 经济地理，2012,32(11): 156-161.

[15] 杨友宝．东北区域旅游地域系统演化的空间效应研究 [D]. 长春：东北师范大学，2016.

[16] 赵磊，方成，吴向明．旅游发展、空间溢出与经济增长：来自中国的经验证据 [J]. 旅游学刊，2014,29(05): 16-30.

[17] 朱海艳，孙根年，李君轶．中国 31 省市国内旅游经济差异影响因素的空间计量研究 [J]. 干旱区资源与环境，2019,33(05): 197-202.

[18] 左冰．中国旅游经济增长因素及其贡献度分析 [J]. 商业经济与管理，2011(10): 82-90.

文旅融合发展的历史使命

林德荣[①]

文化产业和旅游产业是现代服务业中为人们提供精神文化消费的两个极具发展前景的产业，二者具有天然的共生互融性。旅游是文化传承、传播和价值实现的重要载体，文化则是旅游的灵魂，也是旅游产业文化内涵得以提升的根本所在。以国家机构改革为契机，当前我国的文化产业和旅游产业融合发展已经上升到国家战略层面，“文旅融合”发展业已成为现代服务业发展的必然趋势，“文旅融合”的有效健康发展对于解决现阶段中国社会基本矛盾具有重要意义。因此，了解和熟悉“文旅融合”的深层意义及其历史使命，对于更好地促进我国经济社会发展具有重要意义。

1. 文旅融合的时代背景

1.1 诗与远方的牵手

文化是旅游的灵魂，旅游是文化的载体。“读万卷书，行万里路”，不只是古代学子获取知识、学以致用、学以成人的重要途径，也是中华民族把文化和旅游紧密结合的生动体现。近年来，我国旅游业快速发展，并成为我国“国民经济战略性支柱产业”，为文化和旅游融合发展带来了机遇。

1.1.1 文化的旅游化

旅游参与文化生产过程，对文化生产、传播和消费具有重要推动作用，尤其是随着大众旅游的普及，其影响广度和深度不断扩展，方式和途径不断丰富，从而在一定程度上呈现“文化的旅游化”特征。

（1）从横向来看，旅游通过参与文化内容、文化符号、文化媒介的生产，完成旅游地文化空间的生产。旅游参与文化生产过程，在不同阶段发挥着不同作用，最

① 林德荣：厦门大学管理学院教授、博士生导师，旅游科学与规划研究所所长。

终实现从文化利用到文化生产和文化保护传承的转变。旅游产品开发早期，主要是利用文化要素提升旅游的文化内涵，满足旅游者精神文化需求。

（2）从纵向来看，早期的旅游活动仅限于少数达官贵人或文人墨客，他们掌握着社会的物质财富和精神财富，其旅游活动对于文化的生产发挥了重要推动作用，所形成的文化遗产也是今天重要的旅游资源；随着现代旅游活动的开展，旅游成为普通人的权利，旅游活动在文化生产和消费中的作用更加明显，不仅影响程度更深，而且影响范围更广。大量游客的审美标准和出游的选择，甚至会影响一种传统文化的去留，决定一种新文化的形成，这就是所谓的“文化的旅游化”。

1.1.2 旅游的文化性

旅游的各个组成部分均受到不同层次文化的影响，旅游活动带有文化的特征。旅游活动涉及旅游主体、旅游客体和旅游媒介。旅游主体是旅游者，旅游客体是旅游吸引物或旅游资源，旅游媒介包括为游客提供旅游服务的各类主体。三者兼具文化特征，受到文化的影响。

（1）首先，旅游主体具有文化的本质。一方面，旅游者的动机，在很多情况下是受文化因素驱使的；另一方面，旅游者本身也是一种特定的文化符号和文化载体，不仅是独特文化的欣赏者，也是特定文化的传播者。

（2）其次，旅游客体富有文化含量。旅游客体作为吸引游客的承载体，因其富有与众不同的文化含量，从而成为旅游吸引物。不仅是人文旅游资源，也包括自然旅游资源，要能形成满足旅游者需求的旅游产品，均须挖掘和利用特定的文化元素，方可形成核心的竞争力。

（3）最后，旅游媒介具有文化特征。旅游媒介作为旅游产品的提供者，贯穿于游客的“食、住、行、游、购、娱”全过程，也承载着特定的文化因素；旅游消费与一般消费相比，体现更强的文化消费特征，旅游者更青睐于选择能够为其提供独特文化体验的旅游媒介。这就是“旅游的文化性”。

1.2 党和国家的需要

2018 年 3 月，中共中央印发的《深化党和国家机构改革方案》提出，将原文化部、国家旅游局的职责整合，组建中华人民共和国文化和旅游部。

国务委员王勇表示，组建文化和旅游部是为“增强和彰显文化自信，统筹文化事业、文化产业发展和旅游资源开发，提高国家文化软实力和中华文化影响力，推动文化事业、文化产业和旅游业融合发展”。推动文化和旅游融合发展，以文促旅、以旅彰文，已成为发展现代旅游业、促进文化传播的必然选择。

文化与旅游的融合就是要进一步突出“旅游的文化性”并强化“文化的旅游

化”。一方面要从文化的视角去看待旅游，重视旅游主体的文化特征，挖掘旅游客体的文化内涵，丰富旅游媒介的文化表达；另一方面要从旅游的视角去看待文化，在文化生产的过程中，重视对旅游市场的利用以及与旅游产业的融合，引导建设能够满足人民美好生活诉求的旅游文化，同时提升旅游文化产品的附加值。

2. 文旅融合的历史使命

在各地深入推进文化和旅游融合大发展的背景下，明确文旅融合承担的历史使命，坚持以文促旅、以旅彰文，使文化繁荣和旅游发展相互促进、相得益彰，对于进一步推动文化与旅游在更广范围、更深层次、更高水平上实现融合发展具有重要指导意义。旅游作为活化文化资源的有效手段，可以为文化的保护和发展注入强劲活力；同时，文化作为旅游的灵魂，有利于塑造个性化旅游产品，为旅游特色化发展提供内在支撑。从国家的层面来看，文旅融合发展所要承担的历史使命，就是国务委员王勇所表达的，组建文化和旅游部是为“增强和彰显文化自信，统筹文化事业、文化产业发展和旅游资源开发，提高国家文化软实力和中华文化影响力，推动文化事业、文化产业和旅游业融合发展。”

因此，我们可以毫无疑问地认为文旅融合的历史使命就是：

“彰显中国文化自信，铸就人民美好生活。”

具体落实到行动上就是：

(1) 讲好中国故事，提升文化自信，增强文化软实力。

(2) 旅游扶贫，以旅兴农，全域旅游，铸就美好生活。

3. 历史使命的践行路径

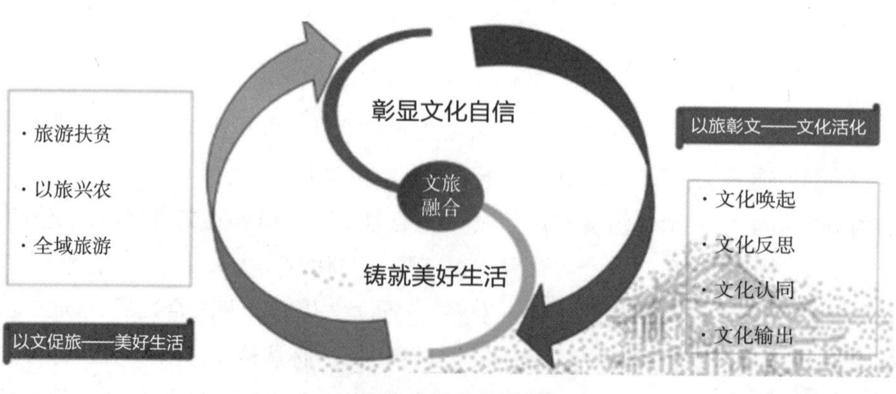

历史使命的践行路径

3.1 彰显中国文化自信的路径

3.1.1 对内：旅游者进行旅游活动形成文化自信的三个阶段

（1）文化唤起：让文化走进“生活”，让文化融入旅游，让文化获得活化。同时，旅游者用自身所具有的原始地域文化来感知目的地新事物形成的基本文化自信。

（2）文化反思：人们外出旅游的目的之一，就是要通过对他人文化的观照而找到自我文化的定位，旅游者在旅游活动进行的过程中不断对自身原有文化进行解读反思后获得自己的文化自信。

（3）文化认同：在更广阔的旅游体验与刺激下对文化形成了新的认同与认知，而后再形成新层次的文化自信。

3.1.2 对外：文旅融合，搭建文化交流之桥

（1）旅游的发展，有利于促进不同文明之间的沟通与交流。

近年来，我国不断深化中外文化交流互鉴，使主场外交和“旅游年”成为国际旅游交流合作的新亮点。由中国发起成立的世界旅游联盟、世界旅游城市联合会、国际山地旅游联盟，正在多边旅游治理体系中发出中国声音，贡献中国智慧。在此格局下，2018 年我国出境游游客达到 1.48 亿人次，入境游客超过 1.4 亿人次。旅游业正成为我国向全世界秀出“美丽中国”、增强中华文明与不同文明之间交流互鉴的重要载体和桥梁。

（2）文化输出。

“美我之美，美人之美，各美其美，美美与共，天下大同”，通过文旅融合，发展国际旅游，讲好中国故事，传播中国文化，提升中国的文化软实力。

3.2 铸就人民美好生活的路径

3.2.1 文旅融合，点亮美好生活之灯

作为美好生活的一部分，旅游休闲已逐渐升级为幸福生活的“必需品”。尤其是近年来，全国各大景区一片火爆，旅游细分市场不断涌现，个性化、品质化消费需求稳步增加，美食、美宿成为出游动机，网红短视频、社交应用、移动支付变成消费新模式……这既是国内旅游消费升级、市场潜力不断释放的直观体现，也是旅游业蓬勃发展的美好缩影。与此同时，随着大众旅游时代的到来，个人游、自助游呈井喷式增长，公共设施不足、服务水平不高，正成为旅游高质量发展的瓶颈。所以，文旅融合需要主动适应人们在文化和旅游消费上的新变化，着眼资源共享、优势互补，用好用活文化旅游阵地，让人们在旅游中拥有更多的文化获得感。文旅融

合为旅游业的发展注入了更为鲜明的灵魂，加速了旅游业的发展。文旅融合，点亮了美好生活之灯。

3.2.2 文旅融合，铸就人民美好生活之路

铸就人民美好生活是我国文化建设的主要驱力，也是我国旅游发展的重要动能。文化与旅游的融合，将大大推进文化与旅游产业的发展。近年来，“铸就美好生活”正在成为文旅融合发展的新动能，人民对美好生活的向往，引领旅游发展从注重速度与规模，转向注重品质与质量。我国从中央到各级地方政府正致力于通过旅游扶贫、乡村旅游、全域旅游等方式实现：生态美、百姓富、游客乐，最终践行“铸就广大民众美好生活”的历史使命。

八闽文化，文旅何为？

林璧属[①]

很高兴站在这个会议讲台上谈谈文旅融合的事情。文旅融合极为复杂，涉及面特别广。我今天以“八闽文化，文旅何为？”为题，重点针对福建文旅融合问题进行探讨。

1. 中国区域文化分区

文化具有很强的地域性，地方文化色彩很浓。

中国自然条件复杂多样、地域辽阔，东西南北差异非常显著，民族分布十分复杂，各地经济、社会、历史与文化发展背景各不相同，因而形成了人文景观形形色色的一系列文化地理区（简称文化区）。根据地理环境和文化属性、文化特质的相似性原则，以传统文化为主兼顾现代文化的原则可将中国分为 16 个文化区：

（1）燕赵文化区——苍凉、淳朴（现在的北京、天津、河北三省市地域范围）；

（2）秦晋文化区——古朴、雄浑（陕西、山西两省地域）；

（3）中原文化区——源远流长，灿烂辉煌（河南省及其附近地区）；

（4）云贵文化区——绚丽多彩、古朴奇异、淳朴柔顺（云南、贵州及广西的一部分）；

（5）齐鲁文化区——淳厚、典雅（现在的山东）；

（6）荆楚文化区——神奇、浪漫（湖北、湖南两省）；

（7）巴蜀文化区——人杰地灵、刚柔兼济（以四川盆地为中心，包括重庆、陕南、鄂西、云贵部分地区）；

（8）两淮文化区——南北交融，过渡鲜明（主要包括安徽、江苏北部的淮河流域）；

（9）吴越文化区——空灵明艳，精巧细腻（现在的江苏［苏南为主］、浙江、

① 林璧属：厦门大学管理学院教授、博士生导师，旅游与酒店管理系主任。

上海。地处长江三角洲与太湖流域)；

(10) 鄱阳文化区——多方兼容，自成一体（江西文化区，位于鄱阳湖流域)；

(11) 闽台文化区——多元复合，异彩纷呈（台湾海峡两岸)；

(12) 岭南文化区——中西合璧、开放活泼（南岭以南的粤、桂、琼、港、澳)；

(13) 关东文化区——粗豪豁达、宽厚包容（黑龙江、吉林、辽宁三省)；

(14) 草原文化区——粗犷豪放（内蒙古与宁夏部分地区)；

(15) 西域文化区——热情奔放（西部疆域的简称。本文化区包含新疆及甘肃、宁夏部分地区)；

(16) 青藏文化区——神秘奇特（青海、西藏两省区)。

在众多的文化区中，受到各地地理环境、自然条件的限制，在人们长期的生产生活中，养成了各不相同的地方文化。福建属于其中的闽台文化区。

2. 八闽文化区

福建是一个多山又面海的地方，受地理环境和自然条件的限制，特别是先民流入地不同，方言特多，有人称之为鸟语花香之地。

有将闽文化分为闽东、闽南、闽西、闽北、莆仙五个文化区的，认为闽北文化为典型的山林文化，闽南文化为典型的海洋文化，莆仙文化为典型的科举文化，闽东文化为典型的综合型文化，闽西客家文化为典型的移民文化。有将闽文化分为闽东、闽南、闽西、闽北四个文化区的，认为其差异极大，如闽东的求稳怕乱，闽西的宗亲内聚，闽南的过番出洋，闽北的安贫乐道。有将闽文化分闽东的江营文化、闽南的海播文化、闽北的山耕文化、闽西的移垦文化四个文化区的。有将闽文化分为六大文化区的，即福州文化区、莆仙文化区、闽南文化区、闽西文化区、闽北文化区、闽东文化区，每一区的精神文化都有其鲜明特点。

中原文化延伸到福建后不同程度地受到闽地文化影响，无法形成坚强内核。虽然中原文化一次又一次地进入福建，时间之长久、内容之丰富，是全国其他省所罕见的，但由于中原文化分期分批进入，且闽地又较为封闭，中原文化进入后又被隔绝，因此显示出寄居性质，难以统一闽地文化。所以，一般意义上都把福建文化俗称为八闽文化。

3. 闽地的自然地理环境

一方水土养一方人。

福建地处我国东南一隅，远离中原腹地，东面临海，三面环山，全省面积 12 万多平方公里，地处北纬 23 度 30 分至 28 度 22 分，东经 115 度 50 分至 120 度 40 分之间。

福建的自然地理环境特点有三：

一是山岭众多，素有“东南山国”之称。福建海拔 200 米以上山地丘陵地约占 85%，主要有两列山脉，一列为武夷山脉，另一列为鹫峰山—戴云山脉—博平岭。武夷山脉的最高峰，也是我国大陆东南部的最高峰。从东北到西南，有洞宫山、武夷山、杉岭山，中有纵贯南北的鹫峰山、戴云山、博平岭山。层层山脉，挡住了北方冷空气入侵，除少数高山地区外，八闽大地冬季无严寒，霜雪少见，隆冬季节仍然郁郁葱葱。但过多的崇山峻岭使福建交通不便，与内陆联系较为困难，因此也较为封闭。缺少广阔平原也使福建大面积的粮食种植业难以发展。

二是海岸绵长，素有“闽海雄风”之称。福建大陆海岸线实际长度三千多公里，仅次于山东而居全国第二，但曲率则达 1:5.7，居全国首位。福建海岸可分为半封闭港湾海岸、开敞港湾海岸和平直海岸三种。蜿蜒曲折的海岸，形成大小约 125 个优良港湾，不少港湾面阔水深，风平浪静，是我国少有的优良港址。绵长曲折的海岸线不仅使福建沿海人民可以充分利用富饶的海洋资源，也是与海外沟通的得天独厚的条件。

三是江河纵横，素有“闽水泱泱”之称。在福建 12 万多平方公里的土地上，有 29 个水系，663 条河流，大小河流总长达 1 万多公里，流域面积在 50 平方公里以上的河流有 597 条，其河网密度每平方公里为 100 米，密度之大，为全国罕见。福建河流最主要特点是“粗而壮”，如黄河流域面积超过闽江 12 倍，但流量仅为闽江的五分之四。福建的几大江河水系单元相对独立，自成系统，各地都有自己的主河流，如闽江流经闽北、闽中；九龙江流经闽西、闽南；晋江流经闽南；汀江流经闽西；交溪流经闽东。以上著名江河流域使福建河流长流不断，即使在枯水季节也有一定水流，无论是人均占有水资源量或是亩均占有水资源量，都远远超出全国平均水平。

由于这样的自然条件和地域限制，福建各地的人们交往较少。其中方言就是最大的障碍，但又是发展旅游最有潜质的素材。

4. 闽方言区

八闽文化，受制于各地方言，深藏于各地方言之中。

福建方言极为复杂，在全国八大汉语方言中，福建方言就占三种，如果加上省界交叉地区，仅福建境内流行的就有汉语七大方言，真可以说是全国汉语方言的缩影。而其复杂性还在于同一方言区，如闽南方言区中的厦门话、龙岩话、大田话、尤溪话之间也有很大差异。令人诧异的是有的县同时有几种不同区方言，如大田县通行着闽南话、大田话、永安话、客家话；尤溪县通行着闽南话、尤溪话、闽东话。而连城县、清流县、大田县等竟然没有本县通用方言。更令人不可思议的是，有的地方过了一座山、一条河就不能通话，这种现象在全国是罕见的。

4.1 闽东方言区

闽东方言属于单纯型方言。和古音类对应比较整齐，又有一套声母类化和变调规律，方言特点鲜明，内部差异较小，相对而言，南片比北片更为统一。因为南片的旧福州府“十邑”都在闽江下游两岸，人口密集、交通便利，人们交往多，而北片位于闽东腹地，山多人少，交通不便，因而方言差异较大。福州既是府城又是省城，历来是全省政治文化中心。马尾港又是北半个福建的出海口，闽北山货沿江而下，海外洋货从此入口，使这里又成了经济中心。因此，福州话在闽东方言区中作为代表方言具有较高声望。福州话往往成了闽东方言的代名词。

4.2 莆仙方言区

莆仙方言区只分布在原来的莆田、仙游两个县，本土只有 300 万人口，却是一种很有活力的强势方言。论语言系统它介于单纯型和驳杂型之间，既有与闽南话大体相当的文白对应，又有闽东话的声母类化规律，从这个结构情况也可以看出它是从闽南话分化出来，吸收福州话一些特点而形成了自己的结构系统。

4.3 闽南方言区

闽南方言的声母反映了不少上古音的特点，韵母则近于唐宋古音，声调则是古四声阴阳分化后保留下来的系统。它把不同的历史层次的特点分别整合在文、白两个读音系统里，多音连读则有变调和轻声。其结构系统是属于单纯型的。闽南方言区是全省最大的方言区，使用人口超过全省的一半，约 1500 万人，但是内部却相当一致，即使是边缘地带也大体可以通话。区内有两片不同口音，原泉州府属泉州口音，漳州府属漳州口音。龙岩、漳平则是在漳州腔基础上接受了客家话的一些影响，大田话是在泉州腔基础上受闽中（永安）话的一些影响，各自又形成两个小片的口音。

沿着闽南人外迁的足迹，闽南话不仅分布在东南五省的沿海，还传遍了整个东南亚。如今在闽南本土之外说闽南话的人大约是本土人口的 3 倍（4500 万人）。在福建诸方言之中，它是最少出现萎缩的一种方言，至今还活跃在各种社会生活的领域。明朝末年传下来的梨园戏文，现在的闽南人大体还能读懂。清朝以来所编的厦、漳、泉的方言韵书和现代闽南话之间的变化并不大，闽南方言显然是稳固型的方言。

4.4 闽北方言区

闽北方言分为东西两片。东部内部差异小，府城的建瓯话有较高威信，属于向心型。西片差异则较大，有离心趋向。闽西北的赣方言和浦城北部的吴方言，都是由闽北方言蜕变而成的。南片的沙溪流域的闽中方言和南平市郊的闽东方言原来也是闽北方言的地域。

4.5 闽中方言区

闽中方言所分布的三个县（市），在 1958 年以前还不满 50 万人口，永安、三明两市都是 20 世纪 60 年代发展起来的工业城市。闽中方言是从闽北方言分化出来的，它的东面是闽南方言区，西面是客家方言区，多少也受到这两种方言的一些影响。因此从语言结构体系说，闽中方言也是驳杂型的方言。

4.6 闽西客家方言区

闽西是客家先民首先落脚的地方，是客家方言的摇篮地，但作为特征鲜明的客家民系则是在入粤之后才形成的。因此，在闽西七县之中，真正有客家意识的只有二个半县，即南边的永定、上杭、武平及长汀的南半部。那里和粤东的客家方言中心区连片，交往较多。都是和梅县一带的客家话一致的。这一区方言也是扩展型、活跃型、稳固型的。

宁化、清流二县，虽是客家入闽的通道和中转站，但大多数客家移民稍后又陆续南迁而去，这里最早的一些先来者，应该是说着闽方言的汉人，后来这里同永安一带也有较多往来，因此这里的方言并非典型的客家话，而是杂有闽方言的特点。历来民间并没有多少客家意识，方言的稳固性和活跃度就不像南片那样强烈，普通话在这一带是比较普及的。这是一种十分典型的离心型、驳杂型、收缩型、萎缩型和变异型的方言。

4.7 闽西北赣方言区

闽西北四县的赣方言区是由闽北方言蜕变而成的。语音、词汇都有闽北方言的旧层，但更多的是赣方言的新层，自然不可能是单纯型的方言，天生是一个驳杂型的方言。宋元以来，随着赣人移闽，赣方言曾经向闽西北地区扩展过，除了邵武、光泽、建宁、泰宁退化为赣方言外，武夷山、建阳、顺昌、将乐等县市也受到赣方言的不同程度的影响。这些方言除了受普通话影响之外，接受外地方言的影响也不多，还是属于稳固型的方言，老、中、青之间口音的差异并不大。

驳杂型、离心型、萎缩型、收缩型和稳固型的各种特征在闽西北赣方言区造成了特殊的统一。

4.8 其他小方言

福建还有三类小方言。

一是大区间的过渡区，顺昌、将乐、明溪三县是闽方言和客、赣方言之间的过渡区；大田、尤溪是闽方言各区间的过渡区。这些过渡区内部又包含着一群有同有异的小方言。二是方言半岛，例如浦城县北部的吴方言。三是方言岛，包括南平城镇的土官话、长乐洋屿的京都话、武平中山镇军家话，还有闽方言、客方言在胜利分布的许多方言岛。

我虽然在福建生活了56年，从小就说闽南话，只要有人说闽南话，我就基本可以判断出他是闽南哪里人。但是，一离开闽南，其他方言一句也听不懂，即使人家骂我，我还是笑嘻嘻。反正我听不懂，不会生气。所以说，福建文化受制于方言，深藏于方言之中。

5. 八闽文化旅游化评价

既然八闽文化这么丰富，那么旅游开发利用得如何呢？说实话，我都有点汗颜。

通过对比现有开发的景区资源和实际资源，我们可以得知，福建已有的9家5A级旅游景区中，有5家5A级的文化类旅游景区，其中以建筑文化为主体的文化资源得到比较充分的开发利用，福建土楼（永定南靖）旅游景区、福州市三坊七巷景区完全是建筑文化，泉州清源山风景名胜区夹杂着宗教文化，厦门鼓浪屿风景名胜区包含着华侨文化，龙岩市古田旅游区以红色文化著称。

4A级旅游景区86家，文化类景区只有30家，其中，以宗教文化为主题的9家，博物馆类8家，传统建筑文化主题6家，红色文化旅游景区3家，仿古建筑文化景区2家，古桥梁景区1家，华侨文化主题景区1家。

福建省 5A 级景区、4A 级文化类景区

序号	名称	级别	序号	名称	级别
1	厦门鼓浪屿风景名胜区	5A	21	泉州市仙公山旅游区	4A
2	福建土楼（永定南靖）旅游景区	5A	22	安溪清水岩旅游区	4A
3	福建武夷山风景名胜区	5A	23	东山风动石景区	4A
4	白水洋—鸳鸯溪旅游区	5A	24	平和三平风景区	4A
5	太姥山风景名胜区	5A	25	鼓山风景名胜区	4A
6	福州市三坊七巷景区	5A	26	厦门市海沧青礁慈济祖宫景区	4A
7	泉州清源山风景名胜区	5A	27	湄洲岛风景名胜区	4A
8	三明市泰宁风景旅游区	5A	28	莆田市九鲤湖旅游区	4A
9	龙岩市古田旅游区	5A	29	泉州大开元寺	4A
10	福州市于山景区	4A	30	厦门市胡里山炮台	4A
11	福建土楼（华安）旅游区	4A	31	福州市中国船政文化景区	4A
12	南平邵武和平古镇景区	4A	32	天福茶博物院景区	4A
13	连城培田古村落旅游区	4A	33	泉州市博物馆	4A
14	惠安崇武古城风景区	4A	34	福建中国闽台缘博物馆	4A
15	晋江市五店市传统文化旅游区	4A	35	三明泰宁明清园	4A
16	长汀红色旧址群旅游区	4A	36	莆田市莆田工艺美术城	4A
17	毛泽东才溪乡调查旧址	4A	37	莆田中国古典工艺博览城	4A
18	三明市建宁中央苏区反“围剿”纪念园	4A	38	泉州安平桥景区	4A
19	厦门市同安影视城	4A	39	厦门集美嘉庚公园	4A
20	厦门老院子民俗文化风情园	4A			

也就是说，八闽文化何其丰富，真正旅游开发的只有历史遗存非常明显的特色建筑类（含宗教寺庙）和红色革命圣迹。文化资源旅游化的开发利用远远不足。

6. 八闽文化——藏在深闺人未识

6.1 闽戏曲文化

福建不像其他省市那样，有一种或几种为全省人民普遍接受的戏曲。在福建省上演的剧种有 29 个，没有一个剧种能在全省流行，更没有一个剧种能代表福建。其中最有影响的闽剧、莆仙戏、梨园戏、高甲戏、芗剧这五大剧种，流行的地区也很有限。这五大剧演出的范围如果变换，即使演技再精湛，也不可能取得好效果。再如舞蹈，主要用形体动作表达感情，它虽不用唱，不存在方言障碍，但也难流行，如闽南最著名的拍胸舞，很难在闽北找到知音。因为这与区域差异等有关。闽南人性格粗犷豪爽，拍胸舞极符合闽南人表达、宣泄感情的方式；而闽北是理学的故乡，讲究克己谦恭，不可想象闽北人会赤裸上身沿街拍打。而闽北的采茶灯细腻，规范性强，其独特的采茶步轻盈细碎，当然也不可能在闽南流行。福建民歌难以在全省流传，其原因也是很明显的。正是因为福建各类艺术难以交融，所以福建各类艺术更加绚丽多姿。

福建曲艺音乐有 20 余种形式，其中南曲（也称南音）影响最大、最古老，它不仅是唐末五代燕乐杂曲的遗响，还可以从中探寻到宋代南戏的声腔，是我国古代音乐文化最丰富和最完整的大乐种，被称为“活的音乐历史”和“音乐化石”。

可惜的是，福建戏曲和曲艺音乐旅游化水平很低。应该说，素材好，二次升级开发利用少。

6.2 闽书画文化

福建历代书画以其绚丽多彩的成就，极大地丰富了我国艺术宝库。福建画家能融合各家之长，表现出极强的创造性。宋代建阳人惠崇的画充满江南牧歌式情调，世称“惠崇小景”；福唐（今福清）人陈容的《云龙图》开元代以后诗、书、画三位一体普遍化先河；连江人郑思肖以不着地、没有根的《墨兰图》著称，使得“露根兰”成为一种绘画流派而在福建盛行到清末；清代长汀人上官周注重人物传神，开创了“闽派”画风；宁化人、“扬州八怪”之一的黄慎将书法和画法相结合，独步人物画坛。

福建书法名家辈出，宋代仙游人蔡襄取法多家后自成一家，明代漳浦人黄道周的书法被人称为人品与书风紧密统一的结晶。福建书画传统延绵至今，文化部曾先后命名福建的龙海、同安、晋江、莆田、漳平、新桥、诏安、建瓯等地为“书画之乡”。

但福建书画文化旅游化水平很低，连初级开发利用都谈不上。

6.3 闽民间美术

福建年画以木版画为主，内容几乎涉及人民生活各个方面。漳州年画擅长推陈出新，既有北方年画之粗犷，又兼有江南年画之秀丽；泉州年画往往与乡间民俗结合在一起，深受南洋华人欢迎；福鼎年画别具一格，如《八锤大闹朱仙镇》，美人与武打同出一图，实为罕见。

福建石雕饮誉海内外，惠安石雕和寿山石雕为其最著名的种类。惠安石雕有圆雕、浮雕、沉雕、影雕四种，各有千秋，海内外许多地方都可以看到惠安石雕。寿山石雕分圆雕、浮雕、镂雕、薄意和印纽五大类，品种已近千种，现陈列于人民大会堂的“求偶鸡”意趣盎然。

福建民间木雕也颇为盛行，现代著名木偶头雕刻大师江加走吸收了民间木雕神像和戏曲脸谱的表现技法，创作了不少艺术珍品。

剪纸是福建农村妇女热爱的一种民间艺术，漳浦曾被文化部命名为“剪纸之乡”，并两次编辑出版《中国漳浦剪纸集》，发行国内外，有数千件作品在国际展出并销往海外。

福建民间美术旅游化水平也是很低。

6.4 闽教育传统

福建历来有重视教育的传统，教育由唐至近代久盛不衰。唐代福建处于开发阶段，宋代福建书院之多、质量之高、影响之大，为全国罕见，元明清各代福建教育水平仍居全国前列。

6.5 闽宗教

福建在我国宗教史上有着特殊地位。福建佛教自唐五代后，绵延发展至今。福建佛教高僧辈出，特别与禅宗五家关系密切。福建高僧与海外关系也十分密切。福建道教也很兴盛。福建伊斯兰教在宋代就有相当规模。福建民间宗教也极为盛行，在众多的福建地方神中，最著名的是护海女神妈祖，临水娘娘陈靖姑，保生大帝吴真人，他们不仅成为福建民间信仰，还成为台湾同胞以及东南亚一带闽籍华侨、华人的信仰。

福建宗教文化的旅游化水平是最高的，不过，还是以宗教为主兼顾旅游。

6.6 闽建筑文化

福建的传统建筑在中国建筑史上有着特殊的价值。福州的“三坊七巷”始建于东晋晚期，是中国历史文化古城中坊制典型代表，是中国南方现存较为完整的古街区之一，至今保存了大量的名人故居和明清时代建筑，被誉为“明清古建筑博物馆”。福建土楼被认为是中国乃至世界建筑史上的奇观，“可与万里长城媲美”，“是世界生土建筑发展史上的伟大奇迹”。

莆仙民居最鲜明的特点是“满装饰”，即千方百计堆砌外装饰，使整个墙面看起来富丽堂皇，具有明显的炫耀性。闽南民居的主要特征有：布局对称，外部材料运用以红砖、白石为多，内部材料以木架构为主，有精巧的雕饰、丰富生动的屋顶轮廓。闽南民居有多种类型，例如大厝式、府第式、洋楼式、土楼。

福建是我国古代建造各种寺庙最多的地区之一。福建的桥梁建筑也享受盛誉，全国十大桥中，泉州地区的洛阳桥、安平桥就占了两席之地，故有“闽中桥梁甲天下，泉州桥梁甲闽中”之说。

福建建筑文化旅游化水平较高，这也许与建筑的物化形态有关，游客容易看得到、读得懂。

6.7 闽民间舞蹈

闽民间舞蹈最主要特点是种类繁多，形态各异，仅已发现的就有700多种，其迥异的风韵、丰富的内涵、独特的魅力，真让人大开眼界。例如灯舞、球舞、武舞、傩舞、畲族舞蹈、宗教舞蹈、高跷等。这本来应是旅游化最好的素材，但全省各地真正以民间舞蹈为题材的主题演出很少。

6.8 福建木偶头

福建木偶戏的精华所在是木偶头，它不仅是舞台演出用品，也是一种精致的民间工艺品，可供案头陈设。福建木偶头有采用“梨园戏脸谱”的泉州木偶头，采用“京剧脸谱”的石码木偶头，采用“客家调脸谱”的漳州木偶头这三大类，其中以泉州木偶头最为出色。这一素材在旅游化发展中有那么一点点。

6.9 闽塔

福建目前保存下来的各种塔在百座以上，这在我国现存的古塔中占有很大的比例。福建古塔的出现与闽文化独有的特点有关。如福建佛教长盛不衰，佛寺遍布八闽；福建民间历来有风水习俗，其“理法”一派长期左右东南方域；福建省因有绵长的海岸线，海运事业盛极一时。这些都大大促进了福建的造塔技术。从功能上看，福建古塔的作用主要有供奉舍利、礼佛拜佛、作为导航标志、点缀名胜和其他功能。福建古塔的特点也十分鲜明。首先，它用料以石材为主，兼有其他。其次，福建古塔具有丰富多彩的造型。福建古塔的塔雕工艺十分精美，雕刻艺术高超。这一素材作为古建筑的配角在旅游化过程中有一点点转化。

6.10 闽陶瓷文化

福建陶瓷历史悠久，内涵丰富，形成了独特的陶瓷文化。福建陶瓷，尤其是宋代建阳水吉建窑的黑釉器、元明间德化的白釉器、明清时期的青花瓷器，除了满足当时人们的生活需要外，更大部分分销到海外诸国去。福建陶瓷在福建以及我国海外交通、海洋贸易、中外陶瓷文化交流和中外人民友好交往史上也占有重要地位。

福建烧制陶瓷历史悠久，宋代建阳水吉建窑的黑釉器颜色亮丽奇特，其最主要的黑釉器“建盏”曾作为珍宝被带到日本，被当作日本国宝级文物收藏于东京静嘉堂文库的“曜变”瓷碗，就是其中一种。元代时期德化窑的白釉器俗称“建白”，滋润明亮，滑腻坚实，洁白中微见淡黄，纯净无瑕，光洁如绢。明清时期福建的青花瓷器，主要产于德化窑和安溪窑，皆为珍品。

我是福建德化人，我对德化陶瓷文化旅游化的评价是：说的多，做的不少，实现的很少。

6.11 闽华侨文化

福建三面环山，一面靠海，向内陆延伸困难，因此转向海外延伸，以求发展，成为闽地（特别沿海地区）的传统，故有“门字里面是条虫，跳出门外便成龙”之说。祖籍福建的华侨、外籍华人有 870 多万，分布在世界五大洲 100 多个国家和地区，其中约 90% 居住在东南亚，不少人都获得成功。福建人移民东南亚的最多，印度尼西亚、马来西亚、新加坡、菲律宾、泰国、越南、缅甸、文莱等国均有大量的福建人。华侨文化也深刻地影响了闽人输出地，厦门、泉州、福州等地都有深厚的华侨文化。

归侨是最早推动福建旅游的那个“游客”，福建的侨乡文化在旅游发展中起到了很大的作用。

总的看来，结论就是：

八闽文化，藏在深闺人未识。

福建文旅融合，任重而且道远！

2019年第二届“旅游三十人论坛”圆桌会议[①]发言记录

主持人（林璧属）：今天既然是圆桌会议，就不排座位了，大家随意坐。根据事先商量好的会议议程，今天上午举行2019年“旅游三十人论坛”的第二天上午的议程，就是圆桌会议议题，大家围绕这五个方面来阐述：第一是文旅融合的理论建构，第二是文旅融合的路径、技术和方法，第三是文旅融合对旅游业发展的影响，第四是文旅融合下的旅游产品开发，第五是文旅融合经典案例与启示。

今天早上有三位新的专家到会，所以我先介绍一下新来的三位：华高莱斯国际地产顾问（北京）有限公司董事长兼总经理，城市咨询专家、清华、北大等26所院校城市发展课程客座教授李忠；科技部中国科学技术发展战略研究院研究员、全球创新中心总干事、亚太创新协会副理事长赵刚；厦门市文化和旅游局的副局长陈桂林先生。

下面开始正式的议题。

吴必虎：今天早上的沙龙我看是旗帜鲜明地围绕“文旅融合”这四个字讲，我想根据议题的这几个方面每个都讲不大可能，也没有想好，我的想法跟当时“全域旅游”概念出来的时候一样。当时理解全域旅游不是一个学术理论问题，是一个政府的工具或一种发展的途径或者一种政策，所以在中国的语境里文旅融合首先是文化部和各大旅游局合在一起，所以出了这个命题，很多文物古迹作为旅游经典就是文旅融合。昨天讲了中国的地理保护的体系和西方特别不同，所以本身自然保护地理有大量的文化要素，这也是中国的一个特殊情况。

政府对资源、土地、景区、金融、投资各方面有非常大的权力和支配能力，既然文化部门和旅游部门合在一起办公了，以前文化局局长和旅游局局长合为一个人叫文旅局局长，这个时候肯定有一系列的变化，这个变化称为文旅融合，是一种政策的或者说政策管理的调整，因此后面的立法、旅游的管理和旅游产业的管理，一

---

① 会议时间：2019年11月24日上午。
会议地点：厦门大学艺文沙龙。

定也会有相应的变化，甚至有新的学术研究。比如之前一门课叫旅游课，以后可能叫文旅课，这个课程要改，不可能上完以后学生到规划局以后发现没有文化规划也没有旅游规划。这是一整套的体系。

根据我的理解，文化更多是事业性、公共性的，政府提供免费的社会服务，但是文化也有它的一定的商业性，比如昨天在厦门举行的金鸡奖评奖，电影很显然是产业界的商业化，旅游一般成型以后商业性越来越强，旅游的对外开放性很强，所以产业性很强。行万里路读万卷书，行万里路就是户外教育，把旅游完全看成商业也很不对等。搞文物保护和自然保护的总觉得我们搞旅游的人是坏人，把游客带到古村里破坏当地的宁静生活氛围，说旅游把农村的宁静的生活给破坏了，使村子商业化了。后来我说如果不商业化这个村子的人就没有饭吃了，所以旅游救了古村。同样，自然保护地也是一样，昨天看到一个报道，盐城当地农民骑着摩托车带旅客，政府的补贴也没有到位。很多专家不知道当地农民是怎么活的，所以他们在办公室里制定的很多政策，是从单一部门的要求或者期待出发的，后来发现有很大的问题，如果严格按照每个部门政策来执行的话，农家乐都不符合土地部门的要求，所以现在大量农家乐被拆掉，拆掉以后，一、二、三产融合发展就实现不了。所以这是一个很大的问题。应该说，对旅游的公共性认识不够，造成旅游这一块儿抬不起头来。所以，一定要强调旅游的公共性。在文旅融合的过程当中，趁着文化是公共性、意识形态，要把旅游的公共性再强调一下。当然这是理论上文旅融合的一点，文化是公共性的，但是有一定的商业性；旅游是以产业为主，但是有很强的公共性。这是第一点。

第二点，关于文旅融合本身，是内部融合、外部协同。旅游和文化坐在一起办公的时候，要考虑性质设置和管理的规范或者立法的调整，比如说最近文物局正在做文物保护法的修订，专门列了一章叫合理利用。最近文旅融合、文化遗产的活化很受关注，不少台湾地区的教授可能非常理解，活化这个词是从台湾地区传到大陆来的，现在文化遗产和文化研究得非常好，所以文化和旅游融合当中第一块就是文旅局如何和文物局融合。西安文物局和文旅局长是一个人，但是有好几个地方不是，哪怕是同一个人，文物和文旅还是有很大的不同，因为文物特别的固定，国家有拨款，是不用商业化的。所以这个过程当中，在文物的合理利用这一块，或者是说对特别国有的文物如何特许经营，这个在立法方面和资本的合作方面有很多理论问题可以探讨。这是我们文旅融合内部有关文物的利用的特许经营。因为搞文物管理的人是学文博出来的，他们在做营销、做访客服务方面是不擅长的，所以需要旅游部门去做解说。这是一个问题。另外，内部融合当中，跟体育的结合，比如登山，实际上跟旅游的关系非常强，这个是内部融合。

今天主要讲外部协同。新的国务院改革方案出来以后，很多人推广旅游景区，主要是文化遗产和自然遗产，自然类的景区现在统统归到自然资源部去，就是林草局。各类公园的旅游发展需要文旅部和自然资源部建立非常稳定的沟通或者协同机制，这一块目前是做得不够的，尤其是统统归到自然资源部门以后，因为林草局管理者主要是研究植物的，对其他部门的进入还是很敏感或者说很小心翼翼。所以很显然，要把那么多自然保护地里的旅游搞好，文旅部和自然资源部的系统还是非常重要的。这是第一。第二是关系农业农村部，有两件事情需要跟它好好讲讲。最近大家都知道土地管理法又出台了，对耕地的保护越来越严格了，现在叫作永久性，还是坚持每个省耕地的80%必须作为永久性，不能动，但广东、上海这样的地方如果只用20%的地搞建设是不可能的。所以这个耕地保护的机制是不科学的，耕地是要保护，但耕地保护的方法是不科学的。再比如说现在中国人的饮食结构发生了重大变化，除了米饭、面条以外肉食水果都增加了，中国耕地当中却不让种果树，不让养鱼，只能种庄稼，高度发达的城市化地区一块地必须补一亩，从哪补就不管。这些办法不科学。因为我们的人口不会再增长，实际上我们没有必要保留18亿亩耕地，只要保留四五亿亩耕地就可以，所以这就是耕地的转型是跟不上社会发展的。再者，关于乡村发展，特别是传统村落这一块应该如何发展保护和利用。城市化以后，70%、80%的人住到城市来，就是第二住宅，我的建议是要对其进行研究，环城市的乡村地区的农民宅基地可以进入市场，根本不用担心农村的土地会有资本进入，立个法就行了。就是让每户农民和每户的市民自己协商就好了。我想这都是关于土地，关于农业农村和城乡建设这一块儿的问题。再比如我们要研究中国高尔夫到底能不能搞，很显然中国高尔夫必须搞，但是现在高尔夫完全被妖魔化。日本人口是我们的四分之一，我们是14亿人，我们只有200多个高尔夫球场有合法证，但是日本人口比我们少得多，耕地比我们紧张得多，人家有2000多个高尔夫球场。还有一个，住建部说不得搞不动产别墅，这个违反十九大精神，在第一阶段小康是公寓，中康就是不动。什么叫不动？就是不动住宅才对，不动就叫别墅吗？这也要进行改革或者进行理论研究，比如什么时候国土是安全的，在安全的情况下多少人能买得起单独的住宅，单独住宅有多少需求，有多少亩地，要用数据说话。

第三点，“一带一路”旅游要出去，外交部门和旅游部门要进行广泛合作。最近做“一带一路”丝路项目当中，外交部特别积极，文旅部比较谨慎，尤其像厦门这个地方，“一带一路”的核心地区，宋元时期是泉州，近现代就是厦门，在宋元时候政府鼓励合法地出去搞外贸或者海上交易，明清的时候政府错误地做了一个决策要进行海禁，闽南人勇敢地反抗了，造成现在东南亚很多国家，南洋和西洋的华人社区是我们闽南人开拓出去的。我们应该加强对中国海洋文化，特别是对中国海神的研究，我一直建议福建省文旅局应该把湄洲岛建成东方海神，这不仅仅涉及两岸关系，也涉及整个华人社区，这个应该是中国海洋战略的一个重要的部署。精神力量是最稳定的，这个应该强化。

所以我提这几点建议供林教授和专家批评指正，谢谢大家！

李忠：这个论题林教授提前跟我商量过，所以我认真做了准备，今天给领导交一个答卷。

第一个，文化和旅游是一个交集的关系，我所谓的交集逻辑不是完全融合，文化中有很多东西是不能拿来做旅游的，旅游中有很多东西也不见得是有文化，不要把这两个事强制编出一些什么文化或者旅游来，你说过山车有什么文化，你要非这么弄就太累了。我们今天要讨论的是文化中可以来做旅游的文化和旅游中有文化的部分。这是第一个建议。

第二个，我说一个核心问题，文化和旅游融合分了三个阶段，第一个阶段是加(+)，第二个阶段是和，第三个是化。

所谓加是旅游中 + 一些文化，文化中 + 一些旅游，我们现在基本上是处于这个阶段，比如说旅游团有一天到维也纳音乐大厅听一场音乐会，这就是文化 +。文化中 + 旅游是我们的博物馆对大众开放，但其中带了旅游团进来收了费，这个是第一个阶段。我觉得关键是要进入第二个阶段，文化被旅游和旅游被文化。什么意思？有一些文化我们专门使它旅游化，原来没有成为大众化的东西，现在大众化，只有大众化才能深入老百姓心中。我举一个例子，我 20 年前去过杭州一个景点于谦祠，我去的时候找到一个管理员，他跑过来给我开门，他说谁来看于谦祠，大家现在再到于谦祠去看，大概从七八年前开始，于谦祠成为西湖旁边的第一个人气景点，无数 80 后 90 后去看，因为他们都看了一套书《明朝那些事》。虽然很多历史学家看不上这套书，但正是这套史书掀起了明史热，大量小伙子都带着自己的女朋友或者是老婆去讲于谦历史，讲的版本一模一样，一个字都不差，都是去之前的晚上把那本书紧急地背了，讲了之后很有情怀。其中有一个北京的男孩站在雕塑前说，这个人对我们中华民族的贡献是多大，我们是多么对不起他。我觉得很有意思。让文化成为一种大众消费。这是我说的一个逻辑。反过来，旅游中则可以是被文化，有很多现代旅游景点会找人创造一个主题来，这个都可以结合，这有点像旅游和文化发生了化学反应。

再往下走可以进入到一个更高境界，为了文化的旅游和为了旅游的文化。有的文化是专门为了做旅游做出来的，比如说我做一个景点，在这个景点中找出一个很古老的文化遗存，但是现在没有人知道，如果文化普及到一定程度，完全有可能出现以纯粹为目的的旅游欣赏。吴必虎教授是这方面的专家。说两个案例。第一个，大概在十年前曾经有人找了一批马可·波罗的铁粉，因为马可·波罗来到中国。看了以后就问他们：你们认为马可·波罗来过中国吗？是百分之百认为没有来过，因为确实对不上。最后问你们喜欢马可·波罗吗？他们说喜欢，如果没有他，就不会来走这么一场。所以说，故事永远是值钱的。也可以做得很严肃，1965 年旅游界一直争论一件事，到底大洋洲等是从哪里来的？有人说是秘鲁人来的，秘鲁人用稻草扎的船，带了一个紧急电台，经过几个月的航行到达了这个岛。这件事在考古学上很轰动，这个就是为了文化的旅游，这个很重要。到西方去旅游的越来越多，有老师说现在没有遗存就没有旅游，不见得，没有遗存照样旅游。我到东京本愿寺，它现在只剩下一个牌子，我在那里站了半天，有一个中国小伙子也站在我旁边，我说你也喜欢？他说他特别喜欢。他为什么喜欢？他说是打游戏，打战国游戏，打得厉害，他说他对这一段历史耳熟能详。我是看历史书看的，他是打游戏的。就这个碑，我问他干吗不去看复原的本愿寺，他说那个不是真的，在这里可以脑补当年那个晚上是什么情况。我老家有个地方，每年国防大学都定期要到那里去，现在没有遗存，只有古战场，我问学员们现在没有遗存看什么，他们说怎么没有，地貌都在，这对他们来说就是遗存。遗存这个词是取决于内行不内行。像泉州这样的地方，遗存保护得很好，风貌虽然不在，但是肌理在，肌理是比风貌更重要的东西，这对我们来说就是遗存。

第三个阶段是化，文化旅游化，旅游文化化，我们为了旅游做文化，也会为了文化做旅游。

我想说三个阶段的不同是，旅游中有文化，文化中有旅游，变成了文化被旅游化，旅游被文化化，我们为了旅游而文化，为了文化而旅游。以上是我说的三个阶段。

我下面说第三个话题，最核心的话题，是文化和旅游融合。其实有一个部门没有融合进去，就是宣传部门，这里面必须有文化的宣教，如果没有文化的宣教那文化就是文化，旅游就是旅游。把通俗文化讲给大众听，这件事我觉得特别重要。换一句话说，我们看文旅融合，必须谈一件事，文化可以是小众的，但旅游不可能是极度小众的，所以这里面包含很重要的逻辑，就是文化必须被大众化，大众旅游必须要文化化。文化旅游大众化，我们要向大众讲文化，简单来说一个人看的书越多，文化程度越高，眼里的风景就越高。有一次我带着我儿子去旅游，走到山谷里我们歇了一会儿，我儿子说这里没有什么景点，我跟他说我给你讲一点地质学。文化程度提高了，看什么都是景点。比如你去过冰岛就知道为什么好，因为跟他们司机什么都能聊。去冰岛那一次，去踢欧洲杯，11 个人站那里唱国歌的时候，这个国歌是足球队史上唱得最精彩的，因为我统计过，这 11 个人当中有 7 个人会弹钢琴，因为他们都是兼职的，这种人唱出来的国歌肯定跟我们的是不一样的。所以一旦人被文化化了，这个旅游就好做多了。

接下来说要避免陷入的误区。我说七个不要怕。

第一个做文化和旅游融合不要怕庸俗。我们觉得文化是高雅的，一旦被庸俗了，这个事情就变得很庸俗。我想说任何一种文化在鼎盛的繁荣时期一定是庸碌的，因为只有进入大众视野才能被购买。我曾经跟一个老师争论过，我说你认为什么是最高雅的？他说唐诗。我说你知道唐诗是干什么，是干业，干业的逻辑是我要考公务员，为了搞定考试专员，我写诗给他，因为喜欢了我的诗，就会说我的好话。所以我说文化不要怕被庸俗，只有深入社会的时候才能成为一个大众化的东西，如果文化没有被通俗化，那说明人的水平都不高，你会发现我们认为高雅的事其实是极庸俗的。我到一个德国的家庭，小乐队都摆好了，就直接问我会什么管，我说我什么乐器都不会用，等会儿来了一个德国人，就问他会什么管，他说都没有问题，最擅长的是什么什么管，这个主人说他们家有，懂乐器的知道那是一个很小众的乐器，后来以他为主演奏了，我站在旁边听他们七八个人演奏，恨不得钻进地里去。

第二个不要怕争。文化和旅游要统一思想，只要你的文化被大众化。比如我们明朝有非常典型的两派，这些人天天在论战，他们永远统一不了，没关系，不统一的人就会反不统一的人，现在严嵩也有粉丝，于谦也有人骂，这也很正常。

第三个是不要怕戏说。戏说是什么概念？不戏说的历史都很难流传，故事化了就会流传了。当年在襄阳搞个项目，在那个研讨会上，有一个老爷子说不行，我们不能胡改历史，我们要表现的是真正的历史。我说你觉得应该表现什么，他说三顾茅庐，我说三顾茅庐是历史吗？他说历史课本《三国演义》记载得好。《三国演义》叫历史课本？真正的三国及历史是《三国志》。《岳飞传》我们也把它当历史了，其实是作者脑补。不要怕被戏说，如果一个东西不生动是传播不了的。

第四个不要怕编造。编造就是创造，能被时间认可的就是经典。《盗墓笔记》大家都觉得是胡编乱造，2005 年风靡的时候，作者写了一句话叫作长白山下见证奇迹的时刻，到了十年之后长白山上去了几千人。万达做旅游恰恰是没有编书的能力，如果有这个编书的能力就成功了。我觉得我们这个时代不是编得太多，而是因为没有这么多编。我们要反对的不是编，而是胡编，在文化上的胡编是考据不过关。我说一个考据，我特别喜欢的作家麦加的书全部是编的，但是考据极其过关，所有写的密码侦破都是过关的，因为他就是学密码学的。外国人是识货，因为他的东西自我成立。景点的编是什么？经不起推敲。比如我们模仿汉朝，我问过一个专家，华佗做手术是用什么来消毒，他们说用酒精来消毒；你知道蒸馏酒是什么时候出现的？那个时候的酒哪有酒精？这就是胡来，编故事都不会编。

第五个是不要怕残缺。只要脑不残，东西就不残，任何一个东西都是需要脑补，而且对任何一种园景的修复往往都是破坏，我们看西方出现了断壁的审美，我觉得不要怕残。

第六个是不要怕科学引入文化和旅游，文化和旅游需要科学的引入，我们说考据特别重要，考据一定是有立场的。我说一个事，当年雅利安人到底是不是存在，这个是很大的问题，当时欧洲组织过考古，我们现在有很多学者争论德国英语是不是从中国来的，我觉得这人就是看科学书看得太少了，他们找这些东西都不靠谱。我说如果这样弄的话，很有可能北欧人跟四川人有关系，因为北欧人说的锤子和四川人说的锤子是一样的。我们科学是要有非常强的考古逻辑的。

最后一个是在做文化和旅游融合的时候我们不要怕国际化。我们希望中国文化走向世界的时候，我们怎么那么警惕世界文化走向中国？在我们平时做顾问的时候，只要说搬了几栋古民居到美国，我们就欢欣鼓舞，但当我们说搬一个欧洲小镇来中国的时候，我们许多专家就觉得好像有很大损失，我觉得这个是弱者的表现，作为强者最重要的就是包容。我们今天为什么对这个事就这么敏感？我们只要说文化，教授就会说越是民族的，越是世界的，我觉得可以说越是世界的，越是民族的，必胜客都到我们这儿来了。我特别想说的一个现象是，我们在一线做文化旅游工作，经常遇到一些人，只要跟他说一点“洋”的，他就反抗得不得了，“一带一路”不就是想把中国文化做输出吗？你想出去也要别人进来。所以我说最后一个是不要怕被洋化。

张广瑞：大家从不同的角度看不同的问题，这是我们这个会跟很多论坛不一样的地方，学术讨论上没有什么最高和不最高的问题，提到的这些问题都很大。今年（2019 年）4 月讲了文旅的理论建构问题，但我觉得文化和旅游融合问题不是一个理论建构的问题，恐怕是概念的厘清问题。这么多年搞旅游，我一直讲我是旅游派。搞了这么多年旅游，现在出现了一个新概念，文化和旅游融合，我一直在讲文化和旅游完全不是一回事，可能有相同的地方，但它们是两个独立的概念。如果说做旅游的话，那么文化旅游在世界上不是几个世纪的问题，中国过去不说这个事情，如果现在来讲文化旅游一开始就是这样，不管是游学还是旅行，这些年来我们统统考虑一个问题，那就是产业问题，这就很难了，我们讨论的不是一个问题。所以我就一直在强调文化和旅游的问题要先分开。

什么叫文化？我们小时候认为识字就是有文化。后来讲好像有知识就是有文化，再后来就是素质高的事情。我认为人做的事情都是文化。这个问题就大了，文化是一个很难完全界定的事。现在就拿旅游和旅行来说，很多人觉得旅行和旅游没有太大关系，它们的关系到今天为止还是说不清楚，我说我做了 30 年旅游，开始还懂得，到现在越来越迷糊，到今天什么是旅游更说不清楚了，包括旅游产业。

我昨天也讲了一句话，社会现象不会因为国家某个部门的变化而变化，包括旅游功能也是这样，融合的问题我当时提了两条，一条叫 1+1=1，什么意思？就是在旅游过程当中加入文化，形成一种新的旅游形态叫文化旅游。我们说融合不是水和油的问题，是真正变成形态。再一个是 1+1 大于 2，我们讲的融合可能是一个合作的问题，从现在产业的发展来看，合作是一种必然趋势，文化和旅游可以合作，文化和其他也可以合作，旅游的合作就更多了。所以我倒觉得两个部门合起来以后解决了一个问题，就是我们对文化在旅游发展过程当中的作用加强了。从更高的层次来讲，不完全是一个旅游的问题，而是增强民族自信的问题，这个说到点了。过去我们做是从旅游的义务方面来看，现在强调了融合，这个问题是因为从“文化大革命”以后我们对自己的文化就不自信，现在是时候通过各种渠道来增强文化自信了，所以文化和旅游的融合问题，现在来看，不管是政府部门，还是产业和社会，都有一个认识的问题，我认为文化和旅游不是全部，文化有文化的规律，旅游有旅游的规律。所以这个问题需要更深入的探讨。我觉得这需要一个探讨的过程。

文化和旅游部合并以后一直在想一个问题，文化和旅游合在一起做的时候，文化和旅游融合的问题是不是让好多事情被边缘化，这是我们很担心的事情。我们现在都在谈文化旅游融合，似乎很少谈到市场，我们不说现在，我们从产业的发展来看，这和当年做旅游完全不是一回事，有很大的区别。所以，这种担心也是没有必要的，任何的变化都是一个过程。我觉得不要太急切地从旅游身上看根本，而是有了实践以后更容易理解，它就发展了。

从现在看来，我们到目前为止对有的问题可能还强调的是产业，很多都是从产业出发，我看到一些现象，比如现在文化和旅游融合的事情，各地都在搞，包括小镇，我说小镇本源应该是人住在这儿，而小镇的出发点是让游客来，所以有点本末倒置，过程中可以这么做，但是不是说把本旨和这种现象放在一起。文化和旅游发展影响的问题我觉得现在更加明确，发展旅游的时候要更关注自己的文化。我昨天谈的也是大众文化的问题，旅游的发展应该遵循时代的发展变化。即便历史上出现过大型旅游，也和现在的大型旅游完全是不一样的，我们任何的和旅游相关的产品，不应当只是从一个历史观的角度去考虑，而是要考虑现在有没有需求或者有没有办法引导需求，这是重要的。在讲文化和旅游的时候，如果我们谈文化和旅游融合，文化旅游必须和文化与旅游两个事情相关，文化可以做文化的事情，旅游可以做旅游的事情，不是完全相关的。

关于融合的事情，我从对一些世界的观察来看，一些非宗教性的文化融入旅游中，但有些事情并不是当时就要做旅游，而是因为它被社会接受了，比如说我们看到的芬兰，当时包括现在我们向一些单位的论坛做介绍，谈芬兰经验的时候，说圣诞老人代表宗教理念，是讲爱心，讲关爱，整个的设计能够把假的做真。芬兰把圣诞老人做成真的，把它真正做成一种文化传播开来。再有一个就是印度的瑜伽，我们经常把瑜伽看成健身，但是印度人把它当成自己的一种文化，而且是很高尚的文化。还有芬兰的桑拿，芬兰人从来没有把桑拿和桑拿以外的令人想入非非的事情加在一起。我们桑拿也搞了很多年，现在看饭店里有桑拿设备，只是这个设备是最落后的，因为这个桑拿不是人去桑拿。芬兰人把桑拿室当作教堂，他们从来没有在桑拿问题上出现任何不妥的事情，这就是信仰。这样的情况我们国家应该也有好多，我觉得让我们非常骄傲的是历史，我们的历史里面什么都有，但是变迁之后发生了变化，包括太极。我觉得对做旅游来讲，因为旅游的事情有两个很特殊的方面，一个是搞相同的东西，出去以后看看哪些跟我们相同再比较，再一个就是找差异，这一块我们还要去考虑，我们缺的是文化遗留的问题。还有在韩国的济州岛，一个媒体人因为工作太劳累，各种各样压力非常大，就花将近三个月的时间到西班牙，回来之后发生很大的变化，就下决心回到济州岛，专门开发了一条小路，这条路完全是采用文化的方式，让人们通过步行一路上思考人生，做得非常成功。所以我觉得我们有时候可能想得太窄。比如说语言，我们旅游主管部门没有把语言作为中国真正具有最大吸引力的文化，反而是外国的公司进来以后做得很成功。还有一点就是“探亲旅游”，在今天发展旅游的时候应该思维更开阔一点。

谢彦君：说一下我的想法，首先关于文旅融合理论建构的问题，我们的理论是有层级的，应该说有一些理论是带有一般性、通则式的理论，比如说马克思的社会学领域阶级的理论就可以叫宏大叙事，可以作为解释社会发展的根本动力。我们的理论事实上也是有层级的，一端是通则式，一端是个案式的。关于文旅融合这个话题，是中央级政府在部门合并的时候，由于部门组织架构上出现了一种现象，这种现象就引发了现在文旅融合的说法，这种说法主要还是体现一种行政的理念或者信念，包含很多的价值成分，这种价值成分我们在今天纳入学术理论框架去追问。文旅融合这样一个中央级高架构的理念、信念，它的理论来源到底是什么？我觉得说清楚可能有一些困难，这种情况下，政府部门将之作为一个政治抓手，用行动的理论推动整个工作的开展。在一般层面上不必急于找它的理论，就是在文旅融合根本点上，我们学术界很难做出系统的回应，将来经过一些年的探索也许会得到。但是现在急于给出理论答案事实上可能很难。这是我的一个想法。

我们这么多年所做的探讨，可以说在宏观层面以外的各个层次，中观层次、微观层次，或者对旅游项目所做的大量实践工作和理论探讨，这方面都有积累，积累中可能有的方面还做得很充分。在这种情况下，一方面我们可以通过响应中央政府将文旅融合作为行政的抓手来推动这件事情，以便于增强我们的文化自信，另外一方面我们旅游学术界也不要过于妄自菲薄。以前说我们在其他方面理论没有做出什么研究，现在又变成了我们在文旅融合这方面又没有做出什么研究，这也是一种妄自菲薄。比如说20世纪90年代的时候就有这个提法，旅游是什么？旅游是从文化出去，从经济出来。这句话是回应了当时那个时代我们对旅游研究已经达到的级别认识。今天，你觉得他的说法，相比我们现在的说法，文化是什么，文化是灵魂，旅游是载体，有什么差距吗？我觉得比他要严谨一点。旅游是载体、文化是灵魂，好像说的不是旅游的事，说的是文旅的事。出来一个新的物件是文旅，既不是旅游又不是文化，这就需要我们做旅游的人警觉，我们再说两年可能就把旅游说没了，以后只能说文旅了，不能说旅游了。我觉得现在我们要警觉一件事，就是说旅游是旅游，文化是文化。文化部和旅游部合并完了之后带给我们一个新的契机，这个契机使我们在认识旅游这种现象的时候增加了一只眼，我觉得文旅融合这个提法和全域旅游一样都在一定程度上对全民具有启蒙的意义。比如说全域旅游的价值是动员各个部门，使得国家各个部门都能够参与进来，这是以前旅游从机构角度来讲，从行政角度来讲是做不到的。但是它还可能启发我们思考，区域性的景区建设能不能达到欧洲这样的高度，从设置到景观都具有旅游景区的性质。这是启蒙。但是能不能做到，能不能在省域或者市域做到？第二点我想说的是谈文旅融合一定要保持自己的主体性，不能谈着谈着就把旅游谈没了。我觉得我们现在有点自动放弃，我觉得应该还是回到文旅部的那句话：易融则融，能融则融。这是一个路径，但是以文促旅、以旅彰文是一个目的，最后文化还是以文化的形态独立存在，旅游还是以旅游的形态独立存在。我们强调文化当中的旅游，使旅游做得更好，或者文化借助于旅游更大众化，但是最后还是两个“爸爸”，然后各自生儿育女，最后不是说将来所有的旅游专业都要办成文旅专业，很可能有不少教育部门已经在考虑这种改变了。我觉得我们的现象是一点点在各自呈现它的基础性，我们的知识领域在专门化，我们的知识体系是走向分科的，不能因为文旅部的一个组织架构的融合，我们的教科书就都要改写，我觉得这可能是我们要警觉的。

如果我们过度强调文旅融合，比如说我们的国家公园组织的专家团队，专家团队有研究草、研究树、研究森林的，我们只提文旅融合的时候我们将放弃半壁江山，因为一直以来我们的旅游资源就分两大类，自然资源和人文资源，自然资源有地质地貌等。文旅融合这个提法好，比如说有一些平庸的自然资源，我们如果加量进去，那这种资源或者产品的品级就会上来。比如十几年前在山东省做滨海旅游规划，大家一致认为滨海旅游规划放到厦门也行，放到海南也行，放到大连也行，反正只是平庸的滨海旅游规划。当时我说海这种东西，如果想突出特色，有一定的难度，但是像山东的滨海旅游规划，在我看来如果这么来表达的话可能是全世界都没有的，怎么表达？我说山东的海就应该是什么？是孔府门前的海！海在全世界到处都有，但是山东的三孔，孔府、孔庙、孔林，独一无二，在这种情况下，如果山东把自己的海定义为孔府门前的海，就可以向英国人宣传，可以向地中海周围宣传，因为这个海不一样了。所以文旅融合这个口号的启蒙价值在于我们可以通过它认识到我们一般的文化旅游项目应该再提升它的文化品质。普通、平庸的自然景观的旅游项目如果适当加进来文化，那这个产品的品质会上升。但是千万不要忘记我们不能只提这个，我们如果只提这个的话，最后我们就不要荒野了吗？就不要自然探险旅游了吗？就不要纯粹的生态旅游吗？这可能是一个灾难。所以我们在提文旅融合的同时，我们不可能再放弃40年来在旅游研究当中变成自然而然的东西，就是借助自然旅游资源开发出来的旅游产品、旅游地、景观地，那是我们旅游的一部分。这是我要说的第三个问题，就是说我们不能放弃我们的阵地，我们一半的阵地不能放弃。

再有，从学术界反映的角度我要提一下，我们做旅游研究的时间稍微长一点，张老师最有发言权。40年来我们经历了多少次运动式的研究？比如说1998年加入WTO，2002年的生态旅游，接下来是假日经济、智慧旅游、全域旅游，再到今天的文旅融合。政府的推动可能对我们的某一种研究深入尤其是广泛化有价值，但是我们是知识界，理性、独立精神很重要。我们这里面有一拨人守住了自己做的学术研究以及理论研究，也就是说文旅融合在基层层面，在具体的微观层面，甚至是在场景里，它的理论基础在哪里，实际上应该是有一些人一直在做这样的工作。

我主要说这么几点，谢谢！

张凌云：谢谢林主任给这个机会，昨天我是在青岛大学搞一个文旅融合的案例库，昨天下午从那边赶过来。今天这边也是做文旅融合的论坛，很荣幸受邀请。我今天下午有一个演讲，讲的就是对文旅融合的思考。听了前面几位专家学者的发言，有一种体会，文旅融合现在成为一个热词是因为政府部门、主管部门，尤其是中央这个层面两个部门合二为一，提出来这个问题，这是一个问题导向，两个部门合并了以后下一步怎么开展、解决工作中的问题，跟全域旅游有点类似，文旅融合是一个工作抓手。如果从学术层面看，我个人觉得这个问题似乎有点像伪命题，如果从逻辑上梳理的话，文化是什么，旅游是什么，这两个概念讨论清楚以后再讲融合是什么。另外，从早期看，旅游就是对资源的利用，利用资源的过程当中既利用自然资源也利用文化资源。我们现在讲的文化有几个层面的问题，首先是资源，资源不是融合，是直接拿来用。如长城和故宫，过去都不对游客开放，长城是防御，故宫是皇上办公和饮食起居的地方，同样是没有想开放给游客，故宫的厕所也不符合景区规则的要求，所以宫廷的面积很大，但是不是谁都能进去的，而且封建礼仪一套东西跟现在我们的生活也是格格不入。所以这个资源并不是给旅游用的，但是现在开发旅游，故宫很早就对市民和游客开放了。从这个层面上讲是一个利用问题。可能还要对融合进行定义，什么叫融合？拿来利用是不是就叫融合？资源是一个层面，其次还有一个产品层面，产品有些是属于文化产品，有些是旅游产品里面增加了文化内涵或者是进行一些文化的主题包装等。第三个层面就是产业的层面，文化产业跟旅游产业，这两个产业之间的融合，产业融合可能讲得比较多。确实，我观察到，演出也是一个行业，也可以说是产业，但是文旅的山水实景演出跟剧场演出是不一样的，基于游客开发的这些项目跟文艺操作差异性比较大，所以即便是大腕，有些大制作，如果真正讲电影也好，剧场演出也好，更多的是看角，但是山水实景演出，我们看的“印象”系列，这样的实景演出肯定不是把宝压在主角身上，剧场演出不可能有角。而且它也没有专门的粉丝，不像巡回演唱会一样。主要是游客到景区来旅游，顺便再来看，或者延长停留时间。王乔林就是想打造节目和景区的一体化，通过一台戏，通过旅游演艺项目把一个景区带起来。总之这里面看，确实各有各的规律，所以即便是像张艺谋这样的国际级的大导演，他在海南岛做的“印象海南岛”也不成功，包括王健林大手笔投资的“海棠秀”也失败了，倒是王乔林做的“三亚千古情”成功了。这确实跟旅游有关，跟景区有关，要研究旅游的规律，如果关起门来搞演出的话，可能剧场演出是成功，但是旅游演绎未必能成功。这种融合在文旅部成立以前就有了，所以文旅融合跟部门成立不成立关系不大，这种实践理论早期就已经有了，现在之所以变成热点，就是因为两个部门融合以后要考虑下一步工作怎么做。所以实际上是一个现实的问题。

从产业的层面再往后走就是目的地的层面，比如全域旅游，公共产品、公共服务、公共产业和文化事业。从宏观上看，我们从个人来讲，从个人到企业到政府，个人在产品消费，到企业产业的供给服务，到政府的管理，也可能面临文化与旅游融合问题。旅游这个领域是越来越广了，从景点到目的地到现在讲全域旅游；文化的概念从学术上讲比旅游更广，文化甚至可以定义成一种生活方式，如果用广义来讲什么都是文化，人类从野蛮走向文明的过程就是一个历史进程。当然不能这么广义来讲，这么广义来讲我们所有生活的方式、生产方式全部是文化的体现。把文化的概念讲清楚以后我们再来讨论文化和旅游的融合，并且纯粹从学术研究的角度来看。我觉得有时候我们讨论了半天，可前提不一样，概念不一样，内涵、外延都不一样。比如旅游+，旅游是6要素组成的旅游概念，讲旅游+的时候，我们把旅游狭义化，变成旅行社和饭店，所以就出现了旅游+交通等。这种做法就是概念调整了。现在应该讲文化是指什么范围，旅游是指什么范围；我们现在有的是什么，我们将来的融是往哪方面融。所以我也同意文化只是其中的一个方面，跟交通是一样的。所以成立文旅部门有一个范围，尤其是作为主管部门，但是实际上旅游的范围比文化更大，为什么这么说？因为现在文化部只有半壁江山，金鸡奖跟文化部都没有关系，电影、电视、新闻、出版、网络都不在文旅部管的范围内，文旅部管的文化是图书馆、文化馆、曲艺，形象地讲是吹拉弹唱，就是指这个，实际上就是比较通俗的文化。电影、电视包括作协、文联都没有在文旅部，去看各个司的设置里，遗产司、非遗司算文化部管，所以非遗是文化部管，所以文化部极力去推非遗的旅游化尤其是非遗跟旅游的融合。还有一个叫艺术司，电视、电影都不在内，曲艺在里面，他们有一个文华奖，这个奖也是国家级的奖，但是社会知名度很低，没有金鸡奖名气大，他们讲的文旅融合也不是全部，影视旅游也是很好的，但是已经超过他们的工作范围，不会主导来推这个。我觉得实际上从学术角度来讲要认清楚哪个是工作层面，哪个是学术层面，学术归学术，我们的研究可以为现在的社会服务，他们有需要的话，基于我们的研究基础我们可以给一些指导性意见，但是不要完全按照这个去转移，甚至学术定义都跟着走。文化也不是全部，基础旅游学可以把旅游做基础，基础文旅学中旅游没有讲清楚，文化也没有讲清楚，如果再出一个部门，我们是不是也要跟着他转？政府部门当然愿意了，现在融合了下一步工作怎么做，你们专家学者要贡献力量去研究。这个没有问题，但不要把基础研究和应用研究搞混了，甚至把这种现象变成一门学问，这样就本末倒置了，只有把基础理论做扎实，逻辑理顺了，要哪一块我们就给哪一块。如果要求我们做的所有东西都要为他服务，甚至逻辑不通我们也要强词夺理，这样的需要是不实事求是的，学者做研究首先要求真。这个是我对文旅融合以后的一些思考，有一些内容下午我会展开讲一讲，我觉得这个是问题导向或者是现象导向，对这个研究不要强求，应该开放包容。文化范围更大，两个都讲清楚了再放一起谈，融合放在一起谈也有好处，百家争鸣，现实确实有这个需要，实践是发展得比较丰富的。

当然我也不同意基础研究滞后了，实践跑前面了。基础理论研究做好了以后，以不变应万变，在我们研究的基础上能不能给出解释，总结规律适当做出一些预测，这是我们搞科学研究的应该思考的。

李红岩：我真的是外行，刚才听了几位专家的讲述很受启发，谈一点外行的意见。现在文旅融合应该说大家都赞成，没有反对，关键是怎么融合？文化跟旅游确实有一致性，但是二者之间也有内在的紧张性。我们常常说旅游是文化的一种载体，但是文化的载体是各种各样的，不但旅游是载体，还有其他的载体，旅游作为文化的载体跟其他的文化载体不一样的地方在哪里？其特质和特殊性在哪里？只有把这种载体的特质提炼出来，以区别于其他的文化载体，才能更好地找到文旅结合的契合点。要做到这一点，我们就要知道旅游作为文化的载体，它对文化的承载往往是存在着两种真实，一种是历史真实，一种是观念真实，这两种东西往往在现实中是错位的，不能用历史的真实去衡量观念的真实，或者是用观念的真实去否定历史的真实。这句话是什么意思？好像说得太抽象了，就是说在旅游的对象中，它往往是真的、假的混杂在一起，传说的、预言的、表达人类愿望的，以及出于愿望而虚构出来的具有魔幻现实主义特征的真真假假的东西基于文化载体之上，旅游所在地的当地人希望大家相信这些都是真的，一些假的也是一种真，叫作观念的真实或者是艺术的真实，或者是一种表现的真实。所以，在这里面我们要把历史的真实跟观念的真实或者是历史的事实性与观念的真实性要严格区分开，这个东西在文艺理论、史学理论上应该是说得比较清楚的道理，我们对这种观念的真实要采取一种艺术的态度、审美的态度，而不是持一种历史学家考据的态度。反过来讲，对历史的事实就不应该用艺术的观念去表达它，真实性程度比较低，也不能用艺术的眼光去看待这个真实的历史。所以，一定要区分真实性和事实性，历史研究针对的是一种事实性，而不是针对真实性。混杂在事实当中虚构的东西，它既不是真实的，又是真实的。比如我们经常举例子说司马迁的史记记载项羽死前跟虞姬在那有一番缠绵，司马迁说得很清楚，最后项羽他们都死了，周围人也没有看见，那这个是真实的吗？很多历史学家对这个感觉很疑惑，因为这里面很多是假的，他们觉得司马迁或者是根据传说，或者是根据预言，只是表达了司马迁的愿望，在真实历史书中虚构这样一个情节，我认为这样的解读是肤浅的。司马迁史记里面对项羽的塑造就是真实的，为什么？因为一点都不违反历史学家的原则，因为它是根据项羽一辈子的行为、性格以及他的事功而塑造的一种形象，所以不是一种创作，是一种理想，是一种有限度的想象，不是一个文学家的创造性的想象。如果说这里面有虚构的话，它也不是创造性的虚构，是制作性的虚构，所达到的这种真实是艺术的真实和表现的真实，但是未必等同于这个历史的事实。所以，作为一个旅游者，他不是学术研究者，旅游者出去旅游是为了娱乐，严格来讲旅游的过程就是一个游戏的过程，就像到一个游乐场去游戏一样，是一个充满着诱惑的游戏的行为。在这个游戏行为过程中，如果我们处处用资源科学的态度去做这个游戏，那就煞风景，而且在理论上说不通，不能用基础主义，或者是诺克斯中心主义的这种理论来构建文旅融合的理论，而是应该以一种更加开放、更加多元的主体相融的理论，来看待这个社会。

我作为一个外行，作为一个做理论研究的人，我是这么看待这件事的。所以，我们要把真实性和事实性，历史的真实和艺术的真实，观念的真实和实在的真实区分开，同时要看这两者的联系，这样就能够比较好地解决旅游过程中出现的不科学甚至是荒诞的行为，把它看作观念领域的东西，在观念领域孙悟空、玉皇大帝是真实，都是我们真实性的一种构造。当然在现实生活中他们是不存在的，但是他们是从现实生活中提炼出来的，提炼到人类观念领域的一种精神层面上，这样看，我们就会把这件事想得通透一点。

刘静艳：前面几位专家讲得非常有思想性和启发性，我现在要说的这些都是受他们启发，人家心里说叫启而不发，我觉得听了他们的讲话是启而有发，他们讲得都特别有价值。

我们暂且不要说科学定义是什么，通俗地说什么是文化，我们经常会说文化就是以文化治，我很赞同红岩老师讲的这个观念上的东西，以文化治，而且我昨天发言的时候也提到文化最高的境界是价值观，价值观的东西同样是理念的东西。回应一下刚才李老师提到的这个载体问题，我觉得这一点提得非常好，文化的载体是非常多元的，旅游作为文化的载体只不过是其中的一种形式，所以，我们需要去思考一下作为文化的载体的旅游和作为文化载体的其他东西之间的区别是什么。我突然就想到，区别是什么？是不是可以说流动性是一个区别？但是也有很多东西都有流动性，旅游的流动性和其他的又有什么不同？我觉得可能表现在它不仅有物的流动，还有人的流动。所以我觉得在这里面，人和物这两个元素里面是不是能够合理地去融入一些文化的元素，因为融的目的肯定不是 1+1 等于 2，我们说融的目的要达到一种企业的组织效应，1+1 大于 2，如果能够大于 2 就是本质上的融合，而不是两张皮加在一起。

我们想想，旅游是什么？就是求新求异，好玩，想休息一下。我比较同意刚才几位专家的意见，不必要在所有的方面都要很硬性地强调。我们说旅游本身就有三个层次，一个是悦耳悦目，一个是悦心悦意，最高层次是悦智悦神。可能不同的人到不同旅游目的地的诉求不一样，有的人特别想悦智悦神，有的人可能就想悦耳悦目。我们回顾一下整个旅游的发展过程，从大众旅游、观光旅游到度假旅游到体验旅游，旅游变得越来越多元化。为什么要说这样一个过程？我参加过一次会议，其中一位专家提到我们现在的旅游从大众化旅游到了度假旅游，越来越小众，需求越来越多元；另外一个专家说虽然说得有道理，但是不要忘了中国人口基数多大，现在还有 70% 到 80% 这样的大众群体，他们根本没有那么多的机会去做这样非常个性化、非常高端、非常阳春白雪的旅游，我们不能放弃这种大众需求。大众的需求是不是一开始就要达到悦智悦神的？我觉得没有必要强求，旅游就是花钱求开心的事情。怎么才能真正达到去玩了花钱了，也悦耳悦目，悦智悦神，我觉得这还需要一个润物细无声的过程，当一代人又一代人的文化素质越来越高，他们所见的东西在他们眼中越来越有神的时候，基础文化就出来了。

我举一个简单的例子，我记得那年去东欧，当时没有安排参观奥斯威辛集中营，后来我们就提意见，去东欧没有安排奥斯威辛集中营的话就没有什么实质意思。最后导游说从这里到奥斯威辛要开三个多小时的车，他说他给我们做一个规划。那个导游特别有经验，三个多小时时间给我们放了一部电影，就是《奥斯威辛集中营》。这部电影我在读博士的时候看过，我们知道奥斯威辛集中营是怎么一回事，也没有太多其他想法。去奥斯威辛集中营的路上看了一半电影，到了集中营以后大家就参观，之后播后半段。从一个比较浅的现象层面去理解的话，可以认为是电影的元素、文化的元素融入产品中，融入电影中，这种融入作用是很奇妙的，因为我深刻意识到多年前看这部电影时候的感觉和我到了奥斯威辛集中营的时候感觉是很不一样的，在那里花了三个多小时，再回忆这些电影中的情节的时候，你会发现给你的这种特别的感悟，我为什么说是感悟？确实是有所不同，不仅仅是一种感觉，也确实是有所入耳，这就是一种比较好的融合效果。

我非常赞同在这个过程中我们可能会做很多事去推动，去提示人们，去有意识地融入一些文化的东西，当然可能还是要顺其自然。这是我想表达的第一个意思。

第二个意思我想说，我们可能知其然还要知其所以然。为什么现在要提文旅融合？这个事情一个最核心的目的就是为了彰显我们的文化自信，这个是非常到位的，非常关键。为什么？我们稍微回想一下，在 20 世纪 80 年代，从酒店来说，酒店作为旅游的一个重要元素，从 20 世纪 80 年代国外一线品牌的酒店进入我国，陆续经过这二三十年已经全部在中国找到了自己应该找到的地盘和自己应该建立的声誉。到现在经过二三十年以后，我不知道 80 后、90 后的孩子会怎么看待酒店的选择，至少对我们这一代人来说，国外输入的这些品牌和这些品牌所携带的文化已经深深印入我们这一代人的心中。我们国人反思这个问题，这就是文化输入，我们国家强大了是不是也应该输出一些文化，当我们在输出这种文化的时候，我就会想到白天鹅品牌，这是我们自己设计、自己管理的一个民族品牌，这个品牌所彰显的文化深深印入我们广东人的心中，比如家里要嫁娶，举办婚礼大新的仪式，他们就会认为在花园酒店或者是白天鹅的这种民族品牌就很有档次，不一定要到希尔顿或者是万豪酒店，白天鹅或者是花园酒店，就是最好的酒店，他们会有这种感觉。通过这个例子我们就会发现当民族的东西真正形成一个品牌，这个品牌真正深入人心的时候，这种文化的彰显力是非常强的。我们这样的案例又有多少？非常少，因为白天鹅是唯一的白天鹅，我们会发现国外的品牌是一个样子，已深深印入我们国人的心中。其实文旅融合真的不是说我们一定要做出一个文旅融合的模子来，而是在意念上、理念上、文化上融合的过程，我觉得这个过程依然要体现出润物细无声。当然，文旅融合是一个好的事情，没有文化的时候，我们做出的很多东西经常是形散神也散的，但凡有一点文化元素的时候就会发现，做出来的东西、做出来的产品或者是线路，就是形散但神不散的，这个时候可能这个元素感就非常强。

我非常赞同刚才几位老师的意见，一个是产业问题，产品线设计的问题，一个是学科问题，学理的问题，这两者之间还是不能简单地画等号。以上是我的一点浅见。

郑天明：大家早上好！刚才听了各位专家学者、前辈的这些意见，受益很多。就我个人来看这件事情，就我们过往的经验来说，文化跟旅游之间的渗透其实可以说是一个概念性的东西，我们过去在研究当中其实多少是从旅游的概念来看，从旅游来看文化旅游、创意旅游、生态旅游，这些不同主题最主要还是跟它的资源条件有关系，也就是跟它的观光资源本身的特性有关系，它跟目的地经营的识别是有关系的，所以在台湾的案例里，找寻这些文化的目的是把它当作材料，当作一种元素，用这种元素、材料来跟目的地做连接，这样一种连接就是做目的地识别，再发展出目的地魅力的模式。所以提到文旅融合理论的建构，我想到的反而是回到旅游理论的本身。旅游理论的本身分为两个部分，一个是供给面，一个是需求面。供给面大部分是经济学科，用很多的经济模式谈供给面的部分。需求面的部分在学科的研究当中很多是从心理层面来看这件事情，从心理层面来看的时候，很多时候会从知觉、从认知变量的角度去衡量游客在这件事情上的态度、行为、感知、心理现象，从这些东西来做一些修正。如果从旅游研究来看，我这些年做的东西反而是偏向目的地的概念，就是说回到目的地本质，而回到目的地本质就会跟营销有关系，跟目的地营销品牌的建构、品牌的识别、品牌的魅力等有关系。

如果说从回到实践的角度来看，在台湾过往做目的地的经营的最大问题是人，人最大的问题是在思考，所以我们过往大部分的人沉浸在固定型的思考中，固定型的思考就认为这里有什么资源就呈现什么样的资源。这几年其实旅游的竞争是非常激烈的，目的地的竞争也是非常激烈的，所以经营者必须要有成长型的思维，必须做很多的转变。目的地是基础，以它的资源条件去找到适合它的元素摆进来，比如说文化，包括昨天提到的真实性知觉。我们讲创造的时候说有两种创造，一种创造是原有的加值，台湾很多节庆活动都是用原有去做加值；另外一种是原本没有，通过创意和营销的概念跟地方做连接，创造出一个很好的产品或者很好的想法。这两种方式其实都是不错的，主要还是要回到目的地，就是说经营者要从资源部分来看，比如原住民有哪些文化是可以跟创造的部分做融合的，就是回到材料，回到定位，回到点子方向的概念。

回到旅游的概念，文化应该是很好的催化剂，但不是全部，催化过程里面需要其他的东西做加值，甚至创造一个新的东西出来的时候也有一种文化产生。所以这是一个选择的过程，主要是要形成一个比较具有魅力的、具有识别性的东西。

最后讲一个我最近做研究时的比较深刻的感想，我们是在变动的旅游当中，我们在做很多东西的时候其实不是固定不变的，消费者的心其实是非常流动的，消费者在追求旅游的过程里就是希望其中有畅爽，畅爽就是达到一种让他悸动的境界，那个境界是短的。消费者的心流的变化是非常快的，没有绝对，目的就是在追求心流，所以你带给他的产品可能是 A 可能是 B，但是可能到达一定的阶段会慢慢消失，我们需要用产品不断的加值、不断的改变来符合消费者的心。

以上是我的一点浅见。谢谢！

把多勋：各位专家的高见使我受到很大的教育和启发。六年前我们学院搞一个硕士专业叫文化与旅游专业，从时间上来说应该比国家文旅部的合并要早，但是我们做文化旅游专业的时候倒不是说具有前瞻性，只是因为旅游管理专业难考，所以我们就设置一个新专业，这样把高数避开掉，在民族学这个专业底下设了文化与旅游这么一个新专业。当时请了民族学方面的博导来做论证，最后通过。结果招了这么四年，历史学、民族学一级学科的专业被砍掉了，这个专业就没有办法招生了；但可以在社会学专业底下继续论证一番，这个还是跟国家大形势、大政策契合，学校也支持。文化与旅游这个专业现在含金量不高，正如今天探讨的一样，文化和旅游怎么融合，技术问题、方式问题、产业问题等一系列问题需要我们进一步探讨。在办这个专业的过程当中我们也会进一步去探索，把这个专业做得好一点。这是第一。

第二，各位领导和专家刚才都谈得特别好，一直在围绕文旅融合在谈，这个我也不想往多了说。我想的是文旅融合当中的理论建构，理论当中考虑的是经济学这个学科对文旅融合的一些积极有效的介入和它的贡献应该在哪里。比如说我想到两个点，一个点是我们是不是应该认真考虑一下，文旅融合时，在市场失灵和运行发展过程当中怎么有效地配置文旅融合中的文化资源和其他要素资源。在文旅融合发展过程中很可能出现更多的市场失灵，这个市场失灵的表现初步勾勒一下有这么几种：一是文化投入旅游是一个长周期的行为。我们知道旅游本身也是投入长周期的行为，这个周期很长，那么民间资本和私人资本就耐不住性子，等不住，这样的话文化在旅游当中的融合发展和文化作为要素投入，尤其是大文化的投入就会受限，文旅融合发展是受限的。二是分散决策，在文旅融合发展的过程当中，好多民间资本或者其他的资本及要素进入的时候，他们一般都是分散决策，分散决策应该是理性的选择，但是最后由于分散决策、信息不对称导致选择失效，另外还会因为分散决策导致重复投入、重复建设、无序竞争的问题存在。比如丝绸之路建设过程中，有很多的投资性很强，但是很难收敛和约束一个最终的理性。所以我认为分散决策理性和实际的产业理性之间是有冲突和矛盾的。三是文旅投入缺少价值优势。文旅融合过程当中，投资周期是比较长的；关于消费市场我们在座专家都知道，现在迭代速度特别快，过去我们迭代的时间大概 20 年、30 年，小时候穿的衣服跟爷爷的衣服是一样的，但是现在三五年就是一代人，消费需求差别很大；如果文旅投入周期是短的，这种文旅投入肯定是浅薄的，没有很好的价值优势。这也是一个失灵方面的表现。失灵的第四个表现是什么呢？现在我们文旅融合了，文化融入旅游发展的竞争之中，文化旅游化，旅游文化化，但是显而易见的状态就是，文旅融合以后，文旅融合新业态类型公共产品的属性一定非常强，带有很强的公共产品属性，这在一定程度上限制了民间资本和私人资本的进入。有很多文化和旅游的业态是公共产品，很多文化是公共的，文化投入进去了，最后形成业态，一定是具有相当强的公共产品的性质，那如何收费？所以公共产品和私人产品之间有冲突或者复制外部性也是失灵的一个非常重要的表现。

所以我想说，我初步能够想象，比如说解决之道，分散、小尺度的文旅空间市场有市场的规律，理性的经纪人尽量按照市场规律去做；但是做大尺度，与国家文化自信、文化的提升以及与这些关联的大的文旅融合周期比较长，公共产品的属性比较强烈，就像其他的公共产品一样，就是由政府做，私人做不了。因为这个时候发生私人成本和社会成本，有很强烈的外部性，这个时候肯定由政府去做。所以恺撒的事恺撒做，上帝的事上帝做，市场有市场之道，产业有产业之虑，政府有政府之意，各得其所，把国家的文旅产业做好。我就简单地说这些，谢谢！

沈涵：今天上午各位专家的观点都很好，这次会议对我来说也是一个很好的学习过程。我们从 1993 年就开设这个系，开始是管理学院、经济学院和历史文博学院创立的，长期以来一直和历史在一起。这个话题对我们来讲是一直在思考的，我们这个专业当时非常重要的定位就是要做文化旅游，不过当时对文化旅游的界定跟现在文化与旅游的融合还是有一定的区别的，当时是把它作为整个旅游行业当中的一种类型，就是文化旅游的类型。现在在国家政策引导下，文化与旅游的融合成为非常重要的趋势，这对我们专业的进一步拓展和思考也是一个非常好的契机。

对于这个问题，从文化的属性和旅游的属性来看，二者的融合需要从三个层面思考，一个是价值观层面，一个是产业层面，另外一个是产品层面。在价值观层面，我觉得旅游与文化其实是互相滋养、互相促进的。讲到文化，在文旅融合的背景下，文化能够给旅游的发展带来非常大的贡献，这种观念、理念上的贡献是能够为旅游以后的一种纵深发展提供非常好的滋养。这里面一个是文化的美学价值，它能够为旅游未来的发展提供一个非常好的平台。刚才几位专家也提到，什么是文化？有文有教化，这里面非常重要的方面是在美学上，文化能够给我们提供非常好的美学支撑。还有是文明的教化，有一年国家旅游局出了一个项目招标，对游客在海外的不文明行为怎么进行教育和进行提升，这说明在国民文明教化上文化能够提供非常好的支撑。因此，这也是文化对于旅游业，不仅是旅游业本身，也是对旅游主体国民的一种教育。另外，针对我们传统的国民性格，在文化的层面上，也是能够通过对价值观的宣扬，以及与现代意境的结合，提供非常好的一种国民教育。

此外，有文化作为支撑，它给产业给产品给整个旅游行业带来的想象空间是非常大的，国家基金的项目当中有很多是关于文化认同的，通过旅游来增强国民的文化认同，增强海外华人对中国文化的向心力等，在这里面文化给我们旅游发展提供了非常大的想象空间，我们可以扮演更多的角色，不仅仅是一种产业，同时也能够在意识形态上，在价值观的普及上，在文明的教化上，提供非常好的想象。

另外，文化具有记忆功能。对于社会的一种结构的改变，文化在这方面也能够提供非常好的想象空间。从这个概念来看，结合了文化的旅游已经突破了对于一个产业的一种理解，它能够拥有更加好的空间去发展，能够向四周去发展。

以上是文化对于旅游的一种贡献，在价值层面上的贡献。

当然，从产业发展层面上来看，旅游与文化的结合也能够带来产业层面上一个非常好的突破。我们讲产业的驱动无非来自几个层面，一个是技术层面，一个是市场方面，另外是政策以及资源层面，资源层面包括了资金、人才等。从一个产业角度去考核，文化有非常特殊的性质，文化与旅游结合，文化在技术层面上能够给旅游产业带来非常大的一个突破。旅游一直以来是以自然资源为依托，将文化产业的一些运行规则引入旅游之后，跟旅游结合就能够实现非常好的融合的发展，比如现在的文创。

从市场层面来看，目前年青一代是市场主体，跟我们以往的旅游市场相比，这些年轻市场主体的旅游的需求、动机都发生了很大的改变，像很多年轻人去一个什么地方打卡，或者是因为看了什么电视剧就受到影响，这种文化驱动型的旅游现在成为非常重要的一个市场特征。因此，把旅游市场和文化市场在产业层面上进行结合，也是非常有空间的一种发展。在政策方面，刚才几位专家也提到了，因为文化是一个具有非常强烈的公共性的一个产业，而旅游一直以来还是一个以市场为主导的私人投资占优势的产业，因此，从政策层面上，其实旅游和文化的这种在体制上的融合，从部委到地方，体制上的融合给旅游未来的政策发展提供了一个更加广阔的空间。原来可能是主管文化的领导来做旅游的推进，在这种情况下，像刚才把教授说的，能够突破原来可能完全是市场化的分散投资状况，使盲目投资和重复投资的现象在公共产品主导的这样一个政策导向下，能够得到新的改善。

从资源角度来看，旅游行业、旅游产业的发展有一个瓶颈，这个瓶颈来自人才，但是文化和旅游结合以后，在一定程度上能够把一些文化界人才引入到旅游中，这可能对于这个产业来讲是非常好的契机。因为像我们系很多学生，他们毕业之后真正从事旅游的人非常少，一直以来旅游行业的发展呈现出的是低薪、非常累、非常苦的一种态势，在很多年轻人眼中这个产业不是那么高大上，所以很难吸引人才。旅游跟文化结合之后，加入的一些跨界人才能够很好地改变原来旅游产业人才的格局。所以，其实对于旅游来讲，融合能带来一个非常好的发展空间。

从人才的培养上来看，来自不同领域的人才，搞戏剧的，搞文学的，搞历史的，搞哲学的，其实他们都可以跟我们搞旅游的人一起去交流，从学科建设上来看，这样人才培养的跨度和纬度就得到了突破。我们现在培养旅游院校的人才的整个思维体系、观念，就突破了原来的单一旅游导向。所以我觉得人才方面的突破也是非常好的一个发展。

从资金角度来看，旅游行业的资金对于文化产业也有比较好的驱动作用，大量的旅游投资，跟文化产业融合，进行文化旅游产业的投资，所以，对文化产业来讲就是一个比较好的资金上的支持。

最后是产品开发层面，刚才几位老师也提到了，我们现在有很多非常好的文化旅游产品，回到刚才我讲的价值观层面，这种产品有非常好的审美上的提升作用。原来我们这种单一旅游导向下的产品，会比较受制于一种想象，受制于一种审美，所以设计出来的产品可能品位低一点，或者是比较单一，没有很丰富的产品类型，而文化叠加进来以后可以在产品层面上丰富我们的产品体系，拓展旅游产品的深度和其文化内涵。

当然，在这三个层面上，也是各有各的问题，我们也需要有不同的时间进度，不同的方法以及不同的主导主体，哪个层面上应该由哪个主体去引导，我们需要进行进一步讨论。

以上是我的想法，有不当之处，请多多指教。

吴政和：在座各位前辈、专家，大家好，很荣幸在这边跟各位学习。从1990年踏上祖国大陆，我对两岸的旅游就有相当的想法，但是今天这一场交流蛮有价值。第一，我的态度，跟旅游院长的一样，本来旅游就是群众的事情，我们今天讨论的地方是艺文沙龙，这个是旅游本身的事情，回过头来，回归一个最原始，长城本来就是长城，不是为了旅游的目的。旅游的学科里面本来就有文化观光，但我们讲的是观光。从刚刚几位教授的高见当中可以发现，先不把文旅放前面，先把融合拿出来讲，比较好做事。

第二，琢磨一点旅游学，从观光现象的产生来看，其实旅游在马斯洛需求理论里面，本来的现象都是为了基本的移动、安全、生活下来，到了需求层次高的时候才是我们现在的享乐主义。旅游本身在享乐的过程当中，就是刚刚几位教授讲的世代的堆叠，自然也好、人文也好，还有一个叫人为，这个部分很值得我们再往下看，所以在学科里面本来就有旅游文化。从定制旅游，甚至是贵族旅游，到大众观光时代，跟早期的贵族旅游是不一样的。案例跟产品开发我们讲了很多，文旅的融合让台湾也出现了一个现象，文化界的人意见分歧很大，是关于文创的。因为把文化跟旅游放在一起，完全不去谈原来的市场面跟旅游面，而我本身是学管理的，所以我就会思考，确实有这个问题，刚刚各位前辈专家琢磨的都没有切入这一块，那么我就要为台湾的产业发声，举一个故宫的例子，故宫最大的文创产品就是胶带，我在中国台湾就讲，大陆的故宫有多少这样的产品。昨天德荣老师讲到马来西亚，讲到多元的时候，我就希望有机会跟两位教授交流我看到的2019年第三届马来西亚国际美食节，我是从文化美食去看，不是看美食文化。我问过当地的旅行社包括当地的人，结果发现我们得到的这个悸动还是感动、认知，我们发现其实全世界最大的美食地是中国，中国有多少个民族？马来西亚有多少个民族？它展现的东西我们这边都可以吃得到，我刚从济宁烧饼节回来；文化旅游没有跑过看过觉得很新鲜，如果跑过看过就不这样觉得了。这不是说谁大谁小的问题，可是为什么马来西亚办的第三届美食节联合国很重视？因为马来西亚在整个观光发展上有特色，20多年前就出现了马来西亚旅游年。这就是看公共部门重不重视，民间办不办。第二个层面，来看一下到底谁去？我们到底做国内观光还是国际观光？这里面的比重，从地方旅游局到国家旅游局是不一样的。

第三，我觉得确实对的，关于文旅融合，其实我个人是觉得应该从文创、文化方面来讲。八闽文化让人耳目一新，显示文旅融合的不冲突。在中国台湾地区，1990年有几位学者从美国回来，他们学的就是旅游冲突，我们璧属老师会说闽南语，德荣老师也讲闽南语，但是可能有点不一样，通过旅游来讲的话，里面本来就有文化，没有那么严肃。

第四，我很喜欢看剧场表演，我们的文化如果是普及到大众，那就不得了。在那些演艺表演里面，我讲最新的，假设看千古情，台湾的老师看了以后会说晓琳董事长表演的千古情非常接地气，看了以后整个晚上睡觉做梦都会梦到。“湘西赶尸”，不晓得多少人懂这个文化，重点不是老外来看，是到最后连翻译都不用。我们去看所有的宋城千古情，都有翻译，因为讲给中国各地 14 亿游客来的时候，用的是爱国的情怀，这个会让人感动，为什么？这是讲一个很偏僻的地方，当地出了一位将军，带领家乡的子弟捍卫祖国江山，通过赶尸回去，他老母亲抱着他哭，这些我们就不会忘掉。所以融入的过程当中就可以看到，到了三亚千古情，当灯光都打开，大家都要离席的时候，还是依依不舍的，直到整个天空的防水幕布拉过来，我相信不用语言，没有人要离场。在文旅融合的过程当中，我个人一直觉得每一次交流对我而言都是激动。可是昨天也提到猪八戒是真的，观念的真实，历史的真实，看你怎么诠释，这里面都是教育工作者，是不是从教育的角度来讲，我们的教育不但是旅游享乐的教育，还有旅游素质的教育，要懂得去欣赏。

所以这两天学到很多，谢谢！

李君如：非常开心这两天跟在座的各位学习了非常多的内容，借今天这个机会我反馈一下这两天我学到了什么。理论视角，我们会跟学生讲人类学，讲社会学，讲地理学、历史学和心理学，东西方思维本来就有差异，系的专业分工可以在专业下持续深化，我们在整合跨界思维上，东西方的分合中间，就是一个历史的互动和消长过程。我们讲文旅这个事情就是一个混搭，基因会更优化地萃取出来，在学习上我们爱学习本专业，又希望有一个通识跨界的专业，可以让我们面对人类复杂问题。

关于张老师讲的食品旅游，我分享一些台湾的经验：从食品到餐桌，稻田上的盛宴。我们期待把游客带到地方来，农夫的一日体验活动当中我们要推广一种友善的农耕方式，我们希望这种友善农耕的方式可以帮农业走向另外一种对环境有序的操作方式，所以它是一种文化价值的传递，这是体验过程中我们企图达到的目标，从一级产业到三级产业用心演绎的过程，跟我的专业有互动。我们说开门七件事是柴米油盐酱醋茶，衣食住行到娱乐，台湾的观光工厂发展到目前有 150 家，它有一个很重要的对市场的吸引力——致力于做生活教育，我们希望让这些人对我们日常吃的这些东西，用的这些东西，学的这些东西知其然，我们更希望让他们知其所以然，这就是生活文化的教育。

联合国提出来的 SDGs（可持续发展目标），人类要面对未来。从早期的生态旅游到讲可持续旅游，都讲旅游过程中负责任，我们如何减少对物质的耗损，对环境的负荷；文化旅游最可以透过精神层面，在精神层面回应之下我们今天可以住得很简朴用得很简单，可是在这个过程中我们也能获得非常多的悸动，氛围的营造不是物质高消耗，而是消耗非常低的物质，绿色 GDP 现在全球要去算，个人创造的绿色价值是需要被衡量和彰显出来的。最重要的是历史，大家今天一直在讲，我喜欢其中一句话，贯穿千年、百年的绝对是不变的核心价值。贯穿百千年不会变的这个事情一直是不变的，所以爱情一直存在，所以爱情的界面一直被改变，生命的尊重一直存在，但是尊重的手法会随着与时俱进有不同的意义。在不同的环境下，外部环境一直在改变，与时俱进的回应和改变就成为创新存在的必要来源。我们办了很多的节庆活动，那些传统如何被当代演绎，大家在讨论的是传统在当代演绎的过程中脉络化和去脉络化，这个时候历史使命是一个不变的东西，当我有一个不变的主轴核心，以它为基石再来谈变这个事情，比较支持的是学科的专业主体依然还存在，这样即便跨域学了东西以后，尤其是当用所学回来滋养我自身的时候，我自身反而更固化，自身并没有被模糊，跨域的开放多元会让我更清晰自己的基础优势。

把教授讲到一个非常重要的国家和市场之间的关系，这是非常为难的一种操作。把计划和经济绑在一起叫计划经济，它是由上而下的，由上而下需要在中间取一个平衡点，如果没有一个自上而下的目标和政策，由下是搞不清楚方向，是盲从，根本不知道会到哪里去，但由上而下，如果没有接地气的话，很多的政策没有办法真实地在民间被操作、被实践。比如，我们很多艺术高级营造到了南部可以卖，在北部就不能卖，因为居民特质不同，这个时候我们就要仰仗于由下而上找到东西，但是由上而下要培育很多东西，当由上而下的部门企业或者市场介入后，就有可能对中间环节产生很多的干扰。从管理的角度来看由上而下确实有它的必要性，如何协调地方和中间企业和第三部门的角色是我们要去思考的。

沈老师的演讲非常吸引我，搞好行销是非常重要的，旅游的一部分就是行销，包装很重要；底子虽然很重要，但也是可以被创造出来的，所以行销很重要，时间过久了都必将成为历史，十年百年之后我们也是历史当中的一环。所以，就行销这个事情说故事，如何用这个事情的逻辑说服人，逻辑和实证的科学研究一直在进行，有时候抽象的科学不用实证，只是逻辑合理我们就接受它的存在，数字时代开启抽象世界是非常可怕的事情，今天在一个盒子里面就可以感受到百千年的历史和文化，发一个虚拟的 VR 在里面，加一个 AR，VR、AR 之下我们看到的是什么。

很开心，用两个点来简单分享我的想法。第一，城市之间有差异，我们要重新思考的是，当我们讲文化和旅游的时候，我们的目标和价值定位在哪里。我们在节庆里允许了很多的可能，有一些节庆从来就没有对外行销，从来没有做观光改变，只是当地文化的原汁原味的传承，甚至不希望人来看。这种我们就尊重，我们希望它可以这样被传承，不能为了观光客做扭曲的改变。而有一些是需要被演绎的，比如妈祖，为了迎合国际化，我们办了国际形式体验营，传统通过创新的方式，可以被感动，被召唤，这中间是有区别的。社区营造这个事情不见得要发展，日本有一个小地方，从来没有要发展观光，可是创造了一个 15 年零垃圾的纪录，导致观光客要来看它，从来没有要观光，就是为了居民的生活，可是很多观光客就因为这点觉得这些市民好令人感动，就去看了，就因此成了跨文化。刚刚大家讲得非常好，文化是为了生活而存在，而生活存在的过程当中可能有些附加价值会跑出来，所以荷兰已经不再推观光，因为观光把他们很多要发展的诉求模糊掉了，可是大家还会去追逐，所以这里面目标跟价值的定位我觉得会因地、因人而有所不同，所以我们也不用奢求面面俱到，我们要知道文旅融合如果需要的是提高地方经济，就放在地方经济面，如果是为了做文化传承，我们就放在文化传播上，要做文化传播或营销就做这个，如果做地方感的认同，就定位在那个地方。所以这里面价值的定位也许是可以的。

第二个层面，在文化旅游的定义，这个我就跳过不讲，刚才各位已经讲得很好了，刚才讲到互联网 +A、B、C 是什么，那个纯种要保留在今天要在 + 的时候才 + 得出去。有一些辩证议题是从来没有答案或者是从来没有标准的答案，我觉得人类之所以成为人类，不仅仅是因为思考让今天比明天更好。所以文化发展过程当中包含很多的议题，比如现实和虚拟，传说影视观光是可以带一堆人看一个不真实的历史，历史的事实跟观念上真实的认同，旅游在这里面不断被发展和演绎出来，有在地跟全球，就看我们是希望在地，还是希望跟全球的某部分的品质联系在一起。匮乏也是一种操作，即要创造，在匮乏当中让它感受到某部分，所以不是所有的旅游都要满足人类某部分的想象，我觉得有些旅游是要创造匮乏，因而引人去思考，所以有些黑暗会出现，会有一些不同类型的主题。展示和互动也是一直以来在改变的，比如博物馆从精英走向大众，我们开始有了各式各样的博物馆，从典型的博物馆到类博物馆，展示跟互动的界面也有所差异。还有朝圣还是融入，是要朝圣还是融入在一起。所以文化冲突也没有标准。这是旅游操作最为难的地方，我们刚刚在讲一种大众观光，其中文化这件事情的转绎和演艺非常重要，能够说清楚，我觉得就好了，这当然也包含了多元跟聚焦这件事情，也包含大家刚刚讲的公益化、公众化的操作以及产业层面的内容。

张柏文：各位领导、各位专家、各位学者早上好！我从我的旅游经验来讲一讲，我来大陆旅游的经验可追溯到 20 多年前，当时第一次踏上肇庆接一个案子，那边有一个金鸡湖，里面有郭沫若的真迹等，那个时候访问了国旅酒店的总经理，他的薪水竟然是600到700元人民币，那个时候印象很深刻。再快速带到最近的旅游，是今年（2019年），今年我到重庆参加一个旅游展，沈教授昨天提到电影、影片行销。恩施有一个经典可以看，是张艺谋拍的《满城尽带黄金甲》，其实就是用现代化表现仿古内容，这有点所谓的后现代主义了。后现代主义基本上在建筑方面应用，比如说传统的建筑学就是空间运用、固定的架构，有审美观念的放入以及环境理念甚至于其他因素的放入，这就是后现代主义。我从我的研究专长来讲，昨天听到张会长，就是民宿的会长，提到这些东西，我有一点很认可，他说民宿不应该只是一个住宿业，应该肩负着让人家看到房子就可以看到一个村庄，那个人代表民宿的主人。以住宿业来讲的话，我们常常讲一句话宾至如归，但是你确定你来这个家跟你的家是同一个家吗？可是民宿要这个观念，就是搞得像你家。中国台湾地区民宿发展比大陆多十年左右的时间，台湾现在大约有9000多家民宿，但这是从一个合法定义来讲的，算上其他不合规的，再乘以1.5倍就是总数，台湾现在估计有13 000到15 000家的民宿业者在经营。为什么它的发展是这样？从一开始200多家合法登记，经过成熟期发展到今天，昨天张会长提到一个隐忧，如果经营民宿的观念不是我刚才提到的宾至如归的话，就是商业化，只是名称叫民宿，跟一般的旅店没有什么两样。这个就非常重要，经营民宿者就是商品，民宿就是商品。所以民宿怎么连锁？这是矛盾。所以如果用这种角度经营民宿的话，我的感觉是肯定会失败。如果你有办法，当然你后面集资，你交给管家，A民宿融入A民宿的文化，B民宿有B民宿的特色，我们有这么多景点，在厦门的民宿是厦门的风格、闽南风格，在甘肃的是蒙古包民宿，那又是不一样的风格，谁知道背后老板都是我。可是你觉得这样的老板会有多少？我觉得困难度蛮高的。商业化和社会化，必须要拿捏好，不要两极化。我家里有多余的房间，叫一个朋友来，这样并不难，农舍人家有土地，朋友来，就当是朋友照顾。如果今天你的女朋友来你家，你会招待吗？所以招待哪有困难，就是因为你不会把你的客人当作你的女朋友，这个是心态问题。

回应刚刚李教授讲的，我之前看过这个地方出的文献，提到马可波罗，在那本书里面写的是中国人的失败的牛肉馅饼，元朝时代马可波罗在中国当了17年的官，马可波罗要回去的时候，忽必烈请他吃的食物就是馅饼，他怀念这个味道，就请厨师做这个东西。考据不足，这个故事也许有它的戏说性。

赵刚：我是来学习的，文旅融合现在提到了国家战略的高度，应该说以前文化和旅游是分开的，为什么现在把它提到这么高的高度？意味着从中国发展的角度看，我们有高品质的生活，高品质的经济，旅游已经成为老百姓非常重要的一项活动。如果要开展这个活动，把它很好地推进下去，从国家层面来讲必须有顶层设计。顶层设计包括几个方面，第一个是相关的研究，正如各位教授正在做的研究，怎么结合更加有效率，更加有内涵，更加有文化，更加有内容；第二个是法律法规，政策体系；第三个是政府的管理机构，包括文化部和旅游局的合并等，都是一些重大措施。

文化与旅游的结合，融合的内涵非常重要，怎么把中国传统的文化，中国灿烂的自然文化，中国悠久的历史文化等这些都要能够开发出来，能够把它做出来，弘扬文化，宣扬文化，让文化走出去，同时让它创造社会的价值、经济的价值，这个很重要。过去有无形的资产在这儿放着，但是没有经济价值，这对中国地域经济、区域经济能不能搞活很重要，但没有成为支柱产业。文娱如果跟科技融合就会爆发出很多新的增长点，有可能成为未来一个新的产业方向。

我们在文旅融合中要坚持习近平主席提出的要有创新的方法，有创新思维，要绿色文旅融合，要共享，不能是搞那些有钱人的游戏，要跟世界分享。我们还要做好协调工作，文旅涉及很多政府部门，有外交，还有发改、财政等，涉及方方面面，这些部门要协调。还有是开放，开放非常重要，我们要吸引世界各个国家的经验和人才，一起把我们文旅融合合作的事业做大。

谢谢大家！

林德荣：前面很多老师都讲到文旅融合理论构建问题，我今天要说的是文旅融合下的产品开发，这个可能接下去首先可以研究的是开发模式，因为现在有很多文旅融合的产品要开发，比如说主题公园，福州这一带宁德就有一个海洋世界主题公园开发，采用什么样的开发模式，采用什么样的融资方式都是非常值得研究的，比如说 PPP 等，这一个非常好玩，值得我们研究。其次是内容和产品开发的周期到底是长还是短，我回应把教授的说法，文旅融合的产品到底是重资产还是轻资产，这个非常值得我们去开发和研究。文旅融合产品，尤其是主题公园，有一个非常值得去借鉴的案例，就是迪士尼。迪士尼乐园是 1955 年推出来的，但是它在 1955 年推出来之前，在 1927 年就推出了影片、动画片，当时用影视推出来，叫《疯狂飞机》，小孩子接受里面的米老鼠，迪士尼的儿子出生以后推出唐老鸭等。我们可以算一下，迪士尼用了 28 年时间来积累它的客源市场，已经培育出非常大的客源市场。当时看过动画的人纷纷走入迪士尼乐园，就是因为这样的历史记忆。所以文旅融合下旅游产品的开发，开发的周期，如何来开发，开发到底是轻资产还是重资产，都是需要考虑的。我觉得这种模式是否可以复制，是否可以借鉴，这是值得我们去思考的，还要思考开发的模式、融资的模式是什么。几十年来迪士尼永远都是第一，为什么它能够占第一？这是非常值得我们思考的问题。目前十大主题公园中国已经占了三个，但是迪士尼乐园永远占第一，这是非常值得我们思考的问题。

陈桂林：简要说一说宏观上的感知和中观上的困惑。宏观上，第一，文旅融合如何设计，就是文化自信。第二，文旅融合应该怎么来讲，文旅融合本身就是一个手段，目的是叫文旅融合高质量发展。第三，从行政部门来讲，思考的问题就是能不能找到文旅融合的规律，规律有哪些，规律是什么。这是宏观上的感触。接着讲中观上的困惑。虽然提倡文旅融合已经有一年多的时间了，文化与旅游部成立之后马上进行了主题教育，不忘初心教育，我们把文旅融合作为第一个最重要的议题进行讨论，但是要用很宏观、很抽象的语言表述还是很难，我在跟同志们讲课的时候要用很具体的方案来讲。还有一个就是产业，为什么说这个？文旅融合涉及两个产业，文化产业和旅游产业是一个处长，干了两份活，很难在一起融合，两个产业链，这需要我们思考。

我分管宣传和促销这一块，在工作过程中感到，我们向别人介绍文化和旅游推广活动，但是我不知道这样做对不对，因为在加的过程中我发现文化旅游是旅游的一个分支和板块或者是一个产品，在新媒体上文化人对其是怎么认知的？首先要把握好，作为旅游人要传播的。对这个事其实我有点疑惑。

另外，关于文旅融合以后的文化产品，我们对一个城市，对其宣传标签是什么，是自然标签还是文化标签？这个也是很让人疑惑的。所以文旅融合是不是就是文化旅游产品，是不是就这么选择，我们也感到很困惑，但是今天听了各位大咖的演讲和分析，我觉得灯塔就在眼前。

魏敏：在我们文化部和旅游局合并之前，我们文旅融合就已经存在了，也就是说，诗和远方的存在并不是因为合并以后才有的。我两周前去遵义参加会议，当时不是去一个旅游景点，而是去一个会场，我们今天在这里开会，这里说不定 50 年后也成为一个旅游景点。

我从文旅融合的路径依赖来分析，我准备申报的国家重点或者重大课程里面讲到路径依赖，路径依赖主要是这几个方面，一个是制度保持，我们形式发生变化但还保持原来的状态，还有思维局限，觉得自己已经发展了，这可以有，不需要进一步加深。针对这几个根源问题我试图想出三个解决路径，第一个是制度变迁，通过顶层设计从路径依赖转向路径突破；第二个是通过文化创意，我们加深一下，通过文旅创意改变路径依赖，实现路径发散；第三个是把一些技术领域用到文旅融合中来，从路径依赖到实现路径优化。

谢谢大家！

主持人：今天我们开了一个很长的会议，最后我简单总结一下。下午马上要汇报，汇报从七个层面来做，我简单做了一个梳理。第一个是国家层面。第二个是文化和旅游部观点，最关键的是几个教授的观点，如沈教授提到价值观层面，文化自信，还有不变的核心价值，放在这里面。第三部分讲学术研究的基础理论和应用研究的观点，主要是谢教授等几位的观点。第四部分讲文旅融合的梳理，第五部分是融合的应用探讨，第六部分是融合的案例，第七部分讲一下文旅融合的政策梳理。

从以上七个方面梳理一下各位教授的观点。

非常感谢各位的大力支持和踊跃发言。再次表示感谢！